TOURNANTS

TOURNANTS
Conversation en Culture

DEBORAH MORSINK

Drew University

PRENTICE HALL, ENGLEWOOD CLIFFS, N.J. 07632

Library of Congress Cataloging-in-Publication Data

Morsink, Deborah M. (Deborah Margaret),
    Tournants : conversation en culture / Deborah Morsink.
        p.   cm.
    ISBN 0-13-927682-3
    1. French language—Textbooks for foreign speakers—English.
2. French language—Readers.
PC2129.E5M67   1993
448.3′ 421—dc20

92-24486
CIP

Acquisitions Editor: Steve Debow
Editorial/Production Supervision
  and interior design: Hilda Tauber and Marina Harrison
Cover Art: Michelle D. Barnes
Cover Designer: Anne Ricigliano
Prepress Buyer: Herb Klein
Manufacturing Buyer: Robert Anderson
Editorial Assistant: Maria Garcia

© 1993 by Prentice-Hall, Inc.
A Simon & Schuster Company
Englewood Cliffs, New Jersey 07632

Printed in the United States of America
10 9 8 7 6 5 4 3 2 1

ISBN   0-13-927682-3

Prentice-Hall International (UK) Limited, *London*
Prentice-Hall of Australia Pty. Limited, *Sydney*
Prentice-Hall of Canada Inc., *Toronto*
Prentice-Hall Hispanoamericana, S.A., *Mexico*
Prentice-Hall of India Private Limited, *New Delhi*
Prentice-Hall of Japan, Inc., *Tokyo*
Simon & Schuster Asia Pte. Ltd., *Singapore*
Editora Prentice-Hall do Brasil, Ltda., *Rio de Janeiro*

TO MY CHILDREN, ERIK AND ALEXANDER

Contents

PREFACE *xi*

TO THE STUDENT *xiii*

Introduction: Ou va la France? *1*

I   ***COMMENT VIVRE***   *9*

1A   ***La Bonne Conduite***   *10*
       "Courtoisie: la moindre des politesses", 12

1B   ***La Fête***   *18*
       "Fête: tout le monde est de la party", 19

II   ***QUELLE MORALE?***   *24*

2A   ***La Vie Quotidienne et la Morale***   *25*
       "Sommes-nous vraiment bien honnêtes?", 27

2B   ***La Menace du Sinistre Informatique***   *33*
       "Informatique: les perceurs de secrets", 35

III REVES/REALITE *41*

3A *Le Moi Idéal des Français* *42*
"Les fantasmes des Français", 44

3B *Devrait-on Légaliser la Drogue?* *52*
"La dépénalisation de l'usage des stupéfiants", 54

IV RAPPORTS ENTRE HOMMES ET FEMMES *59*

4A *Le Sexe "Faible" dans un Monde Changeant* *60*
"Le match homme — femme", 62

4B *La Vie à Deux* *73*
"La nouvelle morale sexuelle", 75

4C *L'Amour-Passion* *83*
"Par passion jusqu'où vont les hommes", 85

V ETRE FRANÇAIS *92*

5A *Le Mépris de la Politique* *93*
"La France, la vraie", 95

5B *Les Elites et la Politique* *109*
"Enquête sur les élites", 110

5C *Les Gens sans Domicile* *118*
"Prisonniers de la rue", 120

VI SOCIETE PLURIELLE *126*

6A *Etre Immigré* *127*
"Du boulot, pas de papiers", 129

6B *Etre Juif* *137*
"Etre juif en France aujourd'hui", 139

6C *Etre Musulman* *147*
"La France, terre d'Islam", 149

VII   *ECOLES: REUSSIR . . . MAIS A QUEL PRIX?*   155

7A   *La Vie Scolaire*   *156*
"Programmes scolaires: trôp et n'importe quoi", 158

7B   *L'Université*   *163*
"Sorbonne: l'envers du décorum", 165

VIII   *TRAVAIL*   173

8A   *Le Stress*   *174*
"Le stress au boulot", 176

8B   *Les Fêtes et le Congé Payé*   *184*
"Les Français sont-ils paresseux?", 186

IX   *MANIPULER LA VIE?*   194

9A   *La Recherche Scientifique*   *195*
"Et si Darwin s'était trompé?", 196

9B   *La Fécondation Artificielle*   *201*
"Tempête in vitro", 203

X   *MAUX MODERNES*   209

10A   *La Circulation*   *210*
"Paris thrombose", 212

10B   *L'Environnement et l'Effet de Serre*   *217*
"Alerte au gaz", 220

10C   *Les Déchets Nucléaires*   *228*
"La Hague: la poubelle la plus chère du monde", 230

XI   *UNE AUTRE DIMENSION*   235

11A   *La Perception Extra-Sensorielle*   *236*
"Le sixième sens amoureux", 238

11B   *L'Astrologie et les Religions*   *244*
"Découvrez votre vie antérieure", 246

11C   *Les Extra-Terrestres*   *259*
"Faut-il croire aux extra-terrestres"?, 260

XII   *OU IRA LA FRANCE?*   *267*

12A   *La Démographie*   *268*

"La carte qui fait peur", 269

12B   *Les Changements Culturels*   *271*

"Trois pronostics pour l'an 2000", 273

Glossaire   *283*

Preface

Tournants is designed for a wide spectrum of upper intermediate level transitional courses in which students move from a structured and controlled language situation to the natural environment of unedited spoken and written French. It presupposes a minimum of three semesters of elementary and intermediate level language study. By assigning all the structured pre-reading and post-reading exercises and preparing in advance the activities under "En Route," the text is also suitable for less advanced classes. Advanced classes should be able to respond more spontaneously to conversational activities proposed at the end of each chapter. Combined with a brief review grammar, *Tournants* can serve as text in conversation and composition courses. The oral activities, and in particular the debate topics, can be assigned as written exercises.

We are now living in a period of extremely rapid political, social, and scientific change. Rather than focusing on social norms (implying stability), as do most conversation texts, *Tournants* examines tensions in current French society as a basis for predicting possible future orientations. These tensions undermine previously accepted social norms: manners, morality, male-female relations, classes, education, work, religion. They also concern scientific and natural problems caused by human intervention. The recent Francophonie movement touched on in Section 6, "Société Plurielle," is addressed in the final section which predicts an altered relationship between France and the rest of the world in the near future.

Conversation is best learned through a wider cultural context. Language cannot be isolated from attitudes or from a social and ethical context. Representative texts from recent periodicals (*L'Express, Le Point, Paris-Match, Figaro-Magazine, Marie-France, Marie-Claire, Jours de France/Madame Figaro, Femme Pratique*) provide a more natural learning situation. In the twelve years during which this approach has been classroom tested, the author has found that the driving motivational force behind successful upper intermediate level conversation classes is the students' passionate involvement through discussion of often controversial issues they care about deeply.

ACKNOWLEDGEMENTS

I am grateful for the help and support I have received from many individuals: the students in my conversation courses over the past twelve years; my colleagues in the French and Italian Department at Drew University, particularly Gabrielle Saint-Yves; Elfriede Smith, Instructor in German and Director of the Language Lab; Jim Mills of the Psychology Department; the Drew Computer Center; Dean Paolo Cucchi and the Drew Faculty Development Fund. I would also like to thank Hélène Carpentier, Christel Réjeange, Christopher Weisbecker, Pascale Chassaing, Philippe Varenne, and the many helpful reviewers of my manuscript in its earlier stages: Jean-Pierre Berwald, University of Massachusetts; Margaret W. Blades, Linfield College; Walter Chatfield, Iowa State University; Hope Christiansen, University of Arkansas; Nicole Dufresne, University of California, Los Angeles; Bette Hirsch, Cabrillo College; Louise Kikuchi, Western Washington University; Lynn Klausenburger, University of Washington; Constance K. Knop, University of Wisconsin, Madison; Michel Laronde, University of Iowa; Josy McGinn, Syracuse University; and Benne Willerman, University of Texas, Austin. At Prentice Hall, I received invaluable assistance from among others Hilda Tauber and Marina Harrison. Above all I thank Steve Debow, Senior Editor, Foreign Languages, for his sponsorship of *Tournants* and for his astute and insightful guidance throughout the project.

To the Student

To speak easily and naturally, you need to be able to think in French and to respond to contexts and issues that are part of current French society. As we increasingly live in one world, questions preoccupying French students are very often the ones you feel strongly about. I hope you will find these recent articles from French periodicals stimulating. You don't, however, have to agree with them!

To help you think in French, whenever possible equivalents for unfamiliar words are given in simpler French. New vocabulary is presented in many different ways to make assimilation easy. Each chapter begins with a brief summary of the article using important thematic vocabulary taken from the text. You should be familiar with every expression: most can be figured out from their context; synonyms or paraphrases are given for highlighted expressions. Other exercises help you expand your vocabulary as painlessly as possible. "Vocabulaire contextuel" helps you to figure out words from their context, from prefixes, suffixes, or their lexical roots. Difficult words in the reading are glossed in easier French in a *Mini-Glossaire* at the end of the selection. Incorporate the *Expressions Utiles* as part of your active vocabulary. They form the non-thematic "building blocks" of the language—verbs, adverbs, conjunctions, prepositions: functions. Each expression is explained lexically by a synonym or paraphrase and contextually by a sentence from the article.

If any word or expression stumps you, refer to the *Glossaire* at the back of the book. It contains all words explained in the *Mini-Glossaire*, and the *Expressions Utiles*. I hope you will soon become accustomed to using the French-French explanations. It should greatly help your ability to converse easily.

Language changes with society, and so do linguistic levels. In general, levels filter down — that is, what was previously unacceptable in elegant or written language tends to win gradually broader acceptance. In the glosses, I have indicated the current levels of conversational French: *vulg.* ("vulgaire"), *arg.* ("argotique" — slang), *fig.* ("figuratif"), *idiom.* ("idiomatique"), *fam.* ("familier" — exclusively spoken French), *pop.* ("populaire"), *litt.* ("littéraire" — elegant), and *péj.* ("péjoratif").

This conversation text is only a springboard for your continuing interest in French language and society. The French periodicals represented here and others are available from sources such as Hotaling's News Agency, 142 W. 42nd Street, New York, NY, 10036, tel. 212/840-1868. (They also handle subscriptions.) I hope *Tournants* will mark a turning point in your French studies. Bonne Route!

DEBORAH MORSINK

CREDITS

Permission to use copyright materials is gratefully acknowledged to the following publishers, authors, and photo agencies:

TEXT

Introduction: Gérard Mermet and Larousse *Francoscopie 1991* (Paris: Larousse, 1990), pp. 16–19.

"Courtoisie: la moindre des politesses" *Marie-France* and Catherine Caubère (*Marie-France*, Jan. 1988)

"Fête: Tout le monde est de la party" *Elle* and Marie-Odile Briet with Valérie Hínau (*Elle*), Jan. 1, 1990

"Sommes-nous vraiment bien honnêtes?" *Cosmopolitan* and Guy-Pierre Bennet (*Cosmopolitan*, Aug. 1986)

"Informatique: les perceurs de secrets'" *L'Express* and Christian Duplan, Vincent Giret, and Laurent Meyniard (*L'Express*, March 10, 1989)

"Les Fantasmes des Français" *L'Express* and Jacqueline Remy (March 24, 1989)

"Drogue: les blocages français" *L'Express* and Jacqueline Remy (*L'Express*, Oct. 20, 1989)

"Le Match homme-femme" *L'Express* and Jacqueline Remy with Christophe Agnus and Marie-Laure de Léotard (*L'Express*, Jan. 20, 1989)

"La Nouvelle morale sexuelle" *Marie-Claire* and Lili Réka (*Marie-Claire*, Nov. 1986)

"Par passion jusqu'où vont les hommes" *Marie-Claire* and Elizabeth Alexandre (Nov. 1987)

"La France, la vraie" *L'Express* and Christian d'Epenoux (*L'Express*, Nov. 17, 1989)

"Enquête sur les élites" *L'Express* and Olivier Duhamel with Jérôme Jaffré (*L'Express*, Apr. 1, 1988)

"Prisonniers de la rue" *L'Express* and Marc Epstein (*L'Express*, Dec. 23, 1988)

"Du Boulot, pas de papiers" *L'Express* and Guillaume Malaurie (*L'Express*, Dec. 8, 1989)

"Etre juif en France aujourd'hui" *L'Express* and Eric Conan (*L'Express*, Jan. 27, 1989)

"France, terre d'islam" *L'Express* and Guillaume Malaurie with Jean-Sébastien Stehli (*L'Express*, May 19, 1989)

"Programmes scolaires: trop et n'importe quoi" *L'Express* and Marie-Laure de Léotard with Jean-Sébastien Stehli (*L'Express*, Mar. 3, 1989)

"Sorbonne: l'envers du décorum" *L'Express* and Marie-Laure de Léotard (*L'Express*, Nov. 18, 1988)

"Le Stress au boulot" *L'Express* and Jacqueline Remy with Renaud Leblond and Juliette Nouel (*L'Express*, Sept. 30, 1988)

"Les Français sont-ils paresseux?" *Figaro-Magazine* and Henri Amouroux with Dominique Artus (*Figaro-Magazine*, May 16, 1986)

"Et si Darwin s'était trompé?" *L'Express* and Gilbert Charles (*L'Express*, Nov. 18, 1988)

"Tempête in vitro" *L'Express* and Gérard Badou (*L'Express*, June 2, 1989)

"Paris thrombose" *L'Express* and Philippe Coste (*L'Express*, Dec. 9, 1988)

"Alerte au gaz" *Le Point* and Frédéric Lewino (*Le Point*, July 24, 1989)

"La Hague: la poubelle la plus chère du monde" *L'Express* and Sylvie O'Dy (*L'Express*, May 19, 1989)

"Le Sixième Sens amoureux" *Marie-Claire* and Catherine Rihoit (*Marie-Claire*, Dec. 1989)

"Découvrez votre vie antérieure" *Elle* and Cyrille Strauss (*Elle*, Dec. 18, 1989)

"Faut-il croire aux Extra-Terrestres?" Copyright *Jours de France/Madame Figaro* (30 Dec. 1989–Jan. 5, 1990)

"La Carte qui fait peur" *Paris-Match* and Kr Plus (*Paris-Match*, Dec. 28, 1989)

"Trois pronostics pour l'an 2000" *L'Express* and Michel Legris (*L'Express*, Jan. 8, 1988)

PHOTOS

French Government Tourist Office; Beryl Goldberg; Roland Allard-Vu/Documentation française; Courtesy of Club Med Sales Inc.; Laima Druskis; Beryl Goldberg; M. Benichou/Documentation française; Rogers/Monkmeyer Press; Rogers/Monkmeyer Press; Beryl Goldberg; Rogers/Monkmeyer Press; French Government Tourist Office; Beryl Goldberg.

INTRODUCTION: OU VA LA FRANCE?

Le Louvre, la Pyramide: L'Ancien contre le moderne

Dans son livre, *Francoscopie 1991,* Gérard Mermet analyse les résultats d'un sondage sur les questions qui préoccupent les Français aujourd'hui. L'extrait que vous allez lire signale les changements importants qui se sont produits dans la société française.

Le monde a changé et l'équilibre s'est modifié. Avant, les Français se donnaient une identité locale, régionale ou nationale. Maintenant, ils se définissent par une **appartenance** (le fait d'appartenir à) plus européenne et planétaire.

Les structures de la société étaient autrefois hiérarchiques et rigides avec des séparations entre l'élite et le peuple, les hommes et les femmes, le travail et les loisirs, la gauche et la droite en politique. Ces divisions sont maintenant moins évidentes. Les structures des **entreprises** (organisations commerciales), de l'Etat ou de la famille, tendent à devenir plus démocratiques et moins autoritaires. Par le moyen de **l'ordinateur** (*computer*), l'information circule entre les individus, sans respecter une hiérarchie. Donc, les barrières de classe sociale, d'âge et de distance s'effacent — sauf pour les nouveaux pauvres et les **chômeurs** (personnes sans travail).

La science a créé une prospérité pour la majorité des gens, mais cela **a entraîné** (a produit) des dangers futurs qui **pèsent sur** (sont une charge pénible pour) l'environnement et sur les êtres vivants. Craignant la science, beaucoup de Français croient à l'irrationnel, aux **voyants** (personnes qui prédisent l'avenir) et à l'astrologie.

Puisque le monde est souvent sans pitié et dangereux, et puisque les associations et les institutions ont **déçu** (trompé) les Français, l'individu est devenu plus important que la communauté. Donc, la réussite individuelle et la recherche du plaisir comptent beaucoup, et on s'intéresse à l'histoire, aux livres et aux arts pour mieux comprendre un monde en évolution constante.

A-t-on le droit d'être égoïste? Ou bien, avons-nous une responsabilité envers les moins riches et les moins forts? Faut-il essayer de défendre les valeurs traditionnelles — celles enseignées par la famille, l'école et l'église dans l'espoir de ralentir les changements sociaux?

AVANT DE LIRE

Parcourez rapidement (*skim*) l'extrait de *Francoscopie*, et puis répondez aux questions suivantes, en résumant très brièvement la thèse de l'article.

1. Quels changements se sont produits dans la société française actuelle?
2. Comment les Français y ont-ils répondu?

MOTS APPARENTES

Heureusement pour les anglophones, il y a beaucoup de **mots apparentés** (*cognates*) en français. Apprenez à reconnaître beaucoup de mots apparentés au moyen de certaines ressemblances orthographiques.

1. La terminaison verbale **-er** se traduit parfois par *-ate* en anglais: **participer,** c'est *to participate* en anglais. Créer, s'opérer, intégrer, démontrer et hésiter suivent les mêmes transformations.
2. **té = *y*.** La **société** correspond en anglais à *society*. Donnez l'équivalent de ces mots (qui sont tous du genre féminin): efficacité, agressivité, liberté, égalité, fraternité, pauvreté, totalité, priorité, sécurité, possibilité, prospérité, réalité.
3. **ique = *ical* ou *ic*.** Le mot **politique** (*adj.*) signifie *political* en anglais. Notez ces adjectifs: hiérarchique, classique, juridique, économique, catholique, république, comique, romantique, authentique.
4. **dés- ou dé- = *dis*.** Les préfixes **dés-** ou **dé-** se changent souvent en ***dis-*** en anglais. Donnez l'équivalent de ces mots: désordonné, désintérêt, décourager, dédain, déguiser, déplacer.
5. **es ou é = *s*.** Au début d'un mot, **es** ou **é** devient souvent *s* en anglais. Comparez avec leur équivalent en anglais: état, espèces, espace, estomac, étable, étranger, étrangler.

FRANCOSCOPIE

Le Nouveau Monde

Les Français ont aujourd'hui une vision plus précise, mais aussi plus inquiète, du monde. La perspective du marché unique de 1992 a favorisé leur adhésion morale à l'Europe des douze. Les événements dans les pays de l'Est ont provoqué leur découverte d'une autre Europe, oubliée depuis quarante ans.

Mais la rupture des anciens équilibres entraîne de nouvelles inquiétudes. L'Europe communautaire n'est pas encore un modèle, alors que l'Amérique, le Japon ou la Scandinavie ne le sont plus, même si l'influence culturelle des Etats-Unis reste forte. La conséquence est que beaucoup de Français hésitent aujourd'hui à définir leur appartenance: locale, régionale, nationale, européenne, planétaire.

La Société horizontale

Après avoir été hiérarchiques, donc verticales, les structures des entreprises, de l'Etat ou de la famille tendent à devenir horizontales. L'entreprise fait davantage participer ses employés, les laboratoires de recherche créent des équipes pluri-disciplinaires, l'Etat décentralise, la famille donne à la femme et aux enfants une plus large autonomie.

Mais c'est dans le domaine de la communication que l'évolution est la plus sensible grâce au développement des réseaux. Par l'intermédiaire des ordinateurs ou du Minitel, reliés entre eux et aux banques de données, l'information circule entre les individus sans respecter une quelconque hiérarchie. Ce maillage transversal abolit les barrières de classe sociale, d'âge, de distance. Il répond à la fois aux souhaits des Français et à un souci plus général d'efficacité.

La Société centrifuge

Les systèmes de protection sociale ont retardé les effets de la crise; ils ne les ont pas empêchés. C'est pourquoi on a vu se développer une nouvelle forme de pauvreté, conséquence des grandes mutations qui s'opèrent: un travailleur sur dix n'a pas d'emploi; un Français sur dix ne dispose pas d'un revenu suffisant pour vivre décemment. La mise en place du RMI (revenu minimum d'insertion) n'a pas fondamentalement transformé cette situation.

La société d'hier était centripète: elle s'efforçait d'intégrer la totalité de ses membres. Celle d'aujourd'hui est centrifuge: elle tend à exclure ceux qui ne parviennent pas à se maintenir dans le courant, parce qu'ils n'ont pas la santé, les connaissances ou les relations nécessaires. La société de communication est aussi une société d'excommunication.

La Troisième voie

Les grands changements de ces dernières années ont démontré l'insuffisance des conceptions de type binaire. La femme n'est plus aujourd'hui le contraire de l'homme. La gauche et la droite ne sont plus les deux pôles de la politique. La séparation traditionnelle entre travail et loisirs s'estompe, au profit d'un «mélange des genres» plus conforme aux aspirations individuelles. La frontière entre le corps et l'esprit est moins nette, ces deux aspects relevant d'une même hygiène de vie dont le but ultime est d'être bien dans sa peau.

En fait, les Français sont à la recherche d'une «autre» conception du monde et de la vie. Une sorte de compromis entre masculin et féminin, socialisme et libéralisme, individu et collectivité, devoir et plaisir. Une voie centrale et consensuelle entre le yin et le yang.

La Science contestée

La montée de l'écologie traduit la peur des menaces liées au progrès scientifique ou industriel. Plus qu'une opinion politique, elle est une attitude générale devant les menaces qui pèsent sur l'environnement et sur la survie des espèces, y compris depuis peu l'espèce humaine. Le scientisme cède peu à peu la place à l'irrationnel: 10 millions de Français utilisent les services des voyants; 66% croient à l'astrologie.

Pourtant, la plupart sont conscients que seule la science est capable de réparer les dégâts qu'elle a causés. Ils savent que la technologie supprime des emplois mais crée des métiers. Ils acceptent de mieux en mieux la présence de l'ordinateur dans leur vie.

L'Egologie

Dans un monde dur et dangereux, l'individu devient peu à peu la valeur suprême. Celle qui, finalement, commande toutes les autres. La volonté de vivre pour soi, en dehors de toute contrainte, en écoutant ses propres pulsions, est le dénominateur commun de la société actuelle. Elle traduit à la fois la rupture avec le passé récent et l'angoisse du lendemain.

L'intérêt que les Français portent à leur corps, la transformation des modes de vie à l'intérieur du couple et de la famille sont les conséquences directes et spectaculaires de ce mouvement «égologique».

L'argent-roi

La consommation constitue la raison de vivre de beaucoup de Français qui s'étourdissent dans l'achat et l'utilisation de produits, d'équipements et de signes sociaux, dans une quête de petits bonheurs achetés au jour le jour: «je consomme, donc je suis.»

Pour préserver leurs dépenses (ou accéder aux produits de luxe, de plus en plus recherchés), les Français ont préféré puiser dans leur épargne (jusqu'en 1987) et surtout recourir au crédit. Le taux de croissance des crédits à la consommation dépasse 20% par an depuis 1985. Le surendettement concerne au moins 200 000 familles.

Le Besoin de culture

Les activités culturelles sont de plus en plus recherchées. Les grandes expositions provoquent des affluences considérables. Le marché de l'art explose. Certains livres difficiles connaissent des succès inattendus. Les Français cherchent dans l'histoire des points de repère, soucieux de comprendre le présent et d'entretenir la mémoire du passé. Le besoin de culture se double d'un besoin esthétique. Le recrutement des entreprises accorde aujourd'hui un peu moins de place aux mathématiques et aux matières scientifiques, davantage aux connaissances générales. La culture générale est la clé de l'adaptation à un environnement en perpétuelle mutation.

MINI-GLOSSAIRE

accorder donner

actuel présent

affluence *f.* une foule de personnes

banque *f.* **de données** *data bank*

but *m.* objectif

céder laisser à

centrifuge repoussant vers l'extérieur du centre

centripète attirant vers le centre

consensuel basé sur un accord

croissance *f.* développement

dégâts *m.pl.* dommages

dépasser excéder

désormais à l'avenir

disposer posséder

à l'échelon selon le niveau

égologie *f.* l'étude du moi

éphémère bref

entretenir garder

équipe *f.* groupe de personnes unies dans le travail ou le sport

étendue *f.* le domaine

être bien dans sa peau (*idiom.*) être satisfait avec sa propre personne

exploser développer très rapidement

inconvénient *m.* désavantage

inattendu surprenant

au jour le jour sans se préoccuper de l'avenir

lié à mis ensemble

maillage *m.* liens, rapports

matière *f.* domaine d'étude

métier *m.* occupation

meubler remplir

net clair

parvenir à réussir à

péché *m.* très grave faute

point *m.* **de repère** endroit précis pour s'orienter

puiser emprunter, prendre

que ce soit si c'est

quête *f.* une recherche

recourir à s'adresser à

relever de venir de

réseau *m.* *network*

ressort *m.* énergie qui fait agir

s'estomper devenir flou, moins net

s'étourdir s'enivrer

soucieux de qui se préoccupe de

supprimer éliminer

surendettement *m.* excès de dettes

survie *f.* le fait de survivre

taux *m.* pourcentage

un ... sur dix *one out of ten*

volonté *f.* la résolution

voyant évident

D'APRES L'AUTEUR

Indiquez si les propos suivants sont vrais ou faux dans le contexte de l'article. Corrigez les propos qui sont faux.

1. Les Français ont aujourd'hui une vision plus précise et plus optimiste du monde.
2. Les classes sociales sont encore plus fortes qu'il y a quarante ans.
3. L'influence culturelle des Etats-Unis reste grande.
4. L'ordinateur joue un rôle important dans la société française d'aujourd'hui.
5. En France, un travailleur sur deux est sans emploi.
6. La femme est maintenant supérieure à l'homme.
7. Les Français ne recherchent que le plaisir.
8. On craint la science et le progrès scientifique.
9. Il y a 6% des Français qui croient en l'astrologie.
10. Les Français sont tous égoïstes et détestent leurs voisins.
11. Avoir de l'argent est maintenant plus accepté qu'auparavant.
12. De plus en plus les livres et les arts sont appréciés.

EXPRESSIONS UTILES

Retenez ces expressions utiles qui expriment des rapports de relation. Après avoir étudié les exemples de l'extrait, vous utiliserez chaque expression dans une phrase que vous formulerez.

grâce à: à l'aide de
Grâce au développement des réseaux, le domaine de la communication a beaucoup changé.

au profit de: dans l'intérêt de
La séparation devient moins claire, **au profit d'**un mélange des genres.

y compris: étant inclus
la survie des espèces, **y compris** l'espèce humaine

en contrepoint à: en même temps que et comme motif secondaire
Le culte de la réussite individuelle s'est développé **en contrepoint à** la crise.

L'extrait de *Francoscopie* fait l'exposé des questions sociales qui concernent non seulement les Français, mais aussi tous les êtres humains. Nous vivons dans une période d'extrême agitation. Tout est en train de changer — modes de vie, structures, valeurs, rapports entre les individus. Divisez la classe en groupes. Chaque groupe dressera une liste de problèmes mondiaux et puis les classera selon leur ordre d'importance. Comparez les résultats.

A VOTRE AVIS

Commentez suivant le contexte de l'article:

1. Les efforts personnels vous donnent des droits. Ainsi, le travail et l'effort méritent d'être récompensés.
2. Les forts ont une responsabilité limitée envers les faibles d'une société.
3. Ceux qui n'ont pas les capacités financières, intellectuelles ou relationnelles n'ont pas le droit de réussir.
4. On devrait effectuer un partage égal dès ressources d'une nation parmi tous ses membres.
5. C'est l'individu qui compte dans une société.
6. Il n'y a plus de classes sociales.
7. Non, les classes sociales sont inévitables.
8. Les valeurs traditionnelles sont maintenant moins suivies.
9. Nous craignons le progrès technologique.
10. L'Etat devrait développer et planifier les richesses d'une société.
11. L'Etat devrait jouer un moins grand rôle social.
12. La famille traditionnelle est en déclin.
13. Le présent compte plus que l'avenir.
14. Au fond, il faut être égoïste.

Tournant 1

COMMENT VIVRE

A La Bonne Conduite

B La Fête

Bonne Table, bonne compagnie

1A

La Bonne Conduite

La courtoisie est une forme de politesse, c'est l'art de bien **se conduire** (agir). Avant, les bonnes manières tenaient de l'**éducation** (la connaissance et la pratique des usages de la société) des enfants dans les **règles** (les principes) de la **bienséance** (une conduite sociale correcte) d'un savoir-vivre.

Maintenant, ces règles ne sont plus **régies** par (gouvernées par) des codes très précis, propres à chaque classe, comme à chaque pays. Malheureusement, maintenant le **sans-gêne** (le manque de courtoisie) et la **goujaterie** (l'impolitesse) règnent. On se croit tout permis, même la **grossièreté** (l'ignorance des bonnes manières).

En quoi consiste la vraie politesse? Le naturel. Que faut-il faire? Ne jamais **ridiculiser** (rendre ridicule) ou **blesser** (offenser) votre **prochain** (voisin).

On dit que la courtoisie, qui avant distinguait les cultures et les classes, est maintenant moribonde sinon morte. Est-ce vrai? Est-ce bien? Suffit-il d'être 'naturel'?

AVANT DE LIRE

Parcourez rapidement l'article en cherchant la définition de la courtoisie au passé, et puis celle de l'auteur.

TROUVEZ LE MOT JUSTE: SUFFIXES

Beaucoup de mots français se forment en ajoutant différents préfixes et suffixes à une racine. Devinez le sens des mots ci-dessous à partir des exemples indiqués.

1. La terminaison **-age** peut vouloir dire un ensemble ou le résultat d'une action collective. Expliquez les mots suivants:
   les oiseaux aux **plumages** nuptiaux
   le **brassage** des populations
   De même, que veulent dire les mots suivants?
   le branchage/le cordage/le bandage/l'herbage

2. Le suffixe **-erie** peut indiquer une action.
   Un goujat est une personne indélicate qui offense par son comportement. **La goujaterie** qu'est-ce que c'est?
   Un mufle est un individu mal élevé. **La muflerie** c'est...
   Un être **grossier** est insolent ou vulgaire. **La grossièreté** c'est...
   Etre pédant c'est avoir un comportement 'ffecté et être trop érudit.
   La Pédanterie c'est...

3. Le suffixe **-ance** indique une opinion, un sentiment ou bien une manière d'être.
   Bienséant caractérise ce qu'il est séant (correct) de dire ou de faire.
   La bienséance c'est...
   Convenable décrit ce qui convient ou plaît, ce qui est conforme aux usages. **Les convenances** se réfèrent à...
   Espérer, c'est attendre avec confiance. **L'espérance** indique donc...
   Croire, c'est penser que quelque chose est vrai. Alors, **la croyance** veut dire...
   Etre puissant, c'est produire de grands effets ou avoir un grand pouvoir. **La puissance**, qu'est-ce que c'est?

courtoisie:
la moindre des politesses

Aujourd'hui tout est permis. Même de se bien conduire. Mais qui connaît encore le code de ce permis-là? Le bras d'honneur ayant remplacé le baise-main, on peut se demander si, hors les règles d'un élémentaire savoir-vivre, nous ne sommes pas en train de devenir, ou devenus (hélas!), des ours particulièrement mal léchés.

La courtoisie, voilà bien un mot démodé. Et pourtant qu'il était joli ce terme de «cour» et de chevalerie qui évoquait, au XVIIIe siècle, l'amour chanté par des troubadours aussi libertins que bien élevés. Si le XVIIIe fut galant et le XIXe corseté de civilité, notre XXe semble bien brûler par les deux bouts ce qui lui reste de politesse, comme si vivre était devenu autrement plus urgent que savoir-vivre! C'est ainsi qu'il est courant de se faire marcher sur les pieds, de se pousser sur les voies du métro, de s'insulter sur les passages cloutés autant qu'il est normal de subir les décibels de ses voisins, le sans-gêne des enfants et la goujaterie de ses meilleurs amis. Qui n'a pas à sa disposition un chapelet d'insultes ou un crochet du droit est perdu. Sans parler de l'agressivité et de la méfiance ambiantes qui nous obligent à nous cramponner à nos sacs à main, et à prier le ciel de ne pas tomber.

Le savoir-vivre est régi par des codes très précis, propres à chaque classe comme à chaque pays. Le brassage des populations a perturbé jusqu'à l'anarchie les règles de la plus élémentaire bienséance. Et puis, avouons-le, les bons principes ayant été vilipendés au nom de la liberté, l'éducation de nos enfants n'est peut-être plus ce qu'elle était. Certes, au XIXe siècle, les bonnes manières tenaient en un catéchisme aussi intransigeant qu'alambiqué et hypocrite. Au moins y mettait-on les formes.

«Les vieillards aiment à donner de bons préceptes, pour se consoler de n'être pas en état de donner de mauvais exemples» disait aussi La Rochefoucauld. Aujourd'hui que nous avons jeté par-dessus les moulins baise-main, révérences, visites de politesse, lettres de château et autres pesantes civilités, nous avons, en outre, renoncé au plaisir de faire fi des convenances (puisqu'il n'y en a plus) et de pratiquer cette insolence non dénuée de charme qui permettait de marcher sur les pelouses en toute impunité. Seul l'humour tolère encore quelques pirouettes car on pardonne toujours aux gens qui savent nous faire rire, mais tout le monde n'est pas Francis Blanche qui osait dire: «Si je bâille, ne croyez pas que je sois mal élevé, c'est seulement que je m'ennuie.»

A force de ne plus savoir faire les gestes et d'avoir oublié les formules, l'égoïsme l'a emporté. Les gentilhommes sont morts et les *gentlemen* habitent de l'autre côté de l'eau. «Après moi les autres!» est une devise qui se généralise. Or la société, c'est qui, je vous le demande? Vous et moi à n'en point douter, mais aussi le chauffeur de taxi, le voisin de palier, la caissière du super-marché, le chef de gare, mes petits neveux, les vôtres... Quand on est seul à se croire tout permis, passe encore, mais que tous les autres s'y mettent, voilà qui devient insupportable!

Quant à la galanterie — cette fameuse galanterie française! — il paraîtrait que les femmes n'y auraient plus droit depuis qu'elles ont osé conquérir leur autonomie et réussir — à l'instar des hommes — leur percée professionnelle. Punies, les femmes. Privées de petits soins et d'attentions. On ne va quand même pas leur ouvrir les portes des voitures alors qu'elles conduisent!

Aujourd'hui il n'y a plus d'usages. Que l'Usage. Et encore est-il réduit à sa plus simple expression: «On va chez toi ou chez moi?» Seuls les oiseaux aux plumages nuptiaux savent les délices de ces grandes manœuvres où l'on ne sort par la porte que pour mieux rentrer par la fenêtre.

Sachant que «l'homme seul est toujours en mauvaise compagnie» (Giono) mais que «l'enfer, c'est les autres» (Sartre), un seul espoir nous reste de régler cette quadrature du cercle. Il passe par le savoir-vivre et la courtoisie. D'abord il y a la théorie — cette trame invisible faite de conseils et de consignes destinés à nous mettre à l'abri de toutes circonstances et à ne jamais ridiculiser ou blesser notre prochain. Si vous, Madame, ne savez comment vous adresser à l'ambassadeur du Pérou, qui placer à table à côté d'un nonce apostolique, s'il est ou non permis de boire l'eau des huîtres ou à quoi sert un rince-doigts et si vous, Monsieur, ignorez de quel côté porter votre Légion d'honneur ou si vous devez précéder ou suivre une dame dans l'escalier, ne vous affolez pas, ces bonnes manières s'apprennent.

Autrement dit, oubliez tout (il en restera toujours quelque chose) et soyez vous-même. Le naturel ne demande aucun génie, simplement un peu de talent. Celui de savoir écouter et respecter les autres. Il passe indubitablement par les mille petits mots magiques de la politesse — merci, pardon, s'il vous plaît — mais aussi par le sourire. Le sourire décuple la courtoisie, en fait un art de vivre.

Et rien n'est plus contagieux. Aussi, si par hasard vos enfants ne mettent ni leurs doigts dans leur nez, ni les pieds dans leur assiette, ils ont une chance d'acquérir — à votre exemple — cette distinction naturelle qui n'est ni afféterie, ni pédanterie, mais simple courtoisie. Il y a la forme et le fond, l'art et la manière. Souriez, ils feront le reste. En effet, «les bonnes manières ne consistent pas à faire ceci ou cela — c'est Jean d'Ormesson qui le dit — ni à faire ce que font les autres, ni même à faire le contraire de ce que font les autres. Elles consistent expressément à faire n'importe quoi — à condition bien entendu de le faire d'une certaine manière. Tout est dans cette manière qui est d'abord et avant tout, et peut-être exclusivement, une élégance du cœur et une des grâces de l'âme qui s'inscrivent parmi les choses de ce monde et dans les gestes du corps.»

Mais voilà, cela s'apprend.

MINI-GLOSSAIRE

à l'abri de   protégé de

afféterie *f.*   affectation

s'affoler   paniquer

alambiquer   exagérément compliquer

ambiant   qui entoure

bâiller   *to yawn*

caissière *f.*   femme à qui l'on paie les achats

certes   certainement

les convenances   les bienséances, ce qui est convenable

corseté   rigide

cour *f.*   l'entourage du roi par exemple

se cramponner à   s'accrocher à, tenir fermement

un crochet du droit (*fam.*)   coup de poing

décupler   augmenter d'au moins dix fois

dénué de   sans

de palier   habitant le même étage

désamorcer   interrompre le fonctionnement de

devise *f.*   paroles exprimant une formule souvent répétée

avoir à sa disposition   posséder

enfer *m.*   le contraire du paradis

faire fi de (*litt.*)   mépriser

à force de   grâce à beaucoup de

gommer   effacer

impair *m.*   une maladresse choquante, une gaffe

en toute impunité   sans punition

à l'instar de (*litt.*)   à l'exemple de

en outre   en plus

passage clouté *m.*   pour indiquer aux piétons où traverser la rue

pelouse *f.*   terrain avec de l'herbe

percée *f.*   progrès spectaculaire

pesant   qui a du poids, lourd

privé de   qui manque

quadrature *f.* **du cercle**   problème ins▪

régler   résoudre définitivement

révérence *f.*   *curtsey*

tenir en   consister en

trame *f.*   la texture

vilipender (*litt.*)   dénoncer comme vil

EXPLORATIONS

D'APRES L'AUTEUR

Dans le contexte de l'article, indiquez si les propos ci-dessous sont vrais ou faux. Corrigez les propos qui sont faux.

1. Le mot «courtoisie» évoque les manières du dix-huitième siècle et de bien avant.
2. L'auteur pense que maintenant la courtoisie est morte.
3. L'auteur est content que notre société ne soit pas courtoise.
4. Notre époque n'est pas plus égoïste que les époques précédentes.
5. La solution est d'enseigner aux enfants un manuel de bienséances.

EXPRESSIONS UTILES

Attention à la préposition «à»! Retenez ces expressions qui expriment des fonctions. Formulez une phrase pour chaque expression.

à force de: par
   A force de ne plus savoir faire les gestes, l'égoïsme l'a emporté.

à l'instar de (*litt.*): à l'exemple de
   A l'instar des hommes, les femmes ont réussi professionnellement.

à condition de + inf.: si
   à condition de le faire d'une certaine manière

TOURNURES AU FIGURE

La langue française s'exprime volontiers par des tournures concrètes ou imagées qui révèlent d'anciennes habitudes.

jeter par-dessus les moulins: expression exprimant l'idée de jeter qqn très haut, très loin, et avec beaucoup de force, un moulin étant très grand

lettre de château: une allusion à une vie d'aristocrates, où les habitants d'un château se rendaient visite, et, bien sûr, envoyaient des lettres de remerciement après leur visite

avoir du plomb dans l'aile: être dans une mauvaise situation. C'est une référence à la chasse. Un oiseau qui a du plomb dans l'aile n'en a pas pour longtemps!

IMPROVISONS!

Jouez à l'improviste les sketches indiqués (à deux):

1. Un jeune homme cherche un taxi. Au moment d'entrer dans le taxi, une jeune femme saisit la poignée de la portière et commence à hurler: «C'est mon taxi! Les hommes sont tous pareils! Vous êtes des brutes!» Continuez la dispute.
2. Vous êtes enceinte et vous prenez l'autobus. Malheureusement, il n'y a plus de places assises parce que c'est l'heure de pointe. Tout d'un coup, vous avez mal, et vous demandez à un jeune homme assis près de vous de vous céder sa place. Il vous la refuse. Dites-lui ce que vous pensez de son égoïsme.
3. Votre camarade de chambre est très difficile. Quand vous voulez vous coucher, il invite des copains chez vous pour faire la fête, et en plus porte vos vêtements et pique votre argent. Essayez de lui en parler.

A VOTRE AVIS

Discutez les propos suivants par groupes de trois ou quatre personnes. Ensuite, choisissez une personne pour résumer votre discussion à la classe.

1. Qu'est-ce que «le savoir-vivre»? L'auteur dit qu'il «est régi par des codes très précis, propres à chaque classe comme à chaque pays». Comment l'auteur explique-t-il donc l'anarchie des règles de la plus élémentaire bienséance?
2. Quelle explication donne-t-on de l'égoïsme? Expliquez la devise, «Après moi les autres!»
3. A votre avis, est-ce que le féminisme a contribué à effacer la galanterie des hommes? Est-ce bien?
4. Donnez une définition de la courtoisie. Est-ce «ne jamais ridiculiser ou blesser notre prochain»? Est-ce «oublier tout et être vous-même»? «Savoir écouter et respecter les autres»? Tout simplement sourire?
5. Que pensez-vous de la dernière définition des bonnes manières de l'auteur: «faire n'importe quoi à condition de le faire d'une certaine manière»?

DEBAT

Divisez la classe en deux groupes. Chacun discutera des arguments en faveur de sa position. Ensuite défendez votre point de vue face aux critiques. Chaque groupe, chacun à son tour, énoncera un propos logique ou bien critiquera un propos déjà avancé par l'autre groupe. Le professeur écrira les arguments et les critiques valables au tableau. L'équipe qui aura marqué le plus grand nombre de points à la fin du débat gagnera. Choisissez une de ces questions à débattre.

1. Les droits de l'individu sont-ils plus importants que ceux de la société? Est-il plus important d'être sincère, d'exprimer ses sentiments, que de suivre les règles d'un code social mourant, sinon mort?

2. L'efficacité compte-t-elle plus que la politesse?

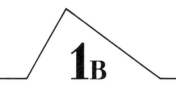

La Fête

Avant la fin des années 80, les parents et les jeunes ne s'amusaient pas souvent ensemble. Ils faisaient fête **à part** (séparément). Les jeunes avaient leurs **boums** (fêtes) chez des **potes** (amis) et les parents avaient leurs soirées. Certains jeunes jouaient une pièce de théâtre, lorsqu'ils **recevaient** (invitaient) leurs amis. On se déguisait pour des soirées avec des thèmes et on créait un décor de théâtre parfois anonyme et sinistre.

Aujourd'hui, la séparation entre les générations existe de moins en moins. Les jeunes et leurs parents **font la fête** (s'amusent) tous ensemble. La fête est plus chaleureuse, plus conviviale, moins **sectaire** (intolérante). On soigne l'**accueil** (la réception): la règle de base, c'est de présenter les gens les uns aux autres. Le **verre** (l'apéritif), le thé dansant et le dîner ne sont plus à la mode. On ne s'habille plus comme avant. Autrefois, la femme mettait une robe élégante et l'homme portait un **costume** (une veste et un pantalon) sombre. Maintenant, les gens s'habillent rarement en tenue de soirée. Les jeunes préfèrent une petite robe en stretch noir, un **caleçon** (un pantalon collant) en **éponge velours** ou une **veste** (comme un blazer) avec un jean et une chemise.

Vous arrive-t-il de faire la fête avec vos parents? Avec des gens plus jeunes? Ou bien êtes-vous plus à l'aise avec des amis de votre âge? Avez-vous besoin de vous révolter contre la génération de vos parents pour vous trouver?

AVANT DE LIRE

Parcourez rapidement l'article. Puis, résumez très brièvement les idées essentielles en vous servant de ces expressions: on faisait fête à part; les grands chambardements de l'institution de la familiale dans les années 80; faire la fête tous ensemble; une fête est maintenant plus naturelle.

FETE: TOUT LE MONDE EST DE LA PARTY

Avant, tout était simple. Il y avait les boums des ados et les soirées de leurs aînés. Les grands frères disparaissaient quasiment tous les soirs «chez des potes», pour reparaître le lendemain, le teint blême, expiant le souvenir des orgies de la veille. Les parents, eux, redécouvraient parfois les plaisirs démodés du *cheek-to-cheek*, en robes habillées et costumes sombres, chez un «ménage ami». Bref, on avait beau s'aimer beaucoup, à part au mariage de la cousine, on n'aurait pour rien au monde dansé devant le même buffet (campagnard). On faisait fête à part.

Désormais, tout le monde est de la party. La fête a fait sa révolution. Elle s'annonce plus chaleureuse, moins sectaire. On invite sans complexes et sans hésiter ses parents, ses rejetons, ses aînés, les vieux amis de la famille ou les copines de lycée de sa petite sœur. Toutes générations confondues, c'est le melting-potes (*sic*) absolu. La musique qu'on écoute tous aujourd'hui a contribué à brouiller les différences d'âge.

Les grands chambardements de l'institution de la famille dans les années 80 ont bien préparé le terrain de la fête-consensus. Gilles, vingt-neuf ans, a, comme pas mal de Parisiens de sa génération, pris pension chez papa-maman jusqu'à un âge avancé: «Quand on vit aussi longtemps avec ses parents, on finit par s'y attacher, ironise-t-il. Ils connaissent tous mes potes, ont adopté mes ex, et, si je ne les invite pas à mes fêtes, tout le monde les réclame.» Faire la fête tous ensemble, c'est aussi tout à fait naturel pour les nouvelles familles en kit, moins conventionnelles, extensibles à volonté, qui jouent volontiers les tribus.

Un nouveau savoir-fête 90 entre à son tour dans la danse. Aujourd'hui, on reçoit ses amis et c'est «vachement plus convivial, comme dit Sophie. Je ne fais plus de fêtes que chez moi. Plus personne n'a envie de se retrouver dans une salle de location anonyme et plus ou moins sordide. Je laisse les meubles en place, mais je les drape de batiks colorés. C'est indispensable de garder des coins pour bavarder dans une soirée.»

«Et la règle de base, qu'on avait un peu oubliée, c'est quand même de présenter les gens les uns aux autres.»

Jazzy et *cosy,* la fête des *nineties* est aussi résolument na-tu-rel-le. On ne cherche surtout plus à frimer. La tyrannie du *look,* ou les sinistres soirées à thème, n'ont définitivement plus cours. «Je déteste devoir m'habiller pour sortir, explique Nathalie. Mais naturel ne veut pas dire laisser-aller. Une petite robe en stretch noir, c'est passe-partout et c'est joli.» Trêve de chichis. Aujourd'hui, on est la plus belle pour aller danser en caleçon (en éponge velours) et veste ou en jean *destroy* et chemise brodée. Et la doudoune joue en douceur les manteaux du soir. La même décontraction baigne les nouveaux rites de la fête. Le snobisme des invitations en semaine (sympa quand on bosse à 8 heures le lendemain), ou ridiculement tardives a du plomb dans l'aile. Le verre, le thé dansant du dimanche après-midi ou le dîner qui se prolonge en petite bringue sont plus dans l'air du temps. La fête n'est pas finie. Elle a mis de nouveaux habits.

A la mode	Démodé
• Le Diet Coke	• La coke
• Apporter un gâteau maison	• Débarquer à douze sans invit'
• Manger	• Boire
• S'amuser et le montrer	• S'ennuyer et le montrer
• Les minis	• Les décolletés
• Etre cool	• Etre saoul
• Le no-smoking	• Le smoking
• Arriver à l'heure	• Arriver à point d'heure
• La doudoune	• Les talons aiguilles
• La famille	• Les clans
• La salade de pâtes	• La salade de riz
• Monter une opérette avec ses enfants	• Inviter un groupe rock

MINI-GLOSSAIRE

bosser (*fam.*) travailler

bringue *f.* une fête extravagante

brouiller mélanger

chambardement *m.* le changement brutal

coke *f.* la cocaïne

avoir cours être reconnu, utilisé

désormais à l'avenir

doudoune *f.* veste en duvet (*down*)

location *f.* ce qu'on loue (payer pour l'emploi)

pâtes *f.* nouilles

quasiment presque

réclamer demander

rejeton *m.* (*fam.*) enfant, fils

saoul (*fam.*) ivre

smoking *m.* un veston d'homme qui se porte lors des grandes fêtes

le teint blême le visage pâle

trêve de chichis (*fam.*) assez de manières affectées

vachement (*fam.*) énormément

à volonté de la manière et autant qu'on veut

EXPLORATIONS

D'APRES L'AUTEUR

Avez-vous bien compris l'article? Répondez à ces questions:

1. Que signifie «faire la fête»?
2. Comment faisait-on la fête dans les années 80? Cela devient-il plus conventionnel dans les années 90?
3. Quelle est la règle de base lors d'une fête?
4. Socialise-t-on plus aujourd'hui? Expliquez.
5. Quels sont les nouveaux «looks»?

EXPRESSIONS UTILES: VERBES

Retenez ces expressions et utilisez-les dans une phrase:

avoir beau faire: quoique + verbe, faire sans résultat
   On avait beau s'aimer beaucoup, on n'aurait pas dansé devant le même buffet.

faire la fête: mener une vie de plaisir, beaucoup s'amuser
   Faire la fête tous ensemble, c'est naturel pour les familles en kit.

avoir cours: être utilisé
   les soirées à thèmes n'**ont** plus **cours**

EN ROUTE

A VOTRE AVIS

Après avoir consulté le tableau indiquant ce qui est à la mode et ce qui ne l'est pas («à la mode»/«démodé»), formulez votre propre liste de boissons, d'amuse-gueule, de danses, de gestes, d'endroits, de vêtements, d'activités, d'invités et de fêtes qui sont à la mode.

TABLE RONDE

Faites une table ronde et discutez de l'université, l'Etat et la vie sociale des jeunes. Vous mettrez en scène une discussion démocratique à la façon du roi Arthur et de ses chevaliers de la table ronde: vous êtes tous des expertes et experts. L'animateur présentera chaque expert, et passera la parole au suivant à la manière d'une discussion à la télévision, avec des pancartes identifiant chaque participant. Après une présentation initiale d'environ trois minutes de la part de tout le monde, posezvous des questions. Filmez cette discussion sur vidéo, si vous le désirez.

1. Animateur
2. Une doyenne d'étudiants chargée de la discipline des jeunes. Elle trouve que les étudiants devraient respecter les règles de l'université et celles de l'Etat — y compris la politique de ne pas boire d'alcool.
3. Etudiant universitaire qui aime se soûler les week-ends
4. Jeune qui veut faire la fête. La vie sociale compte par-dessus tout.
5. Des parents conservateurs. L'université coûte cher. Donc, il faut travailler, pas faire la fête!
6. Etudiante radicalisée qui adore la violence et les fêtes de «démolition»
7. Un jeune traditionnel qui aime les soirées chez ses parents, avec des amis de la famille
8. Un jeune qui aime la coke, parce qu'il faut un maximum d'intensité dans la vie
9. Un policier qui trouve qu'il faut respecter la loi. L'usage des stupéfiants (drogues) est contre la loi. C'est tout.
10. Etudiante en médecine qui n'aime pas les fêtes. La réussite dans les études compte beaucoup plus que la vie sociale.

Formez deux équipes qui discuteront pour ou contre un de ces propos. Trouvez des arguments en faveur de votre point de vue, ou bien critiquez les arguments de vos adversaires.

1. Dans la comédie traditionnelle, les parents ont souvent été contre les désirs des jeunes (comme par exemple leur choix d'un partenaire). Il est naturel pour les parents d'affirmer l'importance de l'ordre social, et pour les jeunes de se révolter contre cet ordre. Les parents ne devraient donc pas chercher à être toujours d'accord avec leurs enfants.

2. Faire la fête implique un excès. Les excès (d'alcool, par exemple) sont parfois nécessaires à un équilibre psychologique.

QUELLE MORALE?

A La Vie quotidienne et la morale

B La Menace du sinistre informatique

La Présidente de la cour de cassation juge des contours de cette morale

2A

La Vie quotidienne et la Morale

D'après un sondage récent, un nombre surprenant de Français hésitent sur certaines questions morales journalières. Il s'agit de mentir: **prévenir** (avertir) ou ne pas prévenir quelqu'un, ne pas signaler quelque chose, accepter les compliments ou le harcèlement sexuel, envoyer ou **renvoyer** (refuser) quelque chose dans des situations douteuses. Il s'agit aussi de vols: emprunter, **empocher** (mettre dans sa poche) ou **piquer** (voler) quelque chose, **tricher** (tromper), changer les **étiquettes** (*tags*) dans un magasin pour ne pas payer le prix **étiqueté** (affiché, indiqué sur l'étiquette) et même tout faire pour activer le divorce de son amant marié. Si en général les Français ne trichent ni en amitié ni en amour, par contre ne pas payer tout ce qu'ils doivent à l'Etat ne semble pas leur poser de problème. Egalement, ils ne sont pas toujours d'une honnêteté exemplaire envers leur patron. Cet article cherche à sensibiliser le grand public.

Sommes-nous vraiment bien honnêtes? En amitié? En amour? Au bureau? Au magasin? Envers l'Etat?

AVANT DE LIRE

Parcourez rapidement les réponses des Français dans ce sondage sur l'honnêteté. Après avoir regardé les chiffres les plus élevés, tirez des conclusions générales. Jusqu'à quel point les Françaises sont-elles honnêtes en amour? Envers l'Etat? Envers leur patron? Envers les commerçants? Envers des copains?

VOCABULAIRE CONTEXTUEL

D'après leur contexte, devinez le sens des mots en caractères gras (*boldface type*). Proposez une paraphrase, sans consulter un dictionnaire. Discutez ensuite vos réponses avec un camarade de classe. Par exemple, posez-vous des questions. «Un blazer», d'après l'anglais, qu'est-ce que c'est probablement? Le mot «teint» devrait vous suggérer une couleur (se faire teinter les cheveux). Où est-ce qu'une fiancée porterait probablement le blazer de son fiancé pour lui rendre service?

1. une lettre dans la poche de votre fiancé, en portant **son blazer chez le teinturier**
2. arrêter de **prendre la pilule**, sans prévenir l'homme de votre vie
3. ne pas prévenir l'intéressé que vous avez une sale (*fam.*) maladie (herpès ou une autre **M.S.T.**)
4. faire une tache sur un vêtement dans un magasin pour obtenir **une ristourne**
5. **faire pipi** dans la piscine
6. quitter un restaurant avec **un Burberry** qui ne vous appartient pas
7. mettre de l'eau **du robinet** dans une bouteille d'eau minérale
8. «oublier» de rendre les 100 francs empruntés à une amie aussi **fauchée** que vous

SOMMES-NOUS VRAIMENT BIEN HONNETES?

700 femmes de 25 à 35 ans ont répondu à un sondage de Lille à Marseille et de Nantes à Strasbourg.

Les Français ne sont pas toujours d'une moralité exemplaire. En amour, ils sont généralement honnêtes, mais non pas concernant les moyens de se tenir informés de leur partenaire. Quant à l'Etat, ce ne sont pas les scrupules, mais plutôt la peur de se faire piquer qui les empêche d'escroquer l'Etat dans tous les domaines. De même, dans leur monde professionnel et commercial, comme pour la question des objets trouvés, la moralité des Français n'est pas toujours bien nette. Par contre, les copains sont sacrés. Conclusion: si l'autre est riche, invisible ou inconnu, les Français sont souvent...malhonnêtes.

1. Quand on aime, on ne triche pas.

	Vous l'avez déjà fait	Vous ne le feriez jamais	Si vous en aviez l'occasion...
Lire une lettre que vous trouvez dans la poche de votre fiancé en portant son blazer chez le teinturier.	14%	17%	69%
Ne pas prévenir le (ou les) intéressé(s) que vous avez une sale maladie (herpès ou autre M.S.T.).	4%	89%	7%
Donner un rendez-vous à trois hommes pour le même soir et décider à la dernière minute de celui avec lequel vous avez le plus envie de sortir.	11%	64%	25%
Ecrire une lettre anonyme à la femme de votre amant marié pour la prévenir que son mari la trompe, afin d'activer le divorce.	1%	80%	19%

2. L'Etat, connais pas.

	Vous l'avez déjà fait	Vous ne le feriez jamais	Si vous en aviez l'occasion...
Ne pas voter.	34%	31%	35%
Rentrer de Singapour avec 3 appareils-photo et passer par la sortie «rien à déclarer».	24%	2%	74%
Tricher sur l'âge d'un enfant pour qu'il ne paye que demi-tarif.	39%	19%	42%
Voyager en première avec un billet de seconde.	64%	2%	34%

3. Ce qui est au patron est à moi.

	Vous l'avez déjà fait	Vous ne le feriez jamais	Si vous en aviez l'occasion...
Afficher «Science-Po» sur votre CV alors que vous avez juste passé (et raté) le concours d'entrée.	19%	24%	57%
Appeler votre *boy-friend* à Los Angeles du bureau ou de l'endroit où vous faites du *baby-sitting*.	49%	19%	32%
Poster votre courrier personnel avec celui du bureau.	67%	4%	29%
Accepter les compliments pour une idée qui, en fait, a été trouvée par quelqu'un de votre équipe.	4%	94%	1%
Accepter le «harcèlement sexuel» de votre patron pour décrocher une promotion.	2%	74%	24%

4. Commerçants, banquiers, assureurs: la fauche et la feinte.

	Vous l'avez déjà fait	Vous ne le feriez jamais	Si vous en aviez l'occasion...
Ne pas signaler à la banque qu'on a crédité votre compte de 15 000 F par erreur......	1%	6%	93%
Faire une tache sur un vêtement dans un magasin pour obtenir une ristourne....	4%	86%	10%
Piquer livre, disque ou cravate dans un grand magasin parce que c'est l'anniversaire de votre fiancé et que vous êtes fauchée.................	45%	27%	28%
Envoyer un chèque non signé pour gagner du temps quand vous êtes en rouge à la banque..................	61%	6%	33%

5. Objets trouvés et personnes en danger.

	Vous l'avez déjà fait	Vous ne le feriez jamais	Si vous en aviez l'occasion...
Empocher le billet de 200 F tombé de la poche d'une dame envisonnée. Visiblement, elle n'est pas à ça près........	3%	9%	88%
Faire pipi dans la piscine.....	27%	42%	31%
Laisser un copain dealer utiliser votre appartement et votre téléphone pour son petit commerce...............	1%	99%	0%
Acheter des tickets à des copains encore en fac pour déjeuner au restau U alors que vous n'êtes plus étudiante....	1%	79%	20%

6. Les copains, c'est sacré.

	Vous l'avez déjà fait	Vous ne le feriez jamais	Si vous en aviez l'occasion...
Mettre de l'eau du robinet dans une bouteille d'eau minérale les jours où vos copains viennent dîner.......	18%	54%	28%
Partir en week-end avec le fiancé de votre meilleure amie.................	7%	57%	36%
Revendre à vos amis de fausses chemises Lacoste achetées à Hong-kong plus cher que vous ne les avez payées. Après tout ils s'y retrouvent et c'est quand même moins cher que les vraies..................	1%	4%	95%
«Oublier» de rendre les 100 F empruntés à une amie aussi fauchée que vous..........	14%	54%	32%

MINI-GLOSSAIRE

CV *curriculum vitae*

décrocher gagner

envisonnée portant un manteau fourrure de vison (*mink*)

elle n'est pas à ça près (*idiom.*) elle n'a pas besoin d'argent

gourmette *f.* une chaîne portée comme bijou au poignet

M.S.T. *f.* une Maladie Sexuellement Transmissible

tache *f.* marque

teinturier *m.* qqn qui nettoie les vêtements à sec

transi timide, qui ne peut pas bouger

tricher mentir, agir malhonnêtement

tromper être infidèle à

EXPLORATIONS

D'APRES L'AUTEUR

Avez-vous bien compris l'article? Testez vos connaissances, en répondant aux questions suivantes:

1. Donnez votre avis sur les situations du sondage (première question).
2. Qu'est-ce que la ristourne? Revient-elle plus cher que le teinturier, par exemple?
3. Sommes-nous vraiment honnêtes? Donnez un exemple personnel d'une expérience malhonnête.

NOTES CULTURELLES

concours: un examen compétitif. Depuis Napoléon, les écoles se basent sur le système de concours nationaux. Par exemple, pour recevoir un diplôme de lycée, pour les grandes écoles, pour devenir professeur, il faut passer un concours — et y réussir! En France, il ne faut pas être riche pour réussir — il faut être très intelligent et chanceux!

en fac: à la faculté (l'université). Dans chaque université, il y a plusieurs facultés (écoles): par exemple, la faculté de sciences, faculté de lettres, etc. «Faculté» ne veut pas dire les enseignants.

au restau: Les restaurants universitaires sont subventionnés par l'Etat. Par conséquent les repas sont bon marché (environ 10 francs).

EN ROUTE

SONDAGE

Répondez aux questions du sondage. Comparez ensuite les réponses de la classe aux résultats de l'article. Etes-vous d'une moralité plus exigeante que les Français du sondage?

En groupes de deux, improvisez les situations suivantes basées sur le sondage. (Changez de partenaire après chaque situation.)

1. En portant le blazer de votre fiancé chez le teinturier, vous découvrez une lettre et vous la lisez. Quelle horreur! C'est une lettre d'amour et vous n'en êtes pas l'auteur! Affolée, vous en parlez à l'amour de votre vie, qui proteste que vous n'aviez pas le droit de la lire.

2. Vous donnez un rendez-vous à votre meilleur ami pour dîner au restaurant un vendredi soir. Mais quand le grand amour que vous adorez en secret vous invite à sortir le même soir, évidemment, vous acceptez. Hélas! Vous croisez votre meilleur ami au restaurant seul. Sauvez votre amitié! Téléphonez-lui le lendemain pour vous excuser.

3. Vous annoncez à Pierre que vous attendez un enfant de lui. En fait, vous ne savez pas qui en est le père. Pierre est ravi de la nouvelle... mais il a des doutes. Essayez de le persuader, car c'est lui que vous aimez!

4. Vous rentrez de Hong-Kong avec trois appareils-photo dans votre valise. Persuadez le douanier que vous n'avez rien à déclarer.

5. Vous prenez le RER (un train interurbain) à Paris pour aller visiter Versailles. Vous avez oublié d'acheter un billet. En arrivant à Versailles, un agent vous attrape et vous fait payer une grosse amende. Essayez de le persuader de votre honnêteté.

6. Votre meilleur ami est parti en week-end avec votre fiancée. Evidemment, vous êtes dans tous les états! Est-ce la fin de l'amitié? Des fiançailles? Parlez-en à votre (ex-)meilleur ami. Puis prenez une décision à l'égard de votre fiancée et parlez-lui-en.

DEBAT

Préparez un débat sur une des questions ci-dessous. Divisez la classe en deux équipes, pour et contre. Proposez un seul argument à la fois soutenant votre point de vue, ou bien une critique d'une idée déjà proposée par vos adversaires. Le prof animera le débat et résumera l'argument au tableau.

1. Les Dix Commandements sont toujours valables, et devraient être suivis par toute la société. Les valeurs morales, comme celle de l'honnêteté, sont absolues, Justifiez ou bien attaquez ce point de vue.

2. Il est plus acceptable de voler quelque chose à un organisme anonyme (un magasin, l'Etat) qu'à un individu que l'on connaît.

2B

La Menace du sinistre informatique

Aujourd'hui, l'**ordinateur** (*the computer*) produit et **génère** (crée) toutes les activités de l'entreprise française — et non seulement sa **gestion** (son administration). Cependant, les entreprises ne protègent pas leurs systèmes **informatiques** (concernant l'ordinateur), risquant ainsi un **effondrement** (une chute) total.

Les **disquettes de sauvegarde** (des disquettes informatiques doubles) sont rangées dans un placard et chacun sait où est la clé. Un programmeur peut **accéder à** (entrer dans) la **base de données** (*data base*). Pire, un **informaticien** (qui fait de l'informatique) peut **faire chanter** (*blackmail*) la **direction** (l'organisation) par un virus s'attaquant aux **logiciels** (*software*) en sabotant des **dossiers** (documents). L'augmentation de la délinquance informatique pose un tel problème que ni la police ni la justice ne peuvent rester indifférentes. En 1988, la France a voté une loi visant la fraude et la malveillance informatiques. Cette loi punit la falsification et l'emploi abusif de documents informatisés. Les peines sont importantes: jusqu'à cinq ans d'emprisonnement et deux millions de francs d'amendes. Mais le gouvernement et les entreprises français restent trop vulnérables.

Quels dangers pèsent sur les systèmes informatiques? Comment les entreprises devraient-elles se protéger contre un malfaiteur et contre les pertes informatiques?

AVANT DE LIRE

Parcourez rapidement l'article en cherchant le sens essentiel. Récapitulez les idées principales à partir des expressions suivantes:

une menace mortelle; les sociétés; le silence; leurs faiblesses; protéger leurs systèmes informatiques; l'informatique; le centre vital de l'entreprise; la malveillance; la brute; le saboteur; le virus; un énorme vide juridique

TROUVEZ LE MOT JUSTE: RACINES LEXICALES

Souvent nous réussissons à décoder un mot à partir des racines qui donnent le sens lexical de base (avec les préfixes et les suffixes). Les terminaisons ou les articles indiquent la fonction grammaticale.

1. **L'informatique,** c'est la science de l'information — tout ce qui se rapporte à **l'ordinateur.** Alors, expliquez en français:

   l'informaticien
   un sinistre informatique
   être informatisé

2. **Licencier,** c'est renvoyer quelqu'un de sa situation professionnelle. Expliquez:

   être licencié par
   un licenciement
   les licenciés

3. Si **gérer** signifie «*to manage*», que veut dire **la gestion**?
4. Expliquez à partir des racines:
   la sauvegarde (sauver + la garde)
   la malveillance (mal + veiller, la veille)
   la réécriture (ré + écriture)
   anéanti (a + néant)

informatique:
les perceurs de secrets

Les pirates ne sont plus des gamins. Un sabotage pourrait menacer, en quelques heures, la survie même d'une entreprise. Les Français commencent à prendre le danger au sérieux. Enfin!

L'économie française vit sur un volcan. De la plus modeste PME à la multinationale, une menace mortelle pèse sur elle: l'informatique. Car, si les ordinateurs permettent de gagner du temps et de l'argent, ils constituent aussi le maillon faible des entreprises. [Récemment] en France, on a enregistré 31 000 sinistres informatiques, soit plus de 80 par jour! Qui représentent, pour les sociétés, entre 8 et 14 milliards de francs de pertes. Encore ces chiffres ne recouvrent-ils qu'une partie des dégâts supposés. «Le silence est la règle d'or dans ce domaine, explique Jean-Marc Lamère, président du Clusif (Club sécurité informatique français). Les entreprises, a fortiori celles qui sont connues du public, préfèrent ne pas étaler au grand jour leurs faiblesses.» Des sinistres informatiques en France, Lamère en a recensé des milliers. Il juge avec la froideur de l'expert, la rigueur du stratège et l'optimisme d'une Cassandre. «Les firmes françaises courent un grand danger. En ne protégeant pas leurs systèmes informatiques, elles risquent parfois l'effondrement total, souvent une paralysie momentanée et, dans tous les cas, des pertes considérables. A l'aube de l'Europe de 1993 et de la multiplication des réseaux, c'est une réelle menace qui pèse sur le pays.»

L'informatique n'est pas seulement une machine à additionner des chiffres. Elle est devenue le centre vital de l'entreprise. En cas de sinistre informatique total, 20% des directeurs généraux estiment la durée de survie de leur société à «quelques heures». Pour 48%, ce délai est de «quelques jours». Ces chiffres alarmants sont révélés par une enquête [effectuée] pour la Communauté européenne par HSD [une organisation qui fait des sondages] auprès de quelque 500 firmes. Selon Gérard Petit, l'un des auteurs de l'enquête, ils s'expliquent par le rôle croissant de l'informatique au sein de l'entreprise: « Il y a dix ans, seules son administration et sa gestion étaient informatisées. Aujourd'hui, l'ordinateur produit et génère toutes ses activités essentielles: la conception de nouveaux produits, la politique commerciale, les projets de développement, les investissements.»

Il y a une démonstration essentielle, dans l'enquête de HSD: la majorité des entreprises françaises ne savent pas gérer ces risques d'un nouveau genre. Si les «grands» s'en préoccupent parfois, les PME semblent pratiquement désarmées. Ainsi, ce directeur d'une entreprise de nettoyage, qui emploie 700 personnes, avoue qu'il n'a jamais vraiment pris le temps d'envisager le problème. Pourtant, sa société fait partie des maisons en «danger». «Toutes les disquettes de sauvegarde, explique-t-il, sont rangées dans un placard dont chacun sait où est la clé. Si quelqu'un de mal intentionné détruisait ces disquettes, l'entreprise ne survivrait pas huit jours.» Dans une autre PME, spécialisée dans la haute technologie médicale, le responsable informatique se contente d'assurer qu'il «veille à ce que les portes soient bien fermées». Manque de moyens, manque d'informations, ces exemples banals montrent la faible sensibilisation de nombreux industriels aux risques informatiques. Encore prennent-ils en compte les dangers dits «naturels», comme les pannes et autres accidents. La vraie menace, l'intervention humaine, est quasi ignorée; elle est, pourtant, de loin la plus coûteuse.

A elle seule, la malveillance représente près de la moitié des pertes informatiques globales, et cette proportion ne cesse de croître. Plus de 60% des «criminels» informatiques sont issus de l'entreprise elle-même! C'est un peu comme si les banques travaillaient avec des perceurs de coffres-forts. Outre l'appât du gain, les motivations de ces nouveaux délinquants sont multiples: un licenciement jugé abusif, une mise à la retraite prématurée, une promotion refusée et, pourquoi pas, une dépression nerveuse, ce qui s'est déjà vu. La vengeance de l'informaticien frustré est multiforme: elle se décline de la riposte la plus primaire aux délices les plus sophistiquées que seul peut imaginer un esprit ingénieux et pervers.

En bas de l'échelle, la brute: il casse. En décembre 1987, la journée d'une société de services qui traite la paie de 1 300 entreprises commence très mal: un saboteur a détruit toutes les disquettes et les sauvegardes qui contenaient ses fichiers. Coût de l'opération: 112 clients perdus par rupture de contrat et plus de 1 million de frais supplémentaires.

Dans un établissement financier, un programmeur parvient à accéder à la base de données qui gère les transferts de fonds: il vire 50 millions de francs sur son compte! Plus champêtre, un malfaiteur, en collusion avec un négociant de produits chimiques agricoles, a l'idée de modifier les paramètres du système informatique d'un centre de météorologie. Trompée, la météo annonce une série de jours de pluie au moment de certaines récoltes. Du coup, les agriculteurs de la région commandent immédiatement plusieurs tonnes d'un produit antiputréfaction dont l'emploi se révélera, bien entendu, complètement inutile. Perte sèche des exploitants: près de 3 millions de francs.

Plus pervers, le saboteur: il s'attaque aux fondements de l'entreprise. Il utilise plusieurs techniques. Ces techniques ont un point commun: elles s'attaquent aux logiciels, au moment voulu par lui.

Il a fallu tout de même dix ans à la France pour combler un énorme vide juridique. 1978–1985–1988: trois étapes, trois lois fondamentales qui permettent désormais la généralisation des poursuites judiciaires. La première assure la protection de la vie privée: elle a donné naissance à la Cnil (Commission nationale de l'informatique et des libertés). La deuxième codifie la propriété des logiciels au même titre que le droit d'auteur dans le domaine artistique. La dernière vise principalement la fraude et la malveillance: elle punit l'accès à un système informatique ou le fait de s'y maintenir illégalement, l'entrave au bon fonctionnement et, enfin, la falsification ou l'utilisation abusive de documents informatisés. Les peines vont jusqu'à cinq ans d'emprisonnement et 2 millions de francs d'amendes. De quoi donner à réfléchir.

MINI-GLOSSAIRE

amende *f.* argent à payer en cas de tort

appât *m.* ce qui attire

aube *f.* (*fig.*) le début

croître augmenter

dégâts *m.pl.* dommages

effondrement *m.* la ruine

enquête *f.* investigation

entraînant produisant

entraver faire obstacle

envisager considérer

étaler au grand jour exposer

étape *f.* phase

a fortiori à plus forte raison

gérant gouvernant

gérer administrer

licenciement *m.* renvoi, mis en chômage

le maillon faible partie faible

malfaiteur *m.* criminel

malveillance *f.* sabotage

moyens *m.pl.* argent

panne *f.* arrêt de fonctionnement

peine *f.* sanction

perceur (*m.*) **de coffres-forts** personne pénétrant illégalement dans un coffre contenant des objets précieux

recenser compter

récolte *f.* action de recueillir les produits de la terre

réseau *m.* groupe

responsable *m.f.* un dirigeant dans une organisation

retraite *f.* arrêt de travail, vers l'âge de soixante ans

au sein de à l'intérieur de

société *f.* entreprise, compagnie

supprimer éliminer

survie *f.* le maintien en vie

veiller à faire attention à

virer transporter une somme d'un compte à un autre

viser concerner

D'APRES L'AUTEUR

Vérifiez votre compréhension de l'article! Indiquez si les propos suivants sont vrais ou faux d'après l'auteur. Changez les propos qui ne reflètent pas l'article.

1. Il y a des milliers de sinistres informatiques en France.
2. Les firmes françaises ne risquent rien.
3. Les prévisions pour 1995 sont bonnes, car les réseaux informatiques se multiplient.
4. En cas de perte informatique totale, la durée de survie des entreprises en moyenne est de l'ordre de six mois.
5. Comme il y a dix ans, l'informatique ne touche que la gestion et l'administration des entreprises.
6. En informatique, les plus grands dangers ne sont pas «naturels», mais humains.
7. La malveillance représente une faible portion des pertes informatiques.
8. Pour faire propager un virus dans un système, il faut être spécialisé en informatique.

EXPRESSIONS UTILES: FONCTIONS

Après avoir examiné l'emploi des expressions ci-dessous, formulez vos propres phrases.

soit: c'est-à-dire; présente une supposition
  31 000 sinistres informatiques, **soit** plus de 80 par jour!

auprès de: touchant, de
  une enquête **auprès de** quelques 500 firmes

selon: d'après
  selon Gérard Petit, l'un des auteurs de l'enquête

au sein de: à l'intérieur de
  le rôle croissant de l'informatique, **au sein de** l'entreprise

manque de: faute de, parce qu'il n'y en a pas
  manque de moyens, **manque d'**informations, ces exemples montrent

outre: en plus de
  Outre l'appât du gain, les motivations sont multiples.

A VOTRE AVIS

En groupes de deux ou trois personnes, discutez les propos ci-dessous tirés de l'article. Choisissez un membre de votre groupe pour rapporter les conclusions à la classe.

1. Comme pour les malfaiteurs informatiques, les criminels font souvent partie des couches supérieures de la population.
2. Si j'avais l'occasion, j'opérerais un virement (un envoi) de fonds sur mon compte.
3. Voler des informations est moins/aussi/plus grave que de voler des biens (des objets).
4. Un employé licencié a le droit de faire chanter la direction après son départ: c'est justice.
5. Les peines pour des crimes informatiques devraient être très sévères.

TABLE RONDE

L'entreprise internationale IBM a réuni un certain nombre d'expertes et d'experts pour discuter du problème des «crimes informatiques». Présentez d'abord votre avis dans un discours de trois minutes (deux personnes peuvent présenter le même point de vue). Interrogez-vous par la suite. Choisissez parmi ces rôles:

1. Animatrice
2. Directrice de l'informatique. La survie des entreprises et du gouvernement dépendent de nos systèmes informatiques.
3. La directrice d'une entreprise IBM en Tunisie, où il y a eu de graves dégâts informatiques. Elle se justifie.
4. Le cadre IBM que la Mafia a kidnappé pour lui couper l'index.
5. Une jeune programmeuse, brillante, qui a laissé accidentellement passer un virus dans le système informatique de son entreprise.
6. Un ingénieur belge de l'ancienne école qui est contre l'informatique, à cause des dangers de sinistres.
7. Un jeune délinquant, canadien, fils d'un P.D.G. d'IBM, qui a saboté des centaines de dossiers d'IBM.
8. Membre de la Mafia qui trouve que tous les moyens sont bons dans la société pour s'enrichir ou gagner.

ETUDES DE CAS

Vous êtes le juge! Quels jugements prendriez-vous dans les cas suivants? Puisqu'il existe un vide juridique concernant les crimes informatiques, c'est à vous de décider de la culpabilité ou de l'innocence de l'accusé, et aussi de la gravité de la peine. Fixez une amende et/ou un séjour en prison s'il le faut. Discutez les cas suivants en groupes de deux ou trois. Ensuite rapportez vos jugements à la classe.

1. Au Québec, une lycéenne a accédé aux données des météorologues, leur faisant faire de fausses prévisions de météo. Dégâts pour les agriculteurs: cinq millions de francs. Ces agriculteurs ont intenté un procès contre la chaîne de télé qui a annoncé les mauvaises prévisions. Qui est responsable et pourquoi? La chaîne de télé? Les météorologues? La lycéenne? Ses parents? Les agriculteurs eux-mêmes?

2. Une employée a été renvoyée. Avant de partir, elle a laissé un virus informatique causant un million de francs de pertes pour la compagnie, qui maintenant lui réclame une restitution de ses pertes. L'ancienne employée proteste, disant qu'elle n'y travaille plus et que c'est la faute du système informatique. Est-elle coupable ou innocente? Si elle est coupable, est-elle responsable des pertes?

3. Au Mali, une compagnie rivale a volé du fichier informatique les plans d'un produit futur. La compagnie française propriétaire des plans demande une récompense de cinq milliards de francs. Faut-il les lui donner?

4. Un cadre supérieur a été kidnappé par la mafia. Elle a menacé de lui couper le doigt, afin d'entrer dans la base de données informatiques de l'entreprise, si le cadre ne leur donnait pas le mot de passe. Il le leur a donné, et alors la mafia l'a laissé partir sans lui faire de mal. Est-il coupable d'un crime?

5. Par accident, un informaticien alcoolique a effacé des fichiers. Par conséquent, l'entreprise où il travaillait a perdu vingt clients. Est-ce que l'informaticien devrait rembourser l'entreprise ou être renvoyé?

6. Une jeune étudiante sénégalaise en informatique, par jeu et par défi, a percé des systèmes de sécurité réputés inviolables — ceux du gouvernement. Pendant trois jours, elle a paralysé tous les systèmes informatiques de l'Etat. A-t-elle commis un crime contre l'Etat? Si oui, comment devrait-on la punir?

DEBAT

Montez un débat pour ou contre l'informatique, en indiquant ses avantages ou ses désavantages.

REVES/REALITE

A Le Moi idéal des Français

B Devrait-on légaliser la drogue?

La Martinique, rêve des habitants de l'Hexagone

3A

Le Moi idéal des Français

Un sondage récent auprès des Français sur leurs fantasmes a révélé des résultats peu ordinaires: ils aiment non seulement **se défouler** (libérer leurs instincts) en faisant l'amour, en partant en voyage dans un pays idéal, ou en **s'offrant** (se donnant) le cadeau de leurs rêves comme une Ferrari, un château, un bijou, ou une caisse de vin. Mais leur plus grand rêve est d'être «le plus compétent». Mais aussi ils fantasment de faire des actes humanitaires. La plupart des Français rêvent de sauver un enfant d'une noyade, ou de travailler comme médecin du monde. Il est intéressant de noter que les Français rêvent non seulement de mieux vivre sur le plan gastronomique, hédoniste ou matérialiste, mais aussi dans le domaine humanitaire et spirituel. En fait, d'après un psychanalyste, ce sondage révèle le **moi** (personnalité) idéal des Français. Est-ce vraiment "un fantasme fou" de secourir les malheureux, d'être très compétent, de critiquer son patron, de défendre une grande cause humanitaire? Ou bien de passer un week-end sur un île déserte plutôt qu'au lit? A vous de décider. Il paraît que c'est la morale et le travail qui préoccupent les Français, non pas l'amour fou.

Vos fantasmes sont-ils extravagants ou limités, altruistes ou égoïstes? Changeriez-vous radicalement de vie, si vous en aviez l'occasion?

AVANT DE LIRE

Etudiez les tableaux du sondage. Quelles sont les implications des statistiques? Comment expliquez-vous les chiffres les plus élevés? Si un psychanalyste prétend que le portrait esquissé est celui du «moi idéal» des Français, quelle est la nature de ce moi idéal?

TROUVEZ LE MOT JUSTE: SYNONYMES

1. Expliquez la différence entre ces expressions indiquant toutes une sorte de «maison». Où se trouve chaque habitation? Est-elle grande ou petite? De construction ancienne ou récente? Qui est-ce qui l'habite, probablement?

   une cabane
   un bungalow
   un château
   une villa
   un hôtel particulier
   un palais
   un loft

2. Ce sondage regroupe différentes professions. Expliquez quelles sont leurs activités.

   rabbin, évêque (*m.*)
   médecin sans frontières (*m.*), psychanalyste (*m.f.*)
   chef d'entreprise (*m.*), patron (*m.*), patronne (*f.*)
   homme/femme de science, cosmonaute (*m.f.*)
   aventurier, navigateur solitaire (*m.*)
   haut fonctionnaire de l'Etat (*m.*)
      Président de la République (*m.*)
      Ambassadeur de France (*m.*)
   artiste (*m.f.*), chanteur à succès (*m.*)

LES FANTASMES
DES FRANÇAIS

Elles voudraient être Sissi ou mère Teresa. Ils s'imaginent en commandant Cousteau ou en homme invisible. Surprenant voyage au pays de nos rêves. Des plus sages aux plus fous.

L ors d'un sondage récent, on a posé la question aux Français, «Quel est votre fantasme le plus fou?» Bien sûr, les Français aimeraient bien partir pour une île déserte, gagner à la loterie, ou habiter un plus beau domicile. Mais ils voudraient aussi réussir dans leur profession, trouver le bonheur affectif en famille ou en couple... et aider les malheureux et les défavorisés.

1. Dans vos fantasmes, vous prenez-vous plutôt pour...

Les hommes

L'homme invisible	**33%**
James Bond	12
Zorro	11
Tarzan	10
JR («Dallas»)	4
Sans opinion	30

Les femmes

Sissi impératrice	**32%**
Scarlett O'Hara (*Autant en emporte le vent*)	20
Carmen	15
Lolita	6
Emmanuelle	3
Sans opinion	24

2. Quel est votre plus grand fantasme?

Etre le (la) plus compétent(e)	**39%**
Etre le (la) plus aimé(e)	23
Etre le (la) plus drôle	14
Etre le (la) plus intelligent(e)	12
Etre le (la) plus célèbre	3
Etre le (la) plus sexy	2
Etre le (la) plus grand(e)	1
Etre le (la) plus beau (belle)	1
Sans opinion	5

3. Quelle profession auriez-vous rêvé exercer?

Médecin sans frontières	**32%**
Berger	11
Cosmonaute	9
Navigateur solitaire	8
Prince ou princesse	8
Chanteur à succès	7
Ambassadeur de France	6
Chef de la brigade *antigang*	5
Président de la République	3
Raider en Bourse	2
Prostituée de luxe	1
Evêque	1
Sans opinion	7

4. Vous arrive-t-il d'avoir envie de choquer?

	Oui	Non
En disant à votre patron tout le mal que vous pensez de lui	**50%**	**47%**
En embrassant un(e) inconnu(e) dans la rue	27	73
En lâchant des grossièretés dans une réunion ou un dîner sérieux	23	76
En brûlant un billet de 500 F dans un grand restaurant	8	92

Horizontalement, le complément à 100% représente les sans-opinion.

5. Le week-end de vos fantasmes?

Sur une île déserte **52%**

Dans un palace. 36

Au lit 8

Sans opinion 4

6. La maison de vos fantasmes?

Une cabane au Canada **25%**

Un bungalow aux Seychelles. 24

Un château dans le Périgord 17

Une villa hollywoodienne à Saint-Tropez. 13

Un hôtel particulier à Paris 8

Un palais à Marrakech 7

Un loft à New York 3

Sans opinion 3

7. L'exploit de vos fantasmes?

Sauver un enfant de la noyade **46%**

Faire le tour du monde à la voile. 16

Recevoir le prix Nobel. 10

Ecrire un *best-seller* 9

Escalader l'Himalaya 8

Marquer le but de la victoire en coupe du monde 6

Commettre le crime parfait. 4

Sans opinion 1

8. Vous arrive-t-il de caresser l'un de ces fantasmes?

	Oui	Non
Changer de partenaire tous les jours	**13%**	**84%**
Faire l'amour à plusieurs	12	85
Vous faire payer pour faire l'amour.	11	86
Faire l'amour dans un lieu public.	9	88
Faire l'amour avec quelqu'un de votre sexe	5	92
Payer pour fair l'amour	4	93

Horizontalement, le complément à 100% représente les sans-opinion.

9. Si on vous offrait un quart d'heure d'antenne à la télévision, qu'en feriez-vous?

Vous défendriez une grande cause humanitaire	**48%**
Vous feriez la morale aux hommes politiques	22
Vous feriez une déclaration d'amour	12
Vous feriez votre propre publicité	7
Vous raconteriez votre vie	5
Vous diriez du mal de votre pire ennemi	1
Sans opinion	5

10. Si vous gagniez 10 millions de francs au Loto, comment rêveriez-vous de les dépenser?

En arrêtant de travailler pour vivre en rentier	**25%**
En créant une entreprise	24
En donnant tout aux déshérités	18
En quittant tout pour refaire votre vie au bout du monde	11
En dépensant tout votre argent n'importe comment	7
En achetant un château et une Rolls	7
Sans opinion	8

11. Le cadeau de vos fantasmes?

Une Ferrari	**22%**
Un bijou de chez Cartier	18
Une place dans la prochaine navette spatiale	17
Une caisse de vin de pommard de 1929	16
Un tableau de Matisse	12
Un costume ou une robe de chez Christian Dior	8
Un tuyau d'initié en Bourse	4
Sans opinion	3

12. La contrée de vos fantasmes?

Tahiti	**25%**
Australie	17
Californie	14
Brésil	12
Japon	11
Tibet	7
Sahara	5
Grand Nord	4
Sans opinion	5

13. Si vous deviez avoir un enfant aujourd'hui, quel avenir fantasmeriez-vous pour lui?

Chef d'entreprise	**25%**
Homme (femme) de science	25
Aventurier	20
Haut fonctionnaire de l'État	13
Artiste	13
Sans opinion	4

MINI-GLOSSAIRE

berger *m.* un homme qui s'occupe des moutons

but *m.* le point

caisse *f.* grande boîte

coupe (*f.*) **du monde** compétition internationale, de foot par exemple

déshérité *m.* un pauvre

escalader grimper, monter sur

évêque *m.* officier de l'église catholique

fonctionnaire *m.f.* qqn qui travaille comme bureaucrate pour l'Etat

lâcher des grossièretés prononcer des mots vulgaires

faire la morale à faire une leçon à qqn sur son devoir

la navette spatiale un véhicule qui voyage dans l'espace

noyade *f.* le fait de se noyer (mourir dans un liquide)

publicité *f.* les réclames, ce qu'on fait pour vendre un produit

en rentier sans travailler, vivre de son argent

tuyau *m.* (*fam.*) renseignement confidentiel pour le succès d'une opération

à la voile en bateau sans moteur

D'APRES L'AUTEUR

Répondez aux questions suivantes par vrai ou faux:

1. Dans leurs fantasmes, les hommes se prennent, le plus souvent, pour «l'homme invisible».
2. Le plus souvent, dans leurs fantasmes, les femmes se prennent pour Carmen.
3. Etre le plus beau ou la plus belle est le fantasme le plus répandu chez les Français.
4. La plupart des Français rêvent d'exercer la profession de médecin sans frontières.
5. Les Français n'aiment pas trop choquer les gens en brûlant un billet de cinq cents francs dans un grand restaurant.
6. D'après le sondage, le week-end de rêve des Français aurait lieu sur une île déserte.
7. Vingt-cinq pour cent des Français rêvent d'une cabane au Canada.
8. En amour, la majorité des Français souhaiteraient pouvoir changer de partenaire tous les jours.
9. Une Ferrari serait le cadeau le plus apprécié de la plupart des Français.
10. Le Sahara est le pays des fantasmes pour les Français.
11. Pour 25% chacun, chefs d'entreprise et hommes (femmes) de science sont les avenirs privilégiés pour les enfants d'aujourd'hui.

EXPRESSIONS UTILES: LE GENRE DES PROFESSIONS

La langue et le société évoluent. Si avant la plupart des professions étaient de genre masculin, il existe maintenant une forme grammaticale féminine pour la plupart des professions. Souvent l'usage montre l'évolution sociologique en cours. Par exemple, dans la langue écrite, «professeur» reste masculin; dans la langue parlée, «prof» est masculin ou féminin. Pour d'autres formes, renseignez-vous dans un bon dictionnaire récent.

SONDAGE

Répondez (à deux) aux questions du sondage par une des réponses indiquées ou bien par une autre de votre choix.

SCENETTE

Racontez votre vie! Votre vie imaginaire est-elle idéale ou non? Parlez-en très brièvement à la classe. Ensuite, posez-vous des questions. Choisissez parmi les rôles suivants:

James Bond

Tarzan

Berger

Cosmonaute

Princesse

Médecin sans frontières

Navigateur solitaire qui a fait le tour du monde à la voile

Chanteuse à succès

Ambassadeur de France

Ecrivain d'un _best-seller_

Sauveur d'un enfant à la noyade

Gagnant du prix Nobel

IMPROVISONS!

1. Jouez à deux les situations imaginées ci-dessous, constituant les rêves des Français.
   a. Vous dites à votre patronne tout le mal que vous pensez d'elle.
   b. Vous avez envie de surprendre; vous embrassez un inconnu dans la rue. Comment réagit-il?
   c. Vous avez envie de choquer; vous dites des grossièretés lors d'un examen final. Comment répond le professeur?
   d. Vous invitez votre amoureux à dîner dans un grand restaurant. Pour l'impressionner, vous y brûlez un billet de cinq cents francs.
2. Si vous pouviez choisir de devenir quelqu'un d'autre, qui seriez-vous? Comment seriez-vous physiquement, et que feriez-vous dans la vie? Essayez de découvrir votre partenaire idéal en interviewant d'autres membres de la classe.

A VOTRE AVIS

Dans l'esprit de l'article, racontez à votre psy (psychanalyste) les fantasmes suivants. A son tour, elle vous expliquera le sens de votre rêve. Jouez les personnages suivants:

1. Claire, une femme ravissante, rêve de faire l'amour avec un homme en chocolat, et de le manger tout entier.
2. Jean-Claude, cadre moyen, voudrait dormir sur un matelas de billets de banque.
3. Marie-Françoise, jeune femme traditionnelle, échangerait volontiers sa vie contre celle d'une gitane.
4. Catherine, étudiante en médecine, rêve de disparaître pour au moins deux mois.
5. Gérard Dépardieu (acteur de cinéma) fantasme de devenir invisible.
6. Philippe, très macho, serait ravi de pouvoir piloter le Concorde.
7. Yves, commis-voyageur québécois, rêve de pouvoir retourner au temps des trappeurs.
8. Georgette, serveuse, fantasme d'avoir un pouvoir hypnotique sur les gens.

3B

Devrait-on légaliser la Drogue?

L'usage des **stupéfiants** (drogues: la cocaïne, etc.) est très répandu en France, comme partout ailleurs. Il existe un trafic illicite énorme et de nombreux **trafiquants** (dealers), ce qui crée de plus en plus de **toxicomanes** et d'**accros** (*fam.*), c'est-à-dire les gens qui **s'adonnent** aux drogues (les prennent constamment).

Que faut-il faire? Libérer le marché, c'est-à-dire mettre la drogue en vente libre, ou bien légaliser ou **dépénaliser** (enlever l'aspect criminel de) la drogue? Une controverse a lieu actuellement en Europe sur la dépénalisation des stupéfiants. Tout le monde veut réduire la délinquance et **enrayer** (éliminer) ce **fléau** (grande calamité publique). A l'ouverture du débat, certains sont **farouchement** (violemment) contre. La répression et l'**interdit** (le non-autorisé) sont leurs seules réponses. Pour eux, la dépénalisation est une «**démission** (abdication) morale». D'autres pensent que la légalisation des stupéfiants est la politique la plus efficace pour lutter contre les ravages et la criminalité de la drogue.

Faut-il dépénaliser, voire légaliser, l'usage des stupéfiants? A long terme, est-ce la meilleure façon de lutter contre les ravages de la drogue?

AVANT DE LIRE

En regardant surtout le début de chaque paragraphe, parcourez rapidement l'article. Essayez de découvrir la suite dans les idées et la logique de l'argument. Quelle thèse l'article développe-t-il?

NOTES CULTURELLES: SIGLES ET ABREVIATIONS

PME: Petite et Moyenne Entreprise (de cinq à cinq cents salariés).

CNRS: Centre National de la Recherche Scientifique.

CAP: Certificat d'Aptitude Professionnelle (un certificat d'ouvrier qualifié).

un bac C: bac de sciences. C'est le diplôme de lycée le plus dur et le plus estimé.

HEC: Ecole de Hautes Etudes Commerciales (la meilleure école de commerce en France).

P.D.G: Président-directeur Général (*CEO*).

EDF: Electricité de France.

SNCF: Société Nationale des Chemins de Fer Français (les trains interurbains en France).

RATP: Régie Autonome des Transports Parisiens (le transport en commun à Paris).

PS: Parti Socialiste, le parti actuellement au pouvoir en France.

LA DEPENALISATION DE L'USAGE DES STUPEFIANTS

Peut-on ouvrir, en France, un débat public sans passion sur un sujet aussi grave et délicat que la drogue? On dirait que non. Alors que, aux Etats-Unis et maintenant en Europe, un lobby — ici informel — en faveur de la dépénalisation, ou même de la légalisation des stupéfiants, se fait entendre de plus en plus bruyamment, les dirigeants français refusent d'entrer dans la ronde de l'argumentation. Comme si, en ce domaine, le doute était dangereux, voire diabolique.

Le ministre de la Santé, Claude Evin, vient de clore le débat avant de l'avoir ouvert, en proclamant, devant le Congrès international sur la drogue: «Je me situe farouchement contre toute dépénalisation, qui constituerait une démobilisation rampante de notre société et une approche 'munichoise'.» Le ministre a, d'ailleurs, précisé que la dépénalisation était un débat mal posé et démobilisateur. A l'Intérieur aussi, on réagit avec une pruderie presque virginale: «Le débat sur la dépénalisation? Quel débat? Il n'y a pas de débat!» C'est bien le problème. Pierre Joxe, dont les professions de foi en matière de drogue sont considérées par les autorités néerlandaises comme les plus répressives d'Europe, s'est contenté d'un discours convenu aux Nations unies, à Vienne: la dépénalisation de l'usage des stupéfiants, même partielle, est, à ses yeux, une «démission morale collective».

Pourtant, les ravages causés par la drogue et l'incroyable trafic auquel elle donne lieu méritent mieux qu'une réaction morale. Et le public français, aussi adulte que les autres, préférerait peut-être des statistiques aux anathèmes. Car les seules vraies questions sont: combien de morts, de délinquants? de criminels, de trafiquants? Et, chiffres à l'appui, sans tabou, quelle est la politique la plus efficace pour enrayer le fléau?

La France n'échappera pas éternellement au débat. Dans la perspective de l'ouverture des frontières, les pays européens sont contraints d'envisager d'harmoniser leurs politiques. Et, d'abord, de les comparer. Froidement. En attendant, les pays européens ont surtout tendance à camper sur leurs positions, quand ils ne mettent pas carrément en doute les bilans des autres. C'est Joxe qui balaie, d'une phrase assassine, les expériences libérales néerlandaise et espagnole. Ce sont les Pays-Bas qui défendent sans complexes leur pragmatisme. En matière de drogue, pourtant, la modestie devrait être de mise.

Les partisans de la dépénalisation de l'usage des drogues sont issus de deux tribus différentes. Les ultralibéraux — héritiers des antiprohibitionnistes du XVIIIᵉ siècle, tel Stuart Mill — considèrent qu'il faut libérer le marché de la drogue pour casser les incroyables profits des trafiquants. Si la drogue est en vente libre, les cours s'effondreront, prônent les Chicago *boys* et Milton Friedman, relayés en France par Guy Sorman. L'autre école est d'inspiration libertaire: la drogue ne fait de mal qu'à ses consommateurs. Elle tue beaucoup moins que l'alcool ou le tabac. Il n'y a pas de raison de punir ceux qui s'y adonnent. Mieux, si l'on acceptait que les drogues douces soient vendues dans des réseaux repérés, à la hollandaise, et que l'héroïne soit distribuée sous contrôle médical, on éviterait toute la délinquance liée à la toxicomanie, et les «accros» s'injecteraient, au moins, des produits propres.

En réalité, le débat entre les partisans de la dépénalisation et ceux d'une répression accrue, à l'américaine, dépasse, et de loin, le sort des 120 000 toxicomanes français et de leurs amis à travers le monde. Il obéit, d'abord, à des considérations géopolitiques sur l'avenir des pays en voie de développement et leurs relations avec les pays industrialisés. Au cœur du débat: l'infiltration des *narcodollars* dans l'économie mondiale.

C'est pourtant au nom de ces toxicomanes, ou d'une opinion publique supposée frileuse, que les ministres français ne parlent pas «vrai» sur la drogue ou même qu'ils se taisent carrément.

MINI-GLOSSAIRE

accru (*inf.* accroître)   devenu plus grand

anathème *m.*   condamnation

à l'appui   pour soutenir

assassin   meurtrier

balayer   chasser

bilan *m.*   le résultat global, la conclusion

bruyamment   avec beaucoup de bruit

camper sur   se placer avec décision

carrément   tout à fait

clore   fermer

cours *m.*   le prix

dépasser   aller au-delà de

s'effondrer   baisser rapidement

frileux   craintif

de mise   accepté

repérer (*fam.*)   trouver

réseau *m.*   ensemble de lignes entrelacées; organisation

tribu *f.*   groupe

en voie de   en train de

voire   et même

D'APRES L'AUTEUR

Vérifiez votre compréhension de l'article en complétant les propos suivants:

1. Dans le texte, on parle:
   a. de la légalisation de la drogue.
   b. du problème de l'avortement.
   c. de la criminalité en France.
2. Le ministre de la Santé, Claude Evin, est, au sujet de la drogue:
   a. pour la dépénalisation.
   b. contre la dépénalisation.
   c. sans opinion.
3. Les ultralibéraux sont pour:
   a. libérer le marché de la drogue.
   b. le laisser tel quel.
   c. rester sans opinion.
4. En France, il y a aujourd'hui:
   a. 120 000 toxicomanes.
   b. 200 000 toxicomanes.
   c. 210 000 toxicomanes.

EXPRESSIONS UTILES

«En» s'emploie comme préposition, comme adverbe, comme complément ou avec un gérondif. Expliquez en français le sens de ces expressions, en donnant pour chacune un synonyme ou une paraphrase:

en attendant
en matière de
en gros
en réalité
en tout cas
en voie de développement (pays en...)

A VOTRE AVIS

Par groupes de trois ou quatre personnes, discutez les propos suivants. Etes-vous d'accord, ou pas, avec chacun de ces propos? Expliquez pourquoi vous l'êtes, ou ne l'êtes pas. Ensuite, rapportez les résultats de vos discussions à la classe.

1. Il faut donner aux drogués le choix entre la désintoxication et l'incarcération.

2. Si un enfant se drogue, c'est toujours à cause d'une influence. Donc, il faut que les parents surveillent les connaissances de leurs enfants, aussi bien que leur emploi du temps.

3. Puisque les drogues s'achètent, il faut strictement limiter l'argent de poche des jeunes.

4. Vous êtes parent et votre enfant a tous les signes d'un drogué — mutisme (silence), effondrement des résultats scolaires (mauvaises notes), état dépressif, tentative de fugue ou de suicide. Que feriez-vous dans les cas suivants: a. votre enfant a dix ans; b. votre enfant a quinze ans; c. il ou elle a dix-huit ans.

5. Vous êtes cet enfant. Que diriez-vous à vos parents?

6. Prendre des drogues, c'est la décision et la responsabilité de l'enfant, s'il est majeur, pas celle des parents. Si on veut le faire, on en a le droit — même si en le faisant, on gâche sa vie.

7. Les lois sont répressives. On devrait tolérer la marijuana.

8. Il n'y a pas de différence entre l'alcool, le tabac et les drogues. Les grands-parents fument, les parents s'enivrent, les jeunes se droguent. C'est une question de génération.

9. La consommation de la drogue est inévitable dans une société-providence (où l'Etat s'occupe de nous).

10. Prendre de la drogue, c'est inévitable dans une société de consommation. Nous cherchons autant d'expériences que possible, et à vivre aussi intensément que possible.

11. Puisque la plupart des dealers sont des étrangers, les services d'immigration devraient strictement limiter le nombre de visas accordés aux étrangers.

12. Si on connaît quelqu'un qui se drogue, on devrait avertir les autorités (universitaires ou autres).

ETUDES DE CAS: LA DROGUE ET LA VIE PROFESSIONNELLE

Une société vous a nommé membre d'un comité pour discuter de la politique à adopter vis-à-vis des cas mentionnés ci-dessous, au sujet de l'usage de drogues par certains employés travaillant pour l'entreprise. Que préconisez-vous? De renvoyer l'individu? Recommandez-vous un congé payé et un séjour à l'hôpital, les deux aux frais de la société? Un congé non-payé? Aucun congé, mais un traitement? Une amende à payer? Ou bien un séjour en prison? (L'usage de la drogue est toujours illégal.) Pensez-vous qu'une entreprise ait le droit de faire subir à ses employés des tests destinés à déterminer l'usage de stupéfiants? Est-ce que dans certaines professions ou certains métiers ces tests seraient utiles? Par exemple, les médecins devraient-ils le faire? Les athlètes? Les pilotes de lignes aériennes? L'alcoolisme représente-t-il une dépendance à juger de la même façon? Discutez ces cas en groupes de deux ou trois. Ensuite présentez vos décisions à la classe.

1. Marie-Hélène, 23 ans, brillante, mathématicienne, prend de la cocaïne et l'avoue. Elle travaille pour la société depuis six mois.
2. Georges, 35 ans, a été pris en train de vendre des drogues à des collègues. Il ne prend pas de drogues lui-même, mais il les a vendues pour payer ses dettes de jeu.
3. Anne, 40 ans, très riche, prend de la cocaïne parce que tout le monde, dans son milieu social, en fait autant. Son travail est moins bien fait récemment.
4. Michel, 55 ans, est accro au *crack*. Il travaille pour la société depuis trente ans. Célibataire, il a commencé à prendre du *crack* pour oublier ses soucis. Sa mère, avec qui il habite, est gravement malade d'un cancer. Son père est mort.

DEBAT

Défendez ou critiquez ce propos:

La légalisation des stupéfiants limiterait les ravages causés par la drogue — son trafic, l'augmentation de la délinquance et de la criminalité, l'enrichissement des criminels, le surpeuplement des prisons, sans parler de la toxicomanie en elle-même.

RAPPORTS ENTRE HOMMES ET FEMMES

A Le Sexe «faible» dans un monde changeant

B La Vie à deux

C L'Amour-Passion

Des Regards à la fois francs et complices

4̶A

Le Sexe «faible» dans un monde changeant

Aujourd'hui, les femmes sont égales aux hommes en théorie. **Sur le plan** (du point de vue) professionnel, les femmes **décrochent** (obtiennent) de plus en plus souvent des fonctions d'**encadrement** (comme cadres). D'après les **effectifs** (les statistiques), elles **grignotent** (gagnent peu à peu) des places. Même si l'**amour-propre** (l'orgueil) de l'homme a du mal à l'admettre, les femmes **sont douées** (ont des dons ou talents naturels). Leur **efficacité** (un maximum de résultats avec un minimum d'efforts) constitue un **atout** (avantage) primordial pour être **promu** (élever à un grade supérieur). Dans les sports, les femmes **talonnent** (suivent de près) les hommes. Elles **se bagarrent pour** (luttent pour) battre les records de leurs homologues masculins. Physiquement, les femmes ne sont pas ce qu'on pensait.

Donc, qu'est-ce qui rapproche, et qu'est-ce qui différencie les femmes des hommes? Est-ce l'**inné** (les caractéristiques héréditaires) ou l'**acquis** (les caractéristiques non héréditaires)? Bien sûr, de nombreux hommes souffrent de cette révolution **lancée par** (faite par) les femmes. Pour eux, l'**écart** (la distance) entre les sexes reste grand. Ainsi, l'égalité sexuelle théorique ne se reconnaît pas toujours en pratique.

Les sexes sont-ils vraiment égaux? Qu'est-ce qui les différencie? Quels changements se sont produits depuis la révolution féministe? Cette enquête, tirée du magazine *L'Express*, s'adresse aux domaines héréditaire, sportif, scolaire et professionel.

AVANT DE LIRE

1. Que signifie le chromosome XX et le chromosome XY (premier paragraphe)?
2. Parcourez rapidement le troisième paragraphe qui résume les différences physiques entre les hommes et les femmes. Résumez-les.

ETUDE DE VERBES: DOMINER/CEDER

Chaque sexe a toujours essayé d'influencer l'autre, de le dominer, de le séduire ou de le convaincre. Décrivez ces rapports, en utilisant chacun des verbes suivants. Certains de ces verbes connotent une notion d'agressivité ou de passivité.

conquérir: subjuguer

régner sur: dominer

s'imposer: se faire reconnaître

se débrouiller: s'arranger

se targuer de (+ *inf.*): se vanter de

contourner: éviter

se méfier de: douter de

s'incliner devant: renoncer à lutter

se nicher: se cacher

patauger: se perdre dans des difficultés

s'inverser: se changer (de position, de rôle)

le match homme-femme

En principe, ils sont à égalité. En fait, la partie est souvent truquée. Mais le sexe «faible» remonte son handicap. Point par point.

Avant, c'était simple: les hommes étaient supérieurs aux femmes, qui élevaient les enfants, mitonnaient des petits plats et cancanaient au lavoir pendant que le mâle de leur vie jouait avec des fusils, des décorations, des diplômes et des billets de banque. Après, ce fut aussi simple: les femmes «pouvaient» se conduire comme des acteurs sociaux à part entière, à condition qu'elles en aient le choix, et les droits. Bien sûr, de papa poule en défenseur de la condition masculine, certains se rebellèrent ou pactisèrent avec l'ennemi. Le sexe déchu, après sa crise existentielle, finit par admettre le principe: «Egalité». Aujourd'hui, c'est plus compliqué. Le match se joue sur deux tableaux: en théorie, XX [les chromosomes des femmes] = XY [allusion aux chromosomes des hommes]; en pratique, XY continue de dominer XX, et l'on n'a pas fini de se demander pourquoi. Un débat dans lequel la science et l'idéologie se sont toujours narguées autour d'une question brûlante: où est l'acquis, où est l'inné? Bref, si la culture change, jusqu'où iront les femmes?

Pour l'instant, en sport, elles talonnent les hommes. A l'école, elles les dominent. Professionnellement, elles se grignotent une place au soleil, bien que le chômage les touche plus. A la maison, manifestement, elles les tétanisent. Ils assistent à leurs petites activités ménagères comme à leurs accouchements: avec un certain intérêt, beaucoup de compréhension, mais une efficacité souvent bornée à la tendresse du regard. Les femmes qui travaillent consacrent près de cinq heures par jour aux tâches domestiques. Les hommes? Deux heures et demie. Un sur quatre se croise carrément les bras. Quand les femmes sont au foyer, 41% des maris sont totalement anesthésiés. Une «pesanteur», comme disent les sociologues, qui engendre des superwomen à la pelle, mais laisse à l'objet de leur désir amoureux la voie libre vers la puissance et la gloire. Les hommes célèbres sont, comme hier, rarement des femmes. A croire qu'ils ont toujours le pouvoir chevillé aux gènes.

Qu'est-ce qui rapproche, qu'est-ce qui différencie ces deux peuplades, appelées à cohabiter depuis la nuit des temps? Quels sont les atouts respectifs des adversaires en présence? Physiquement, le sexe faible n'est pas celui qu'on pense. Le taux de mortalité est plus important chez l'homme que chez la femme, et ce dès le moment de la conception: 14 embryons mâles sont fabriqués pour 10 femelles. Mais certains abandonnent... A la naissance, rien — ou presque! — ne différencie les bébés des deux sexes: les garçons seraient plus sensibles aux stimuli visuels; les filles, aux bruits et aux odeurs. Selon le Pr Hubert Montagner, qui l'a observé, les mères embrassent et caressent davantage, dans les tout premiers jours, leur bébé en le nourrissant lorsqu'il s'agit d'une fille. L'œdipe n'est pas ce qu'on croyait. Les petits hommes, jusqu'à 6 mois, dorment plus que leurs voisines de crèche. La tendance s'inverse autour du septième mois, au moment où l'enfant prend conscience de l'étranger, et le craint. Dès lors, le pli est pris: les filles auront toute leur vie besoin de plus de sommeil que les garçons — jusqu'à une heure de différence à l'âge adulte. Les femmes souffrent plus souvent que les hommes de maladies chroniques, mais, en France, leur taux d'absentéisme, hors congés maternité, est à peine supérieur à celui des hommes (5,9 contre 5,1) et, après 40 ans, carrément inférieur. Les hommes, moins fréquemment malades, le sont plus gravement: à eux, par exemple, les maladies cardio-vasculaires. Cette injustice du destin pourrait s'atténuer sensiblement, car elle ne relève pas seulement d'un handicap naturel. Selon des chercheurs américains, 60% de l'écart des taux de mortalité entre les sexes serait dû à des risques sociaux: le tabac, l'alcool et, plus généralement, le mode de vie. En revanche, les femmes ont un atout fabuleux, lors de la grossesse, qui les protège contre les infections et, physiologiquement, leur donne la pêche. Leurs performances sportives sont alors au *top.* Sûrement moins équipées que l'homme primitif pour riposter aux agressions, elles résistent plus facilement aux dents de scie du stress moderne: leur bagage hormonal les armerait mieux que les hommes dans la vie contemporaine.

Plus fragiles, les mâles, oui, mais, croyait-on, au vu du diamètre de leur chapeau, forcément plus intelligents que les femmes, ces petites têtes. On a utilisé tous les arguments pour essayer de prouver l'inégalité des sexes, déclare le Pr Jean-Didier Vincent, neurobiologiste. On a pesé les cerveaux: mais 200 grammes de moins, c'est peu, au regard de la différence de masse corporelle. Les féministes ont contre-attaqué en déclarant le cortex frontal plus gros chez l'homme que chez la femme: là encore, c'est faux. Puis on a dit que le cerveau de l'homme était plus symétrique que celui de la femme. La réalité «est inverse». Les deux hémisphères, grâce à un corps calleux plus important, communiquent mieux chez la femme. Quant au cortex gauche, il se développe plus vite chez elle que chez l'homme: les performances verbales et, sans doute, l'habileté manuelle sont acquises plus rapidement. Les garçons sont plus souvent gauchers et dyslexiques que les filles. En revanche, ils sont plus doués dans leur appréhension de l'espace, et attirés dès la petite enfance par les objets. Les petites filles seraient plus à l'aise avec les personnes.

«Je suis incapable de différencier, à partir de ses comportements, une fille d'un garçon, dit le Pr Montagner. Les deux sexes utilisent exactement le même répertoire gestuel et verbal: la seule différence est d'ordre statistique.» Cet éthologiste a observé des enfants de moins de 3 ans, qu'il a classés par groupes selon leur comportement. Accrochez-vous, ça vaut le coup: «Chez les enfants offrants, peu agressifs et qui s'imposent dans les compétitions, on rencontre autant de filles que de garçons; ce sont des enfants attrayants, des *leaders*. Chez les enfants offrants, pacifiques et participant peu aux compétitions, on trouve plus de filles que de garçons. Chez les enfants agressifs qui participent aux compétitions, on rencontre nettement plus de garçons que de filles. Chez les enfants agressifs qui ne s'imposent pas dans la conquête d'un jouet, on trouve autant de garçons que de filles. Idem pour les enfants réservés ou fluctuants.» Si l'on rencontre autant d'héroïnes que de héros positifs en herbe dans les crèches, il n'y a pas de raison, sauf si on décourage les filles, pour que cela ne continue pas au boulot.

Il y a plus de différence entre les individus qu'entre les sexes, affirme, quant à lui, le Pr Albert Jacquard, généticien. «Hommes et femmes disposent tous de 23 paires de chromosomes, toutes identiques — XX — à une exception près, la 23e: XX pour les femmes, XY pour les hommes. Mais le second X disparaît au cours de la vie, et le Y ne sert pas à grand-chose: c'est le premier X qui fonctionne.» Le Pr Jacquard ne croit pas une seconde que le partage des rôles soit inscrit dans les gènes: «Les mâles sont une invention des femelles qui voulaient une fille qui ne leur ressemble pas.» Plus sérieusement, l'ethnologue Joëlle Robert-Lamblin, qui a longtemps étudié les sociétés eskimo, rapporte une observation troublante: «Là-bas, quand cela les arrange, les parents eskimo élèvent leurs enfants, dès la naissance, dans le sexe de leur choix. Chez les Inuit, 15% des enfants seraient ainsi élevés dans l'autre sexe. Au Groenland, où j'ai observé une trentaine de cas, les parents choisissaient généralement d'élever un garçon en fille, ou l'inverse, pour rétablir l'équilibre démographique dans la famille. Il fallait un garçon pour accompagner le père à la chasse, ou une fille pour les travaux de couture, etc.» Dès son premier cri, la fille, par exemple, est nommée, habillée, coiffée comme un garçon. Ou le contraire. Elle va à la chasse, s'amuse avec les garçons. Autrefois, le jeu continuait toute la vie. Mais, dans cette société en mutation, l'enfant retrouve son sexe d'origine à la puberté. Non sans mal: «Un jour, j'ai découvert que j'étais l'une de ces filles qui m'agaçaient tant», a raconté l'une de ces transfuges. «Rien n'aurait pu différencier les enfants élevés dans l'autre sexe des autres enfants: les filles éduquées comme des garçons ne sont pas plus efféminées qu'eux, les garçons élevés en filles sont à peine plus masculins.» Et l'ethnologue conclut: «Les attributs physiologiques, à eux seuls, ne suffisent pas pour définir le sexe. L'entourage peut fabriquer mentalement un garçon ou une fille.» La frontière des sexes serait donc plus aisée à franchir qu'on ne le croit. Angoissant, non?

Domaine sportif

Le sport et les femmes? L'histoire d'une longue, longue patience. Incitées dans la Sparte antique à pratiquer le sport afin de pallier l'absence des hommes, morts nombreux au combat, elles furent ensuite écartées de la compétition. Et durent attendre 1900 pour disputer le tournoi olympique de tennis, 1912, pour des épreuves de natation, et 1928, pour celles d'athlétisme!

Aucune discipline, excepté l'équitation, n'accepte aujourd'hui les compétitions mixtes; il faut donc s'en tenir aux seules performances chiffrées pour analyser le sport féminin.

Première leçon: l'écart entre l'homme et la femme s'amenuise. Pour le marathon en 1964, 1h13'50'' séparait le meilleur homme de la meilleure femme. En 1988, 13'54''.

Avec les performances réalisées à Séoul en septembre 1988, la nageuse est-allemande Kristin Otto aurait été championne olympique du 100 mètres libre et du 100 mètres dos chez les hommes lors des Jeux olympiques de Melbourne, en 1956. Et, en 1978, avec son record sur 400 mètres nage libre (4'6''28), l'Australienne Tracey Wickham aurait battu Johnny Weismuller, le Tarzan des années 20, de plus d'une minute! Les sportives rejoindront-elles, un jour, les sportifs?

Domaine scolaire

Des créatures aux cheveux longs et aux idées courtes, les filles? Allons donc! Depuis qu'elles usent leurs jeans sur les mêmes bancs que leurs camarades masculins, elles bossent, elles s'accrochent, elles font des étincelles. En un mot, elles réussissent mieux que les garçons, de l'école primaire au lycée. Et même au-delà. Après que, en 1861, une certaine Julie Aubié eut été la première bachelière à côté de 4 000 lauréats, les filles ont peu à peu conquis tous les bastions scolaires et universitaires. Bien que la pression sociale s'exerce encore nettement en faveur des hommes.

«Toutes les études le montrent: les filles obtiennent de meilleurs résultats dès le cours préparatoire. Elles redoublent moins fréquemment que les garçons et confirment leur avance au collège», constate Jean Guichard, chercheur à l'Institut national d'étude du travail et d'orientation professionnelle. Question d'intelligence ou de chromosome? Ni l'un ni l'autre, bien sûr. «D'abord, à âge égal, leur maturité est plus grande, explique Robert Ballion, chercheur au CNRS. Ensuite, les filles sont plus dociles, mieux adaptées à l'institution scolaire.» Traduisez: pendant que les garçons chahutent en classe et shootent dans leur ballon à la récré, les «nanas» s'exaltent pour Proust et dévorent des romans.

Résultat: 57% des bacheliers sont des femmes. Entre-temps, les garçons ont été massivement éjectés vers l'enseignement technique — ils représentent 60% des élèves préparant un CAP (certificat d'aptitude professionnelle). Après le bac, l'avancée des femmes a été spectaculaire depuis trente ans. A l'université, elles sont passées de 39% des effectifs, en 1960, à 52% aujourd'hui. Elles ont conquis les grandes écoles commerciales à 40%. En revanche, les voilà qui piétinent à l'entrée des écoles d'ingénieurs (18%). Ainsi, à Polytechnique, Anne Chopinet, sortie major de la première promotion mixte, en 1972, entraînera peu de féministes dans son sillage: l'école compte moins d'une trentaine de femmes par promotion (sur 300 élèves), comme l'Ecole centrale.

Alors, les filles manqueraient-elles d'ambition? «En réalité, ce sont les familles, parfois même les enseignants, qui poussent davantage les garçons sur la voie des grandes écoles», constate un conseiller d'orientation. Les filles ne sont, effectivement, que 34,4% à décrocher un bac C, celui qui offre pourtant les meilleurs débouchés. A l'université, elles règnent sur les lettres et les sciences sociales (69%), et restent minoritaires en médecine et en sciences économiques (45%).

Question de goût ou d'influence socioculturelle? A moins que la pratique de sélection par les maths ne joue contre les femmes. «Des études américaines très sérieuses ont montré que les garçons avaient une meilleure aptitude au raisonnement mathématique que les filles, plus douées pour les langues. C'est donc clair: la primauté des maths dans notre système scolaire est terriblement sexiste!» s'indigne Arnaud Aaron-Upinsky, mathématicien. Plus grave encore: on murmure que certains jurys, lors des concours d'entrée aux grandes écoles de commerce, se montreraient sexistes en faveur des garçons, afin d'éviter l'invasion féminine. Donc, la dévalorisation supposée des diplômes. Ainsi, à l'entrée d'HEC, les garçons sont, proportionnellement, plus nombreux à être admis que les filles. Ces derniers sont-ils réellement chaque fois les plus forts?

Au plan professionnel

Formidable! Depuis 1944, les femmes ont le droit de vote et l'éligibilité. Depuis 1983, elles sont à égalité avec les hommes sur le plan professionnel. Le sexisme est pratiquement devenu un délit d'opinion. Un président de commission du Sénat n'oserait plus dire, comme entre les deux guerres: «Plus que pour manier le bulletin de vote, les mains des femmes sont faites pour être baisées, baisées dévotement quand ce sont celles des mères, amoureusement quand ce sont celles des épouses et des fiancées.» Les femmes ont conquis tous les droits, tous les bastions. Mais, dans le match qui les oppose aux hommes, depuis les suffragettes, pour la conquête de l'essentiel — le pouvoir — elles pataugent lamentablement, et s'inclinent devant le «sexe fort». La société française reste profondément phallocratique.

Bien sûr, elles assurent. Elles sont préfètes: merci, Yvette Chassagne. Ministres: merci, Edith Cresson. Présidente du Parlement européen: merci, Simone Veil. Chefs d'entreprise: merci, Annette Roux, PDG des Chantiers Beneteau. Mais il n'y a qu'une seule femme préfet en France, trois femmes ministres (les trois autres sont secrétaires d'Etat). Les 200 entreprises les plus importantes étudiées par Bénédicte Bertin-Mourot ont toutes un homme pour PDG. En réalité, dès qu'il s'agit d'encadrer, de commander ou de représenter les Français, «on» préfère les hommes. «On», c'est-à-dire les dames comme les messieurs: à en croire notre sondage, les femmes sont même plus enclines que les hommes à plébisciter les mâles.

Les hommes se sont bien débrouillés pour protéger leur pouvoir économique: ils gagnent, en moyenne, 31% de plus que les femmes. C'est un progrès — l'écart était de 49% en 1970, et de 56% en 1950 — mais toujours un fossé. Dû au fait qu'elles occupent des emplois moins qualifiés, même à diplôme égal. Cette distorsion s'aggrave en grimpant les échelons hiérarchiques: non seulement elles sont moins bien payées, mais elles disparaissent carrément des organigrammes. La palme de la misogynie devrait être décernée à l'Etat. L'employeur public n'aime pas, alors pas du tout, placer des femmes à des postes de direction: elles sont 0,7% à EDF, 1% à la SNCF, 3% à la RATP.

La palme du sexisme revient aux partis politiques, qui sont parvenus à nous fabriquer une Assemblée nationale plus virile en 1988 qu'en 1945, avec 6% de femmes. Au Sénat, c'est pis: 3%. Idem dans les communes et les départements: 4% de femmes conseillers généraux ou maires. La France, à cet égard, est la lanterne rouge des pays du Conseil de l'Europe. Ça coince, au nom de l'arithmétique: «Une femme de plus, c'est toujours un homme de moins», comme dirait Françoise Gaspard.

1. Dans la Déclaration des droits de l'homme et du citoyen, il est dit que les hommes naissent libres et égaux en droits. Selon vous, aujourd'hui, en France, les femmes sont-elles libres et égales aux hommes?

Oui 50%
Non 49
Ne se prononcent pas 1

2. Selon vous, qui, en général, de l'homme ou de la femme, est le plus...

	L'homme	La femme	Ne se prononcent pas
Intelligent	16%	25%	59%
Courageux	28	47	25
Sociable	29	48	23
Intuitif	11	77	12
Sensible	16	70	14
Solide	56	32	12

3. Dites qui, selon vous, dans chacun des domaines suivants, est, en général, le meilleur: l'homme ou la femme?

	L'homme	La femme	Ne se prononcent pas
Sport	68%	8%	24%
Ecole	14	55	31
Professions manuelles	53	26	21
Professions intellectuelles	29	28	43
Politique	68	12	20
Affaires	45	28	27

4. Selon vous, depuis vingt ans, qui, dans la société française, a marqué le plus de points: les hommes ou les femmes?

Les hommes 39%
Les femmes 53
Ne se prononcent pas 8

Pas si simple: 57% des hommes se voient comme les «perdants.» Mais seulement 49% des femmes se voient comme les «gagnantes» du match. 42% d'entre elles abandonnent la palme aux hommes.

accouchement *m.* naissance d'un enfant

agacer embêter

s'amenuiser rendre plus mince

assurer faire en sorte qu'une chose fonctionne

atout *m.* avantage

s'atténuer se réduire

être bachelier, bachelière avoir réussi au bac

calleux dont la peau est durcie et épaissie

cerveau *m.* intelligence

chahuter s'agiter bruyamment

chercheur *m.* qqn qui fait de la recherche

cheviller attacher

congé *m.* arrêt de travail

couture *f.* *cf.* coudre; travailler avec une aiguille

crèche *f.* garderie pour les bébés

se croiser les bras ne rien faire

décerner à donner à

déchu (*inf.* déchoir) tombé dans un état inférieur

les dents de scie (*idiom.*) angoisse

disposer de posséder

effectifs *m.pl.* les chiffres, le nombre de personnes ou d'employés, par exemple

l'emporter dominer

s'empresser de se hâter

encadrer former, servir comme cadre

étincelle *f.* petite flamme

fabriquer faire

filière *f.* succession de degrés à franchir, situation de travail

un fossé *m.* un écart

au foyer à la maison

franchir traverser

grossesse *f.* période d'attente d'un bébé

hors excepté

manier utiliser

en moyenne généralement

narguer braver sans crainte

offrant ouvert, généreux (*cf.* offrir)

pactiser conclure un pacte

pallier compenser (un manque)

palme *f.* symbole de victoire

pesanteur *f.* lourdeur, poids

peuplade *f.* tribu, petite société (*cf.* le peuple)

piétiner avancer peu

Pr professeur

préfet, préfète poste politique à la tête d'un département

prendre un pli prendre une habitude

promotion *f.* classe d'étudiants reçus la même année

redoubler répéter une année scolaire

au regard de considérant

riposter répondre

sillage *m.* trace qu'un bateau laisse derrière lui

taux *m.* pourcentage

s'en tenir à se limiter à

tétaniser paralyser par indignation

au vu du en considération de

EXPLORATIONS

EXPRESSIONS UTILES

Complétez les phrases par les expressions ci-dessous indiquant la transition:

en faveur de: au profit de

grâce à: à l'aide de

quant à: en ce qui concerne

afin de: pour

au niveau de: dans le contexte de

selon: d'après

1. _____ la femme, son mari lui avait été infidèle.
2. _____ l'avocat du mari, ce n'était pas le cas.
3. _____ mieux présenter son cas, cet avocat a parlé très calmement.
4. _____ (le) couple, il a quand même agi avec égoïsme.
5. _____ (les) témoignages, le juge a décidé _____ la femme.

EXPRESSIONS FAMILIERES

La langue parlée se caractérise par l'emploi de nombreuses expressions familières et souvent imagées. Notez leurs équivalents dans la langue écrite.

Langue parlée	Langue écrite
mitonner des petits plats	cuisiner des plats en sauce
cancaner	bavarder
à la pelle	en grande quantité
au boulot	au travail
bosser	travailler
la récré	la récréation entre les classes
nana *f.*	la jeune fille
coincer	mettre qqn dans un coin, dans l'impossibilité de répondre

SONDAGE

Répondez aux questions du sondage dans le contexte de notre société. Comparez vos réponses à celles des Français.

A VOTRE AVIS

Commentez ces propos par groupes de deux. Expliquez si vous êtes d'accord ou non avec eux, et pourquoi.

1. Les hommes ont peur des femmes très compétentes.
2. L'égalité des sexes va à l'encontre du romantisme.
3. Sociologiquement, les hommes ont besoin de se sentir dominants.
4. Les femmes très intelligentes manquent souvent d'ambition pour ne pas affoler leur petit ami ou mari.
5. L'homme en confiance ne devrait pas craindre que la femme qu'il aime:
   a. reçoive de meilleures notes.
   b. gagne un salaire plus élevé.
   c. ait plus de talent que lui dans n'importe quel domaine.
6. C'est une bonne idée que les hommes soient plus agressifs que les femmes en leur faisant la cour, comme, par exemple, en téléphonant le premier, en payant les sorties, et en étant les premiers à faire des caresses.
7. Les femmes peuvent être très compétentes et agressives, mais elles devraient le cacher aux hommes pour leur plaire.
8. Les hommes ne sont pas à l'aise à l'idée qu'une femme soit présidente du pays, ou P.D.G. d'une entreprise.
9. Les hommes qui renversent les rôles traditionnels, qui restent au foyer pour s'occuper des enfants, sont ridicules.
10. L'article n'a pas parlé de la passion. La vraie passion est plus importante que la réussite académique ou professionnelle. J'abandonnerais tout pour une passion réelle.
11. La personnalité, et non la supériorité, compte dans l'amour.
12. Au travail ou à l'école, les femmes devraient absolument avoir les mêmes droits — salaires, récompenses, promotions — que les hommes.
13. Il n'y a pas de différences importantes entre les hommes et les femmes. Dans l'avenir, le modèle sexuel sera androgyne.

Vous discuterez la différence entre les rôles féminins et masculins, et vous jouerez le rôle d'un des personnages ci-dessous. Préparez une présentation de deux à trois minutes sur le rôle de l'homme et de la femme. Ensuite, posez-vous des questions. Méni Grégoire (une «Anne Landers» française) animera la discussion de vos présentations. Choisissez un de ces rôles:

1. Méni Grégoire, animatrice
2. Femme célibataire et féministe, vingt-cinq ans
3. Mère de famille, cinq enfants
4. Loubarde (lycéenne révoltée)
5. Arrière-grand-père de 90 ans
6. Bon vivant
7. Homme au foyer
8. Phallocrate ou homme traditionnel
9. Femme sportive
10. Jeune snob
11. Anarchiste
12. Sociologue
13. Etudiant universitaire
14. Jeune vedette de cinéma, seize ans
15. Prêtre/pasteur/rabbin
16. P.D.G. (président-directeur général; chef d'une entreprise)
17. Propriétaire d'un gymnase

DEBAT

1. Est-ce la nature (l'inné) ou la culture (l'acquis) qui détermine les différences sexuelles?
2. Le féminisme anéantit le romantisme. En outre, l'agressivité des femmes fait fuir les hommes.

4-B

La Vie à deux

Bien des femmes qui ont connu une vie sexuelle libre au cours des années soixante-dix renoncent maintenant à ce **comportement** (ce mode de vie) et **nient** (rejettent) leurs aventures passées. Elles **se méfient** (doutent) des rapports uniquement sexuels qui **aboutissent** (mènent) au mensonge, au drame et **au cafard** (à la déprime). Elles se plaignent de s'être trompées de **bonhomme** (homme). Elles ont eu du mal à contrôler leur destin, à **empêcher** (ne pas permettre) qu'un homme **ne les trompe** (ne leur soit infidèle), ou **ne leur claque la porte au nez** (qu'il ne parte brusquement) au lendemain d'une brève aventure. Ces femmes, **déçues** (désappointées) par le sexe, sont dégoûtées par les aventures **malsaines, maladives** (contraires à la santé) qu'elles trouvent aujourd'hui franchement **déprimantes** (tristes) et **douloureuses** (pénibles). Elles avouent avoir **raté** (manqué) des choses.

Conclusion? Certaines de ces femmes cherchent maintenant l'**affectif** (les sentiments) dans un rapport, voire le **coup de foudre** (la grande passion). D'autres souhaitent retrouver une vie traditionnelle. Quoiqu'elles vivent peut-être en concubinage, elles s'attachent au quotidien. Chose étonnante — la nouvelle morale sexuelle, reposant sur le **reniement** (le refus, *cf.* nier) de l'infidélité, se rapproche de l'ancienne morale.

La tendresse compte-t-elle plus que la sexualité? La fidélité plus que les aventures? Le couple plus que l'individu? Bref, devrait-on refuser la souffrance de la passion due à une trop grande soumission de l'individu?

AVANT DE LIRE: CONTEXTE

Essayez d'anticiper le contenu du contexte. Que vous suggère le titre? Cet article a paru dans *Marie-Claire,* une revue féminine destinée aux femmes âgées de 25 à 40 ans. Son point de vue est plutôt libéral. Parcourez rapidement l'article. Ensuite discutez comment le contexte explique le vrai sens du titre.

LANGUE FAMILIERE ET LANGUE ECRITE

En tant qu'étranger, il faut pouvoir reconnaître la langue familière. Pourtant, il vaut mieux éviter de vous servir des expressions très familières (*). En général, la langue familière est une langue parlée, non pas écrite. Notez les différences entre la langue parlée et écrite. Tirez des conclusions concernant ce qui distingue les différents niveaux de langue.

Langue parlée	Langue écrite
C'est quoi, ça?	Qu'est-ce que c'est?
un mec	un homme
le désir, ça me dégoûte	le désir me dégoûte
une *partouze	une orgie; faire l'amour à l'excès avec plusieurs à la fois (!)
a *foutu le camp	est parti
moi, je m'en moque des autres	je ne m'intéresse pas à ce que pensent les autres gens
réac	réactionnaire
à bas le fric	débarrassons-nous de l'argent
on essaie d'être classe	on essaie d'agir avec décence
c'était cochon	ce n'était pas décent, propre
la guéguerre	une petite guerre
ébouriffant	qui surprend au point de choquer
un type	un homme
en baver	en souffrir
un/e gosse	un enfant
un dragueur	homme qui cherche des conquêtes (de femmes)

LA NOUVELLE
MORALE SEXUELLE

Impressionnant. Les témoignages recueillis par Lili Réka vont tous dans le même sens. Ces filles de 68, ces femmes libérées qui ont eu, pour beaucoup, des aventures innombrables se disent aujourd'hui des «déçues du sexe». Ce qu'elles cherchent, c'est la tendresse, la fidélité et même, avoue l'une, le prince charmant. Mais attention, dans le couple rétro-nouveau dont elles rêvent, il doit y avoir des règles du jeu qui n'existaient pas dans l'ancien: égalité, réciprocité, confiance et respect de l'autre.

On sait à quel point les Français répugnent à déclarer aussi bien le montant de leurs revenus que leurs intentions de vote. Mais que les Françaises aient encore du mal à exprimer leurs notions du bien et du mal en ce qui concerne les rapports hommes-femmes, voilà qui rend pour le moins perplexe.

Durant des siècles, les femmes ont assuré le rôle de gardiennes de la morale, du mariage, du devoir, du sacrifice et des traditions. Il a fallu les années 1968–70 pour que s'imposent des amazones proclamant la mort du mariage et des contraintes, et hissant le drapeau du sexe et des libertés.

Et aujourd'hui, marche avant ou marche arrière? Quand on écoute Béatrice, on s'y perd. «La morale, c'est quoi ça? Moi, je m'en moque des autres! Je prends la pilule depuis cinq ans. J'ai eu une vingtaine d'aventures.»

Et l'on classe aussitôt la jeune femme dans le camp des héritières des féministes pro-sexe des années 70. Mais lorsqu'elle ajoute: «Moi, je veux un mec tendre, fidèle et attentif», c'est déjà la rupture avec ses sœurs championnes de la morale anti-couple pour femme libérée.

«Ça me plairait de me marier et d'avoir un bébé», assure Béatrice sans s'étonner de cette cohabitation entre des morales totalement antagonistes, il y a dix ans à peine. Mais voilà, la valeur-couple monte, la valeur-sexe s'épuise jusqu'au dégoût.

Marine, trente-huit ans, fait le point. «Le sexe, ça n'est pas suffisant. Le désir physique brut, maintenant, ça me dégoûte. Je cherche l'amour, l'affectif. Je veux vivre avec un homme, partager de la tendresse et de la reconnaissance.»

Rien de marginal dans ces deux attitudes puisque les statistiques vont dans le même sens. Pour 52% des femmes, le grand amour existe, et la fidélité, les câlins, les déclarations d'amour atteignent des scores beaucoup plus ébouriffants que le pauvre 13% accordé par les Françaises à la sexualité.

Ces «déçues du sexe» n'ont rien de commun avec nos grands-mères effarouchées. L'amour physique, elles en ont usé et abusé. Mais pour toutes ces brûlées des années 70, la libération sexuelle n'a pas tenu ses promesses. Le corps libre, peut-être, mais le cœur vide: il y a malaise. C'est le couple vécu ou espéré qui est devenu le modèle. Un couple apparemment rétro dans ses valeurs, mais totalement nouveau dans son fonctionnement.

Toutes les femmes interviewées, qui vivent ce couple rétro-nouveau ou qui en rêvent, sont claires sur les règles du jeu: égalité, réciprocité, confiance, respect.

L'égalité: finie la petite guéguerre pour le partage des tâches. L'égalité n'est plus pour les femmes une revendication, c'est un acquis, un fait. Les femmes sont les «jumelles» de leur compagnon: même éducation, mêmes expériences sexuelles, même apprentissage de la solitude qui ne fait plus peur, même autonomie financière, même désir d'un épanouissement maximum.

Réciprocité: les femmes ne sont plus prêtes à donner sans recevoir. Fidélité, tendresse, échanges, corvées relèvent plus du troc que de la soumission.

Confiance: mais pas dans l'aveuglement. Les femmes refusent le mensonge et les cachotteries. Elles ne demandent à leurs partenaires ni protection ni refuge, mais la possibilité d'agir ou de réagir en connaissance de cause à toute situation.

Respect: priorité à l'amour mais sans sacrifice. L'activité professionnelle de la femme n'est plus considérée comme un simple salaire d'appoint, mais comme une possibilité d'épanouissement individuel qu'il faut préserver.

Si l'un ou l'autre cesse d'observer les règles du jeu, la sanction, c'est la rupture. Considéré au départ comme précaire, le couple se doit aujourd'hui d'être satisfaisant pour les deux partenaires, sous peine de séparation. C'est la victoire du je sur le nous.

La découverte de ces couples ne serait-elle pas d'éviter le choc amoureux, de refuser la souffrance de la passion et de construire davantage sur des rapports d'amitié tendre?

«Si par malheur je couche avec un homme qui ne me plaît pas, je passe toute ma maison à l'eau de javel.» Anna, trente-huit ans, célibataire, styliste.

Il n'y a ni bien ni mal: on peut coucher avec un type qu'on vient de rencontrer, faire l'amour à plusieurs, tout est possible. Mais en ce qui me concerne, le sexe, ça ne m'intéresse plus. Le désir physique brut, ça n'est pas suffisant et ça me dégoûte.

Je cherche le vrai désir, l'amour, l'affectif. Je veux vivre avec quelqu'un, partager de la tendresse, de la reconnaissance. Savoir échanger et dialoguer.

Ma morale personnelle, aujourd'hui, c'est d'éviter les relations uniquement physiques. Cela me paraît impur si une relation s'établit hors des sentiments. Je retrouve une morale que ma grand-mère et toute mon éducation m'ont insufflée: le culte des héros, l'importance de l'idéal, les sentiments qui élèvent le corps.

Mais volontairement ou non, en fille de Mai 68, j'ai combattu cette morale pendant des années. J'ai appliqué les codes d'une autre morale, celle de la libération sexuelle, contre les tabous, qui donnait la priorité au corps et à son épanouissement.

En 1970, je vivais avec Maxime. C'est lui qui, attentif au courant des idées nouvelles, a commencé à trouver la vie en couple monotone et nous a entraînés dans des expériences sexuelles multiples. On faisait des partouzes mélangeant couples, femmes seules, homosexuels. Je crois bien avoir participé à toutes les combinaisons possibles et imaginables.

J'ai eu un sentiment de solitude, de reniement. Je ne savais plus qui j'étais. A force d'accumuler des expériences physiques, l'affectif avait foutu le camp. C'était l'abandon total. Le sexe pour le sexe, c'est froid, c'est glacial.

Finalement, jai eu le courage de fuir ce groupe et je suis montée à Paris pour travailler. J'ai continué à coucher avec tout le monde, plus comme une femme libérée et soi-disant indépendante mais tout bêtement pour chercher l'amour.

Je crois que j'ai raté des choses dans ma vie. Comme toutes les filles de cette génération, nos refus d'une morale contraignante et traditionnelle nous ont entraînées vers des expériences à haut risque. Il n'est vraiment pas indispensable de cumuler trop d'expériences.

J'ai raté des choses simples. J'ai eu peur de la tranquillité et de la paix. Aujourd'hui, je me réconcilie avec le temps. Je ne crois pas trop au coup de foudre, c'est trop brutal. Je préfère attendre.

«Je repasse les chemises de Paul, parce que personne ne me l'impose.» Sophie, vingt et un ans, vit en concubinage depuis deux ans, étudiante.

Je veux me réaliser complètement. Il ne faut pas que mes sentiments pour Paul m'éloignent de moi-même. Ma priorité, c'est d'être fidèle à moi-même dans mes choix privés et professionnels. Je connais Paul depuis cinq ans. En l'aimant, je ne me perds pas.

J'ai quitté la maison familiale à dix-huit ans. Ça a été un apprentissage douloureux. J'en ai bavé. Mais j'ai appris à être indépendante et responsable. Je sais que je peux vivre le couple sans être soumise et perdue.

Au quotidien, ma vie de femme est très «réac». Je n'hésite pas à faire le ménage, à repasser les chemises de Paul. Moi je crois que, quand on habite avec quelqu'un, il faut aimer faire les gestes du quotidien, il faut savoir faire plaisir sur les petites choses.

Je suis partie deux mois en stage dans une université de Grande-Bretagne. Je disparais souvent les week-ends pour des colloques ou des sessions de travail. Paul respecte mon travail et mon domaine comme je respecte le sien. Depuis que nous vivons ensemble, je suis fidèle. D'abord parce que je trouve que les aventures sont trop faciles et plutôt médiocres, mais aussi parce que je suis d'une jalousie maladive. Le pacte doit être réciproque.

En tant que femme, je n'ai plus rien à prouver. Je m'autorise le droit d'utiliser toutes les séductions et les charmes des femmes traditionnelles, puisque cela ne m'empêche pas d'être un individu à part entière au même titre que les hommes.

«Encore maintenant, je n'ai pas pu séparer l'image du péché de l'acte sexuel.» Mary, trente-quatre ans, célibataire, journaliste américaine.

C'est à dix-huit ans que j'ai claqué la porte de la maison familiale. En révolte totale contre la religion et contre tout ce que mon éducation m'avait appris. Je ne voulais pas d'une vie bourgeoise. A bas le fric, le couple, le mariage, les gosses, l'esclavage au quotidien...

Aujourd'hui, je porte les manteaux de fourrure de ma tante, les perles de ma grand-mère. C'est dommage, je n'ai pas encore hérité d'un mari, je crois bien que je l'aurais pris aussi!

Finalement, j'ai eu quelques aventures, trois grandes passions. Et si je me plains quelquefois de ma solitude, je préfère mille fois en vivre les inconvénients que de subir les conflits ou la monotonie d'un couple rassi. Il m'a fallu du temps pour apprendre le plaisir. Dans ma famille, on était très puritain, très fermé. Le plaisir, c'était cochon. J'ai dû lutter contre ces idées. Et encore maintenant, je n'ai pas pu complètement séparer l'image du péché de l'acte sexuel. Je transgresse en disant des mots vulgaires et en faisant des mises en scène de prostituée. Dans ma morale personnelle, il y a très fort la lutte, le sordide, la recherche avec un homme d'une relation, d'un jeu sophistiqué.

Ce que je m'interdis: la peur de la solitude, ramener un type à deux heures du matin, juste pour ne pas être seule. Ça c'est vraiment déprimant. J'évite toutes les petites histoires d'un soir qui deviennent vite sordides et sans intérêt. Il faut sortir de la simple consommation de l'autre, de la rencontre homme et femme-objets. Je veux éviter les relations qui nient l'individu complet.

Ce que j'aime aujourd'hui, c'est renoncer parfois à mes désirs. Pas par cynisme, mais par simple refus de la facilité. J'adore le regard brûlant d'un timide, je fuis le sourire cliché d'un dragueur. C'est le charme, le mystère qui aiguillonnent le désir sexuel. J'ai appris à transformer mes histoires d'amour en amitié. On garde le contact, on s'aide, on évite les grandes scènes et les grands drames. On essaye d'être classe, pas trop médiocre.

J'ai tellement rejeté le mariage et le couple que j'ai vécu ça comme un traumatisme. Aujourd'hui, je crois qu'il est possible d'avoir un rapport plus tendre avec les hommes. Moi, je ressens encore très fort leur désir de domination et ça me fait peur. Mais j'aimerais bien trouver un compagnon tendre, quelle que soit son origine culturelle ou sociale, quels que soit ses revenus, pour tenter une histoire à deux.

MINI-GLOSSAIRE

aiguillonner stimuler

d'appoint supplémentaire

cachotterie *f.* petit secret

câlin *m.* échange de baisers, de caresses

colloque *m.* réunion

en connaissance de cause avec raison et justesse

corvée *f.* tâche désagréable et répétitive

cumuler réunir et entasser plusieurs choses différentes

eau (*f.*) **de javel** liquide blanchisseur

effaroucher effrayer au point de faire fuir

épanouissement *m.* développement entier

fourrure *f.* peau d'animal

hisser faire monter

insuffler (*litt.*) inspirer

jumelles *f.* deux sœurs nées en même temps

malaise *m.* sentiment pénible et vague

montant *m.* la somme

à part entière entièrement

reconnaissance *f.* gratitude

répugner à ne pas aimer

revendication *f.* exigence, demande faite avec force

sanction *f.* la punition

stage *m.* période d'études, de formation, de perfectionnement

styliste spécialiste dans la création de modèles (de robes, de chaussures, de coiffures, de meubles, etc.)

troc *m.* échange

D'APRES L'AUTEUR

Indiquez si ces propos sont vrais ou faux dans le contexte de l'article. Changez les propos qui ne correspondent pas à l'article.

1. Dans une relation amoureuse aujourd'hui, les femmes recherchent en priorité la tendresse, la confiance et l'autonomie.
2. Le grand amour existe, assurent 72 pour cent de femmes maintenant.
3. Par rapport au début des années soixante-dix, il y a un changement d'attitude aujourd'hui quant aux relations hommes-femmes.
4. Les femmes des années 70 sont déçues du fait qu'on leur refuse le droit d'avorter.
5. Aujourd'hui, dans une relation les femmes recherchent un épanouissement maximum.
6. Anna, trente-huit ans, est dégoûtée par le désir brut. Elle recherche avant tout quelque chose d'affectif.
7. Dans les sondages récents, la sexualité atteint des scores beaucoup plus étonnants que les déclarations d'amour.

EXPRESSIONS UTILES: FONCTIONS

Utilisez chacune de ces expressions dans une phrase.

pour que + (subj.): afin que, de sorte que, *cf.* pour (+ inf.)
    Il a fallu les années 1968–70 **pour que** s'imposent des amazones proclamant la mort du mariage.

en fait: en effet, en réalité
    En fait, je m'étais trompé.

à peine: juste, pas plus de
    Il y a **à peine** dix ans.

quitte à (+ inf.): au risque de
    Je préfère me retrouver seule, **quitte** à chercher quelqu'un d'autre.

à part entière: entièrement, tout à fait
    Cela ne m'empêche pas d'être un individu **à part entière**, au même titre que les hommes.

SCENETTE

Lors d'une partie de bridge, les trois femmes dans cet article racontent leur histoire aux autres membres du club qui, par la suite, donneront leur avis.

A VOTRE AVIS

Etes-vous d'accord avec ces propos? Donnez votre avis, en discutant avec une ou deux autres personnes.

1. Avoir des aventures innombrables m'intéresse.
2. Je suis déçu par le sexe.
3. Même si je l'étais, je ne l'admettrais pas.
4. Je cherche la tendresse, la fidélité et même un prince charmant.
5. Les hommes sont maintenant les gardiens de la morale, du mariage, du sacrifice et des traditions.
6. Je ne crois pas trop au coup de foudre. C'est trop brutal.
7. Les règles du couple devraient être: égalité, réciprocité, confiance, respect.
8. Je refuse la souffrance de la passion. Je préfère des rapports d'amitié tendre.
9. Si on me trompe, je deviens hystérique.
10. Plutôt que de souffrir, je préfère rester seule.
11. On ne peut pas construire de couple sur la sexualité.
12. Ma morale personnelle, c'est d'éviter les relations uniquement physiques.
13. Il n'est vraiment pas indispensable de cumuler trop d'expériences.
14. Ce que j'aime aujourd'hui, c'est renoncer parfois à mes désirs.
15. Je cherche un homme (une femme) innocent/e.
16. Un rapport sexuel ne marche bien que dans le contexte du mariage.
17. J'admire beaucoup une morale traditionnelle.
18. Nous devrions remettre en valeur la virginité.
19. Se dévouer à une cause, se priver sur le plan personnel ou sexuel au nom de la religion ou de la politique, par exemple, ce n'est pas du masochisme, c'est de l'héroïsme.

TABLE RONDE

Qu'est-ce qui définit maintenant les règles de la morale concernant les rapports hommes-femmes? Donnez votre avis en jouant ces rôles, et par la suite posez-vous des questions. Choisissez un de ces personnages.

Animateur

Grand-mère, soixante-quinze ans

Femme libérée, quarante ans

Femme aux mœurs sexuelles libres

Homme qui veut un maximum d'aventures

Etudiante, Sophie, vingt et un ans, vit en concubinage

Paul, qui habite avec elle

Jeune couple fiancé et catholique

Pasteur protestant/rabbin

Psychologue

Sociologue

DEBAT

Discutez cette question:

En ce qui concerne les rapports hommes-femmes, il n'y a ni bien ni mal — tout est possible.

4C

L'Amour-Passion

Les hommes ont souvent plus de difficulté à parler de leurs sentiments, mais il est bien évident qu'il existe des hommes qui font passer l'amour avant tout, qui **éprouvent** (ressentent) le coup de foudre, qui tombent follement amoureux. Il est surprenant de découvrir à quel point les hommes sont obsédés par les femmes. Ils **guettent** (attendent) et **draguent** (cherchent à conquérir) une femme. La courbe de leur passion suit la même progression: la femme les **épate** (leur plaît énormément), puis les entraîne, puis, leur passion éteinte, les hommes **se sauvent** (fuient). Après avoir éprouvé un choc **épouvantable** (horrible), certains hommes se font **piéger** (capturer) et concluent, finalement, «**j'en ai marre** (j'en ai assez) des femmes».

Les hommes de l'article ne sont remarquables que parce qu'ils se comportent de la même façon désintéressée que se comportent volontiers de nombreuses femmes. Tout naturellement, trois hommes de cet article sont prêts à sacrifier ce qui leur appartient—argent, temps libre, affaires, carrière. Comme les grands couples romantiques de l'Occident—Tristan et Iseut, Abélard et Héloïse, Roméo et Juliette, parmi d'autres—le quatrième homme ne désire que les femmes inaccessibles. Pour lui, les obstacles créent la passion.

Les hommes trouvent-ils les histoires d'amour aussi importantes que les histoires se rapportant à leur métier? Sont-ils prêts à sacrifier autant que les femmes en amour?

AVANT DE LIRE

Parcourez rapidement l'article en essayant d'en dégager l'idée centrale. Comment est-ce que chaque homme interviewé illustre cette idée? Pour qui avez-vous le plus de sympathie? le moins? Que pensez-vous de ces hommes?

TROUVEZ LE MOT JUSTE: PREFIXES

Les préfixes **in-**, **im-**, **dé-** ou **dés-** indiquent le sens contraire. Donnez l'antonyme de ces mots:

1. insuffisant, intolérable, inutile
2. impudique, impérissable
3. déraisonnable, désillusion

ETUDE DE VOCABULAIRE: VERBES PRONOMINAUX

Voici des verbes pronominaux qui décrivent la courbe montante et descendante de la passion. Notez-les et puis racontez une histoire d'amour qui se termine bien ... ou mal.

se regarder dans le miroir: pour vérifier qu'on est bien de tous les points de vue!
se sentir fort et intelligent: à cause de l'amour de l'être cher
se contrôler: parce qu'on ne peut pas montrer sa passion n'importe où, ni à n'importe qui!
s'en donner les moyens: financièrement, par exemple
se faire piéger: heureusement ou malheureusement, vous êtes pris/e et n'avez plus d'options
s'excuser de sa sentimentalité: qui n'est pas réciproque
se lasser (se fatiguer) des femmes (ou des hommes): parce que leur conquête peut être dure!
se souvenir de tout: ne rien oublier de cette grande passion

PAR PASSION JUSQU'OU VONT LES HOMMES

Nous avons déjà demandé à des femmes jusqu'à quelles extrémités avait pu les entraîner l'amour fou. Mais les hommes? Ils parlent moins volontiers de leurs histoires d'amour, surtout quand elles ne tournent pas à leur honneur. Et Dieu sait où ils placent cet honneur! Certains ont pourtant raconté des choses peut-être moins folles, mais bien surprenantes.

Quand j'ai commencé à chercher des témoignages pour cet article, on m'a répété partout: «Tu ne trouveras rien, parce que les hommes ne font rien.»

Et c'est vrai que, à première vue, ce sont surtout les femmes qui se mettent en huit, qui font preuve d'une imagination ou d'une opiniâtreté incroyable pour un homme. Ce sont elles qui attendent, qui passent des heures à se regarder dans les miroirs, alors que les hommes se contentent d'être eux-mêmes, car, au fond, ils savent qu'on les prendra comme ils sont.

A seconde vue, les hommes aussi font des choses surprenantes pour les femmes. Mais la grande différence, c'est qu'ils ne s'en vantent pas, qu'ils ne savent pas bien les raconter.

Les femmes parlent facilement de leurs histoires d'amour. Même quand elles ont été humiliées et défaites, elles en parlent. Elles se souviennent de tout. Des petits détails, du moment précis où l'histoire a commencé, de la manière précise dont elle a commencé de finir.

Elles vous diront: «Ce jour-là, je portais une robe rouge», et on comprendra tout de suite pourquoi c'était important, cette robe rouge.

Elles sont impudiques. S'il leur est arrivé quelque chose, quelle que soit cette chose, elles savent la rendre intéressante.

Les hommes, ce n'est pas pareil. Dès qu'ils abordent leurs propres sentiments, on dirait qu'ils ont un peu honte, qu'ils trouvent ça un peu ridicule. On dirait qu'ils n'ont pas l'habitude d'admettre que les histoires d'amour sont aussi importantes que les histoires de métier.

Certains m'ont parlé en s'excusant presque de devoir montrer leur sentimentalité. Ils disaient: «C'est idiot, ce que je raconte, ça ressemble à un roman rose.» Moi je répondais: «Mais justement, c'est ça qui est bien.»

Je pense à un homme, Gérard Bonal. Je le cite parce qu'il écrit des romans et qu'il aime bien qu'on parle de lui.

Il m'avait dit: «Venez me voir, la passion je connais.» Au téléphone, il m'avait fait entrevoir des tas de récits enflammés et déraisonnables. J'en salivais d'avance. Et voilà qu'en face de moi, il me sortait une petite histoire de disque cassé. Il a dit textuellement: «Moi qui ne suis pas violent, moi qui mets un point d'honneur à me contrôler, j'ai volontairement cassé un disque d'Alain Souchon, à cause d'une femme.»

C'était très grave pour lui, d'en être arrivé à briser un objet. Cela résumait des mois de jalousie et d'amour sans espoir, mais pour moi, c'était totalement insuffisant. On n'écrit pas un article sur la passion avec un disque cassé. Je pense à un autre homme, Hervé. Celui-là a fait des pieds et des mains pour une femme, mais il a refusé d'en parler. Par tristesse et par lassitude.

J'avais vu le numéro de téléphone d'Hervé dans les annonces «messages» de *Libération*. Plusieurs jours d'affilée, Hervé avait fait paraître une annonce pour retrouver la trace d'une fille aperçue juste une heure, mais qui lui avait apparemment laissé un souvenir impérissable.

Tous les jours dans *Libération*, des hommes laissent des messages de ce genre: «Je t'ai croisée, tu m'as souri, je veux te revoir.» L'année dernière, un homme a même payé une pleine page du journal pour dire à une femme qu'il l'aimait et lui donner rendez-vous dans un café parisien. J'ai donc téléphoné à Hervé pour lui demander s'il avait retrouvé la fille qu'il cherchait. Il a répondu non. Il a ajouté qu'il n'avait plus envie de parler de cette histoire mais que je pouvais toujours regarder l'émission «Moi, Je» sur Antenne 2.

J'ai regardé. C'était un reportage d'une dizaine de minutes. Hervé avait accepté d'être filmé et mis en scène dans l'espoir de réussir, grâce à la télé, ce qui avait échoué avec l'annonce de *Libé*.

Il avait rencontré la fille dans une manifestation. Ils avaient marché et bavardé. La fille lui avait pris la main et Hervé avait été bouleversé par ce contact. Il était seul et cette main de femme, c'était peut-être l'amour.

Il avait invité la fille à dîner chez lui, le lendemain. Il avait mis les petits plats dans les grands et guetté par la fenêtre pendant des heures. La fille n'était pas venue.

Il ne savait rien d'elle, alors il avait mis l'annonce: «Je t'attendrai tous les jours pendant un mois, sous la grande horloge de la gare Saint-Lazare, à 18 heures.»

Cet homme a attendu tous les jours, tous les jours pendant un mois, une fille qu'il n'avait pas vue plus d'une heure. C'est fou, tout ce temps perdu à la poursuite d'un fantasme.

Dans la bouche des hommes, la passion est un sentiment qui coûte cher, en argent. Plus que les femmes, les hommes mesurent l'intensité de leur passion à l'argent qu'elle leur a fait dépenser. L'urgence du désir est forcément coûteuse. Quand on veut être près d'une femme, on y va en taxi, pas à pied. Quand la femme habite loin, on prend l'avion. Si on veut absolument quelqu'un, en l'occurrence quelqu'une, on doit s'en donner les moyens. Bien que relativement fauché, Antoine a suivi cette logique jusqu'au bout. Il a payé la femme qu'il aimait comme une pute. Au moins, c'était clair. J'ai délibérément choisi de ne pas retranscrire les histoires de barbituriques et de suicides ratés. Il y a encore plein d'hommes qui essayent de se tuer par amour, mais ça n'est pas ce qu'ils font de plus intelligent.

Jean-Marc, quarante ans, cafetier. Sa décision est prise, il laisse tomber son bar pour suivre Lise à vélo sur les routes d'Amérique du Sud.

Pour une femme, Jean-Marc a perdu vingt kilos. C'est beaucoup. Il va partir six mois en Amérique du Sud. C'est énorme. Il va partir en vélo. C'est à peine croyable.

Jean-Marc est patron d'un bar à vin. Il est très grand et débonnaire, un peu rouge, parce que c'est son métier de goûter tous les vins qu'il vend. Il n'a pas une tête à faire des milliers de kilomètres à vélo, et pourtant, il va les faire.

«Au départ, Lise s'est trompée. Elle a dû prendre mon bar pour un café ordinaire. Elle a commandé un chocolat chaud et, comme je ne suis pas équipé pour faire du chaud, je suis allé le lui chercher au café d'à côté.

«Je ne suis pas timide avec les femmes. Quand on est patron d'un bar, on ne peut pas être timide. J'ai donc dragué Lise. Je ne pensais pas que ça irait plus loin car j'ai toujours aimé draguer et que ça fait plus ou moins partie de mon métier. Mais je me lasse très facilement des femmes. En général, c'est une ou deux fois, rarement plus. J'ai horreur qu'on m'emmerde, je m'ennuie très vite. Il y a sûrement autant d'hommes bêtes que de femmes bêtes mais, je vais passer pour un horrible macho, j'ai l'impression que les femmes intelligentes se cachent soigneusement.

«J'ai invité Lise à dîner pour le samedi suivant. Elle m'a dit qu'elle aurait bien voulu mais qu'elle ne pouvait pas, car elle allait faire du vélo.

«Lise était une fanatique de vélo. C'était un truc de famille. Ses parents étaient partis en voyage de noces à vélo. Son père qui avait été soudeur lui avait fabriqué sur mesure un super-vélo de course en Dural ultra-léger.

«J'ai pris l'habitude d'accompagner Lise dans ses virées cyclistes. Lise ne m'a pas demandé de maigrir. Je l'aurais d'ailleurs très mal pris. C'est moi qui ai pris cette décision afin de pouvoir la suivre plus loin, d'être à égalité avec elle. J'adore la bonne bouffe. Cela a été très dur de me mettre aux grillades.

«Plusieurs filles m'avaient déjà dit que j'étais trop gros mais je les avais envoyées paître car je trouve intolérable qu'on fasse pression sur moi. J'ai donc perdu vingt kilos pour une fille qui ne me l'avait pas demandé.

«Lise est elle-même trop égoïste pour m'imposer quoi que ce soit. C'est ce que j'aime avec les gens égoïstes, ils vous foutent la paix.

«Lise avait depuis longtemps le projet de faire un très grand voyage à vélo: les parcs nationaux des Etats-Unis, la Cordillère des Andes, l'Amérique latine, un coup de six mois.

«Elle a réussi à se faire sponsoriser en échange de quelques films. Je savais qu'il était parfaitement inutile de lui dire de ne pas partir. Lise est comme un marin qui a besoin de la mer. J'ai décidé de partir avec elle, et si elle a accepté, c'est qu'elle a vraiment confiance en moi.

«Pendant le temps où je serai parti, un associé s'occupera de mon affaire. Je ne sais pas dans quel état je serai après cette aventure, ni même si je vais tenir le coup, mais je pars.

«J'ai un peu l'impression que c'est ma dernière chance de faire quelque chose d'extraordinaire. Et cette chance, c'est une femme qui me l'a donnée.»

Serge, cinquante-deux ans, médecin. Déjà père de trois enfants, il en adopte un quatrième pour plaire à Judith qui ne lui plaît plus!

Médecin, divorcé deux fois et père de trois grands enfants, Serge est actuellement remarié avec une femme qu'il n'aime déjà plus. Il est cynique, misogyne, et séduisant dans son genre. Ses relations amoureuses ont toujours suivi le même schéma: coup de foudre, exaltation, mariage quelquefois, et puis, désillusion et mépris. Pour faire plaisir à sa dernière femme qui était stérile, Serge est allé jusqu'à adopter un enfant.

«La passion, c'est comme la cocaïne. On se sent fort et intelligent, on claque son fric pour en avoir, on est parfaitement libre parce qu'on a plus aucun choix. La seule chose qui existe, c'est la femme, c'est le rendez-vous qu'on a avec elle. C'est la priorité des priorités. Pour ne pas louper certains rendez-vous, j'ai volé des voitures, j'ai cassé la gueule de gens qui m'empêchaient de disposer librement d'un téléphone. Quand on veut une femme, on oublie évidemment d'être bien élevé.

«Je suis un homme abominable, mais tant que les femmes préféreront les hommes abominables, je le resterai.

«Avec mon épouse actuelle, je me suis fait piéger. Je l'ai rencontrée il y a cinq ans et je suis tombé amoureux à la seconde où je l'ai vue. Elle avait tout ce que je peux désirer d'une femme. Jeune, belle et prise. Elle s'appelait, et elle s'appelle toujours Judith, l'un de mes prénoms favoris. C'est idiot mais je ne pourrais aimer une femme qui s'appelle Josyane ou Armelle.

«Ce fut une passion folle et réciproque. La plus folle et la plus réciproque que j'ai connue. Judith était jalouse mais intelligente dans sa jalousie. Son fantasme de prédilection était de coucher avec moi et une autre femme. Elle me poussait des femmes dans les bras, ce qui était effectivement le meilleur moyen d'éviter que je lui sois infidèle.

«Judith voulait un enfant de moi. Bien qu'étant largement pourvu de ce côté-là — j'ai trois enfants que j'adore —, j'ai accepté ce désir. Au bout d'un an d'essais infructueux, il s'est avéré que Judith était stérile. Cela a été un choc épouvantable pour elle, un vrai désespoir.

«Elle m'a alors parlé de la solution de l'adoption. Je n'étais pas très chaud mais j'ai accepté parce que j'avais une telle volonté qu'elle soit heureuse. Pour faciliter les démarches, nous nous sommes mariés. Au bout d'un an de procédure, David est arrivé à la maison. Nous avons eu de la chance car c'était vraiment un môme très réussi.

Je la désire de moins en moins. Je la regarde vieillir sans aucune indulgence. Je me dis qu'elle n'a rien pour remplacer sa beauté et je la vois qui s'angoisse à l'idée de la perdre. Je ne divorcerai pas car je me sens des responsabilités vis-à-vis de David et que deux divorces, ça suffit. Je crois que j'en ai un peu marre des femmes.»

MINI-GLOSSAIRE

aborder   toucher

d'affilée   de suite

s'avérer   affirmer

faire du chaud   allumer la cuisinière, cuisiner

claquer son fric (*fam.*)   dépenser son argent en le gaspillant

défait   humilié, *cf.* la défaite

démarche *f.*   tentative pour réussir qqch

émission *f.*   programme de télé ou de radio

emmerder quelqu'un (*vulg.*)   agacer, causer des ennuis

enflammé   érotique

entrevoir   distinguer, deviner

fauché (*fam.*)   sans argent

goûter   boire un petit peu

impudique   *ant.* modeste

se lasser de   se fatiguer de

manifestation *f.*   défilé de protestation

misogyne   détestant les femmes

môme *m.f.* (*fam.*)   enfant

opiniâtreté *f.*   ténacité

piéger   prendre

être pourvu   posséder

faire preuve de   montrer

pute *f.* (*vulg.*)   une prostituée

un roman rose   un roman sentimental

soigneusement   en faisant attention

surprenant *adj.*   *cf.* la surprise

des tas de (*fam.*)   beaucoup de

témoignage *m.*   rapport, attestation

se vanter de   se flatter

EXPLORATIONS

EXPRESSIONS UTILES

La langue parlée se sert volontiers d'images pittoresques, telles ces expressions familières. Utilisez-les vous-même dans une phrase.

se mettre en huit: faire tout son possible
Ce sont surtout les femmes qui **se mettent en huit**, qui font preuve d'une imagination incroyable pour un homme.

faire des pieds et des mains: ne rien épargner, se démener pour
Un autre homme **a fait des pieds et des mains** pour une femme, mais il a refusé d'en parler.

envoyer paître qqn: rejeter qqn
Plusieurs filles m'ont trouvé trop gros, et je les **avais envoyées paître** car je trouve intolérable qu'on fasse ce genre de remarque.

en avoir marre de: en avoir assez
Je crois que **j'en ai** un peu **marre** des femmes.

SCENETTE

Dans le sauna d'un club sportif, les hommes dans cet article révèlent ce qu'ils ont fait par passion. Divisez la classe en groupes de cinq ou six. Trois personnes de chaque groupe joueront les rôles de Hervé, Jean-Marc et Serge en racontant leur histoire. Ensuite les autres leur poseront des questions et leur feront des commentaires.

SONDAGE

Dans cet auto-test pour hommes et femmes, répondez franchement aux questions suivantes. Quelles preuves feriez-vous d'une grande passion? Répondez par groupes de deux ou trois, ou bien toute la classe.

1. Dépensez plus de 600 F lors d'un grand dîner.
2. Envoyer dix bouquets de fleurs, au moment où votre grand amour allait vous quitter.
3. Attendre plus de deux heures si votre petite amie était en retard lors d'un rendez-vous.
4. Ne pas rompre si vous aviez surpris votre petit ami en train de flirter avec quelqu'un d'autre — ou de faire bien pire.
5. Apprendre un sport par amour pour une femme: le ski? le tennis? la marche? l'escalade en montagne? le camping? la voile? le cyclisme? le footing?
6. Assister à des matchs sportifs, tels le football américain, le basket, le base-ball, à cause d'un amour pour un membre d'une équipe.
7. Faire un acte illicite à cause d'un amour, sans en avoir personnellement envie. Par exemple, boire de l'alcool, ou bien prendre des drogues.
8. Ne pas suivre les conseils de vos parents.
9. Arrêter vos études pour mieux partager la vie de votre amant.
10. Attendre dix ans avant de vous marier, parce que votre fiancée étudie la médecine et vous le demande.
11. Vous marier tout de suite parce que votre amoureux vous le demande.

Commentez les propos suivants par groupes de deux ou trois personnes. Puis, rapportez vos conclusions à la classe.

1. Ce sont surtout les femmes qui font preuve d'une imagination ou d'une opiniâtreté incroyable pour un homme. Ce sont elles qui attendent, alors que les hommes se contentent d'être eux-mêmes.
2. Quand les hommes font des choses surprenantes pour les femmes, ils ne savent pas bien les raconter, parce que pour les hommes, les histoires d'amour ne sont pas aussi importantes que les histoires concernant leur métier.
3. Les hommes ont peur de la sentimentalité.
4. Une femme est folle de passer beaucoup de temps à chercher un homme qui peut-être ne l'aimera jamais.
5. Les hommes mesurent l'intensité de leur passion à l'argent qu'elle leur a fait dépenser.
6. Les hommes adorent les femmes, et sont même un peu obsédés par elles.
7. Une femme qui avoue franchement ses désirs est plus séduisante qu'une timide qui ne le ferait pas.
8. Un rapport d'amour est un échange d'argent, de talents et d'avantages.
9. Pour une grande passion, je laisserais tout tomber, ma situation, mes études et même ma famille.
10. Si les hommes sont parfois abominables, c'est que les femmes le leur permettent.
11. J'en ai un peu marre des hommes/femmes.
12. Il faut respecter les codes sociaux, familiaux et religieux qui servent à contrôler la passion. La libre expression de l'amour-passion est mauvaise pour la société. Les M.S.T. (maladies sexuellement transmissibles) constituent un bon exemple des résultats de cet excès.

DEBAT

Formez deux équipes. Puis défendez ou critiquez une de ces questions.

1. La fidélité est la seule morale qui marche — oui ou non?
2. La passion existe dans l'imagination, mais pas dans la réalité. Puisque la passion est basée sur des obstacles, si l'amour n'est plus impossible, forcément il n'y a plus de passion.

ETRE FRANÇAIS

A   Le Mépris de la politique

B   Les Elites et la politique

C   Les Gens sans domicile

La France profonde cède la place à d'autres 'Frances'

5A

Le Mépris
de la politique

Pour sonder l'attitude des Français envers la politique, *L'Express* a fait le tour de la France. Leurs journalistes ont interviewé toutes les catégories sociales: les **nantis** (les riches), les élites, les agriculteurs, les ouvriers, les exclus. Ils ont sondé partout: les fermes, les **usines** (industries), les entreprises, les **chantiers** (lieux de construction). Là, ils ont découvert que le Français moyen **vivote** (vit avec de petits moyens), et que le salaire moyen des ouvriers est bas — peut-être 5 000 à 6 000 francs par mois. Si ces ouvriers adhéraient à des **syndicats** (organisations ouvrières), ils ne **feraient** pas la **grève** (ne refuseraient pas de travailler). Ils craignent le **chômage** (la perte de leur boulot). La lutte des classes semble morte.

Il y a un divorce profond entre les politiciens et les **citoyennes** ou **citoyens** (personnes appartenant à une nation). Le peuple français doutent sincèrement de la capacité de ses représentants à **gérer** (régler) les problèmes du pays. Bien sûr, le **suffrage universel** (le vote pour tout le monde) existe, mais un grand pourcentage des électeurs ne se présentent pas au scrutin. Une majorité des Français ne savent même pas distinguer **la gauche** (les radicaux et les libéraux) de **la droite** (les conservateurs). Tout au plus, ils savent distinguer entre les partis politiques extrémistes — le Front national à droite et le Parti communiste à gauche. Même des questions telles que la lutte contre le **sida** ou la protection de l'environnement ne sont plus capables de rassembler une communauté qui, malheureusement, vote de moins en moins souvent. Bref, un écart énorme existe entre les habitants et ceux qui **détiennent** (possèdent) et exécutent le pouvoir: le **ministère** (le gouvernement d'Etat), la **préfecture** (le gouvernement local) ou le **maire** (le chef de la ville). Il semble que les Français, auparavant très **politisés** (politiquement intéressés), le sont maintenant de moins en moins.

MISE EN TRAIN

Faites-vous confiance à vos représentants? Etes-vous indifférent à ceux qui font la politique? Ou bien hostiles envers eux, comme une majorité absolue des Français? Que signifie cette défiance de la part des Français?

AVANT DE LIRE

Dans un style journalistique, les faits les plus importants se placent en premier (sous forme d'une pyramide renversée). Tous les éléments essentiels de cet article se trouvent en première page, voire dans le premier paragraphe. Parcourez d'abord ce premier paragraphe. Quelle est la thèse de cet article?

MOTS APPARENTES

Il est souvent possible de déchiffrer le sens des mots apparentés en français, parce qu'ils ressemblent beaucoup à leur équivalent anglais. Apprenez à reconnaître ces mots au moyen de certaines ressemblances orthographiques.

1. En passant du français à l'anglais, **-on** peut s'écrire *-oun.* Par exemple, **prononcer** en français, c'est *to pronounce* en anglais. Ces verbes qui suivent ont les mêmes transformations:
   confondre, profond, fontaine, annoncer, renoncer, fonder

2. **-imer** = *-ess:* Donc, **exprimer**, c'est *to express.* De même:
   opprimer, supprimer, réprimer, déprimer

3. **-iser** = *-ize:* Le mot **analyser** signifie *to analyze.* Notez ces infinitifs:
   baptiser, mobiliser, civiliser, organiser, socialiser, moraliser

4. **-ai** = *-ea:* **Paisible**, c'est *peaceful.* Donnez l'équivalent de ces mots:
   apaisé, clair, saison, aigle, traiter

5. **-ir** = *-ish:* Selon le modèle de **finir**, notez ces mots:
   nourrir, chérir, ternir, périr, polir, punir

La France, la vraie

Attention: danger, ennui. Quand on s'ennuie, on se sépare. Jamais le divorce n'a été si prononcé entre ceux qui font la politique et ceux qui la subissent. Ce n'est plus une tendance, c'est une débandade: 85% des Français expriment non seulement une défiance, mais encore une hostilité envers leurs représentants. Doutant de leur sincérité, de leur honnêteté et de leur vocation, surtout, à gérer les vrais problèmes du pays. Telles sont les conclusions brutes d'une double opération de *L'Express*: un sondage commandé à l'institut Louis Harris et une vaste enquête menée à travers l'Hexagone, durant deux semaines, par dix envoyés spéciaux du journal. Voyage en France profonde, plongée dans toutes les catégories sociales, des oubliés du quart-monde aux nantis, des hommes de la terre aux élites de la communauté nationale. Ici, la précision des chiffres et des pourcentages, affinés par la multiplicité des questions. Là, des images, des situations, une expression spontanée qui traduisent la diversité du paysage national. Or tout se recoupe et se complète pour dessiner la cassure, comme entre deux continents qui s'éloignent: le formidable décalage entre les gouvernants et les gouvernés. Deux cents ans après la Révolution, un peuple a la sensation de ne plus se reconnaître dans ceux qui le dirigent. La déconnexion.

Raymond Barre lui-même baisse le rideau: «Je ne crois pas possible, aujourd'hui, de mener un combat qui soit un combat utile.» Il dénonce la «mollesse» de la situation politique, la «démobilisation» générale, «une France pépère s'accommodant d'une gauche pépère». Il est vrai que six scrutins en deux ans ont épuisé l'assiduité des Français et que des taux d'abstention sans précédent ont paru traduire un «désastre civique».

Mais les explications et les causes sont plus profondes et diverses. A commencer par l'image que donnent d'eux les politiciens. «Le monde politique est un théâtre où il faut accepter de jouer les premiers rôles et les figurants», disait Chateaubriand. Les Français accusent leurs élus d'abuser de la scène. Autre impression: la politique ne fait bien vivre que ceux qui la pratiquent. L'élu est perçu plus comme exerçant un «métier» qu'obéissant à une vocation de service public.

La fin des idéologies et des illusions. Des sondages récents montrent que deux Français sur trois ne font pas de différence entre la gauche et la droite. Principaux responsables: l'incapacité de l'une et de l'autre de démontrer une réelle supériorité dans la conduite de la politique nationale. Et les déboires d'une alternance tranquille: en 1981, après vingt-trois ans d'un pouvoir de droite, c'est un courant populaire et un espoir qui ont porté la gauche aux affaires. La gauche n'a pas démérité, mais elle avait vendu du rêve. Elle a déçu les militants, sans inquiéter durablement les riches ni bouleverser en profondeur une société qui n'en demande sans doute pas tant.

Il n'y a plus ni grandes peurs ni grandes causes. Toute société, disait Georges Sorel, a besoin d'un grand thème mobilisateur. Dans la France contemporaine, son absence est marquante. Même la lutte contre le sida ou la protection de la planète, pour réel que soit l'intérêt qu'elles suscitent, ne rassemblent pas une communauté. Les militants désabusés évoquent les émois romantiques du Front populaire et des luttes ouvrières. Les jeunes, la «*soft generation*», se prennent à envier les combats de leurs aînés: la Résistance, la guerre, le gaullisme, l'Algérie. Ce qui soudait ou qui opposait, mais quelque chose. Ce quelque chose de passionnel qu'ils ne partagent plus. Alors, il est vrai, plus l'ornière était profonde, plus massivement le peuple déléguait son pouvoir à l'homme providentiel qui était censé l'en sortir. La diminution des périls et la paix civile recouvrée vident les urnes. Nostalgie? L'enquête révèle, çà et là, le souhait encore confus d'un leader symbole, porteur d'idéal et d'un nouveau souffle. Qui tranche sur le monde de l'à-peu-près et du faux-semblant des partis traditionnels. A la Kennedy.

Le triomphe du moi et de l'individualisme. Dans *L'Ere du vide,* Lipovetsky note que la «décrispation des enjeux politiques et idéologiques» favorise le repli narcissique et l'indifférence, ingrédients de l'apathie politique.

Le citoyen, du même coup, rétrécit son champ d'action à un cadre plus proche: celui de sa commune, de sa région, où son influence sur la «vie de la cité» lui semble moins diluée que dans le débat national. D'où la bonne santé des associations et le concept des référendums d'initiative populaire, relais d'une démocratie directe. Et la faveur dont bénéficient les maires, qui, distançant largement les personnages plus galonnés du paysage institutionnel, retiennent la confiance d'une majorité de Français (64%).

Dans cette recherche de substituts à un débat national atone, tout élan nouveau entraîne des adhérents en quête de foi: l'enracinement des Verts se confirme, qui provoque un score surprenant d'intentions de vote.

Soyons justes: les temps modernes sont cruels aux professionnels de la politique. Jadis, ils prospéraient dans une ombre complice: les voilà depuis trop longtemps en pleine lumière.
Les média, qui devaient les servir, les ont rendus transparents.

Jusqu'à saturation. Les grands prêtres des messes télévisées l'ont compris, qui commencent à leur préférer les grands chefs d'entreprise, nouvelles références, notamment, d'un monde ouvrier contraint au réalisme par le sous-emploi. Qui Marchais ferait-il encore rire?

Pas de doute, l'image des hommes publics s'est dégradée, comme le portrait de Dorian Gray. Pour la restaurer, il faut réinventer: une «politique autrement». Plus conforme à la vision, confirmée par le sondage, que révèle ce voyage en France.

Au Sud-Est de la France, près de Grenoble

Dans le garage luit une Renault 25, et la villa, cossue, domine la vallée du Rhône. Près de La Voulte, Claude Moins cultive la pomme, la pêche et le kiwi. Et en vit plutôt bien. «A moins que tout ça finisse un jour à l'arrachage...» Pour lui, les politiques, en gros, ne peuvent pas tout faire: «C'est vrai que les gens de la préfecture ou du ministère ignorent la réalité du terrain. Mais, avec le relief, le climat, les spécialisations, les mentalités régionales, comment accorder tant d'intérêts divergents?»

Qui s'occupera de ces montagnes-là, quand les paysans en seront partis? A la ville, manger leur poulet aux hormones. Pour survivre, Louis et Albert sont «double-actifs»: la journée à la ferme, sur les pentes du massif de Belledonne, la nuit à l'usine, dans la vallée. Juste de quoi «faire bouillir la marmite et nourrir les bêtes». Avec la décentralisation, des techniciens sont venus étudier l'avenir des «marginaux» comme eux, qui s'accrochent à leurs versants caillouteux: par endroits, on laboure au treuil. «Trois années d'études, le temps de bouffer l'enveloppe budgétaire: ils ont conclu qu'on n'avait pas d'avenir.» Si, dans le ragondin ou le foie gras! Déjà, la «saleté» progresse, inexorablement: les ronces, la broussaille, la vermine. De 1 200 mètres, en cinquante ans, elle est descendue à 800 mètres.

Dans les Pyrénées, près de l'Espagne

«La forêt ne se fait pas sans la main de l'homme.» Accroché à ses 100 hectares ariégeois, entre Saint-Girons et Foix, Fernand Pince, cinquante-cinq ans, est de ces hommes qui la font vivre. Mais pas l'inverse: il vit sur le salaire de son institutrice d'épouse. «Je n'ai jamais vu un homme politique par ici, alors vous savez! C'est normal, ça ne rapporte aucune voix. Ah, si les arbres pouvaient voter!» Donc, il n'attend rien des élus, vraiment rien. Parce que, la montagne, ils s'en sont toujours servi. En la dépeuplant, en envoyant à Paris ses meilleurs éléments: «Votez pour moi, et je trouve une place à votre fils.» C'est comme le maire de Saint-Girons, en plus, il est ministre de l'Industrie: Roger Fauroux. «Eh bien, le bois de son entreprise part en Espagne, puis revient en France sous forme de meubles. Alors qu'à Saint-Girons les fabriques de meubles sont en train de crever.»

Difficile, d'un simple regard, d'imaginer: ces villages, ces clochers, ces paysages tranquilles, cette France de Charles Trenet, c'est aussi celle de la terre qui meurt. D'hommes qui avouent, preuves à l'appui, «vivoter». Et dont les histoires, pathétiques de sobriété, ont de quoi réveiller les illusionnistes. Terre, parfois, d'hommes «pris dans l'étau, endettés jusqu'au cou», l'œil fixé sur l'immédiat, indifférents à la valse des vibrions. Comme ce pauvre Dufour, aussi étouffé que son village de Cerizols, aux confins de l'Ariège, dans les collines de Cousterans. Quatorze heures par jour à la peine, ni dimanche ni vacances, pour rembourser 10 000 francs par mois. Et autour, une vie qui agonise: «L'école a dû fermer, le café aussi, le curé n'habite plus là. Les gens d'ici, je les ai vus partir ou mourir.» Comme l'héritage des anciens.

En Bretagne, sur la côte Atlantique

Saint-Nazaire, Loire-Atlantique, 70 000 habitants. Ils ont construit le «Normandie», de Gaulle vint y baptiser le «France». Au Brésil, le bistrot qui jouxte les Chantiers de l'Atlantique, les paroles sont rares.

«Les hommes politiques, vous rigolez, ils gèrent plus rien! Le nouveau seigneur du château, c'est le patron. C'est lui qui nous fait vivre, manger, qui nous habille. C'est lui qui tranche et décide, qui a le pouvoir de vie et de mort. Nous, ce qu'on a besoin, c'est pas des causeurs, mais des professionnels.» O luttes ouvrières, ô barricades, ô Front populaire! La France, par nécessité, a-t-elle changé à ce point? Dans le bistrot enfumé, la nostalgie s'installe. «Avant, on vivait des heures brûlantes. On se serrait les uns contre les autres pour changer la vie. Il y avait la droite, il y avait la gauche. On débrayait pour le Vietnam, pour la Pologne. L'autre jour, pour la Chine, y avait pas 100 pékins dans la rue.»

Le cartel de la drogue, la guerre du Liban, l'explosion du DC 10? Trop compliqué, tranche Dédé. «Je veux qu'on me parle de moi, de mon portefeuille, de mon avenir.» Population recroquevillée, «assise sur son petit cul»: boulot, maison, jardin et, le dimanche, vélo et pêche à la palourde. L'autre patron, c'est la peur: «Elle nous dit: ''Pas de grève, ce serait mauvais pour les contrats.'' C'est vrai: faut pas tuer sa poule et vouloir quand même l'omelette...»

Question de sous: ils ont tous accédé à la propriété. Avec un salaire moyen de 5 000 à 6 000 francs, «pas intérêt à débrayer». Tout devient parcellaire, nombriliste: comme si les ouvriers, eux aussi, découvraient l'égoïsme.

«Aujourd'hui, dit Philippe, qui s'intéresse encore à la lutte des classes? Seule compte la lutte des places.» Missionnaire volontaire en milieu ouvrier, Claude Lohard analyse: «Ces gens vivent dans l'immédiat. La politique les dépasse de cent lieues. Je les crois terriblement résignés.»

Ou «cocufiés»? Après une droite qui les «snobait», Dieu sait s'ils y ont cru, au grand bond en avant socialiste! «En 81, se souvient Jacques, j'ai voté Mitterrand, et j'ai dansé toute la nuit. En 88, j'ai revoté pour lui, mais je me suis couché à 10 heures.» Et puis, ajoute quelqu'un, c'est vrai qu'«il en fiche pas lourd, depuis son second mandat».

Un ouvrier dunkerquois se risque: «J'vais vous dire, moi: il nous a fait ce qu'aucun mec de droite n'aurait jamais osé nous faire!» Hochements de tête, on ne contredit pas.

Le PC? Re-silence. Ptérodactyle englouti à l'ère secondaire, fossilisé. Un lointain descendant, le Lajoinie, survit: «Ne vaut pas un coup de clairon.» Fin du ban. Ouille!

«Finalement, seuls les écolos sont propres, soupire Joseph. Seulement, ils en sont encore qu'au départ. Et puis, enfin, sa place à l'ouvrier, c'est quand même la gauche, non?» Ah, bon.

Et le syndicat? «On adhère de moins en moins, dit Chapron, qui est CFDT. L'idéologie s'amenuise, il faut avoir la foi.» Ou d'autres raisons plus ou moins impérieuses: à Dunkerque, tous les dockers ont leur carte de la CGT, viatique quasi indispensable pour travailler. On balance donc entre les peurs: du patron ou des gros bras du syndicat, au choix; boulot d'abord. Avec cette petite injustice que relève Magré, cégétiste: «Les gens nous jugent beaucoup plus sur ce qu'on a obtenu. En oubliant tout ce qu'on réussit à empêcher.» On évoque, pêle-mêle, les bagarres intersyndicats, qui font trop souvent le jeu de l'employeur; ou le refus de s'identifier à telle ou telle organisation. La preuve: «Y a qu'à voir le tabac que font les coordinations.» Mais alors, qui commande, qui domine? Devinez: c'est le Patron. P majuscule, comme Politique. Usine 89: travail, famille, crédit. Les élus sont déplumés, les ouvriers sont résignés.

En Banlieue parisienne

Réinventer, mais quoi? Quelle relève, quelles idées? Bousculée par le chômage, obsédée par l'emploi, dégoûtée d'une politique conventionnelle «insipide», mais révélant souvent une ignorance crasse des choses de la France, la jeune génération oscille entre un égocentrisme forcené et une aspiration à d'autres schémas. «Trop préoccupés par leur réussite» pour aller même voter, Hélène et Arnaud, deux jeunes violonistes de Levallois-Perret, donneraient volontiers le pouvoir à la «compétence». De grands chefs d'entreprise à l'Economie, de hauts magistrats à la Justice. Bref, des «spécialistes» nommés en dehors de tout critère politique. «Un jour, Lang a fait d'un journaliste lillois le directeur de la Musique. Léotard a accepté la Culture sans rien y connaître. Etait-ce bien leur place?»

«Je ne vois que des gens comme Laguiller ou Le Pen qui aient de la sincérité, qui croient à ce qu'ils disent. Les autres ont l'air de faire un métier, sans vocation.»

Entre les mains graciles défilent les pages de *Rolling Stone.* Arrêt sur image: Isabelle (DESS de gestion à Paris) déploie le magazine: Jacques Chirac est allongé sur un sofa, le journal *Podium* entre les mains... «Dur, non? Voilà à quoi ils en sont réduits pour se concilier les jeunes!» D'un coup de ses ongles vernis, Isabelle égratigne aussi, au passage, sa génération: «Le dernier snobisme en vogue, c'est de dire que la politique vous emmerde.»

Montpellier: dans le Sud-Ouest, près de la Méditerrannée

A Montpellier, nul ne se risquerait à prétendre que les jeunes sont des débiles. Sur 25 000 âmes, la population héberge un cinquième d'étudiants. Vieille tradition: la ville s'apprête à fêter le 700e anniversaire des universités. Et les deux gros bonnets locaux, le maire, Georges Frêche, socialiste, et le président du conseil régional, Jacques Blanc (opposition), ont au moins un désir commun: «récupérer» l'événement. A la tête de l'Agem, l'association des étudiants, Patrick Mennesson «a la haine»: «Tous des brigands. Cyniques et intéressés. Lamentable.» Frédéric Abecassis, futur pharmacien lui aussi, soutient Blanc, mais compte honnêtement les points: «Devant l'immeuble du conseil régional (superbe, conçu par Bofill), il y a un jet d'eau. Le maire s'amuse à le mettre à pleine puissance pour éclabousser les fenêtres du bureau de Blanc. Intéressant, non?» A malin, malin et demi: pour le somptueux feu d'artifice du 14-Juillet, organisé par Frêche devant le même hôtel de région, Blanc a allumé a giorno tous les bureaux, pour annuler l'effet de miroir. Colossale finesse, mesquineries. Morale: il y a toujours un «couillon», le contribuable.

Dans le Midi, pas loin de Marseille

Avignon, chambre des métiers, sortie des cours. Pas de grands problèmes existentiels pour Christophe: il veut être coiffeur, comme son père, voyager et rouler en BMW.

Coup de chapeau à la «force tranquille» élyséenne. Mais un songe, néanmoins: que surgisse «un homme nouveau, nature, sincère, séducteur sans le chercher, pas idéologue, avec un côté héros». La perle rare. «Comme Kennedy, oui, c'est ça, Kennedy.»

Au Nord-Est, près de l'Allemagne

Contraste: de la couleur à la grisaille. Des enfants gâtés aux infortunés. Strasbourg, 18 heures. Dans le train qui vient d'Allemagne, direction Paris, une cinquantaine de permissionnaires, boule à zéro,

Walkman vissé sur les oreilles. «La politique? Désolé, mec, ça m'intéresse pas.» Encaquée dans une vallée de l'Aveyron, comme oubliée des hommes, Decazeville. Les cheminées d'usine ont cessé de fumer, rails rouillés, bâtiments syphilitiques. Noire, sinistre, puant l'ennui. Avant, il y a trente ans, c'était le *Far West,* autour du charbon-roi. Cédric, vingt ans, l'a souvent entendu dire: «Les mecs dansaient le soir, se beurraient la gueule, c'était bourré de putes. Y avait de la vie.» Ils sont là, avachis sur les vieux canapés à fleurs du bar de l'hôtel de France, sirotant une «bibine». A deux pas, inaugurant un nostalgique Salon du mineur où les anciens exposent leurs œuvres, un orateur évoque la bonne vieille «odeur de la houille». Pas un jeune n'est venu: ils s'en tapent. Une seule envie: «Se tirer, vite et bien.» On parle bagnoles, accélérations: «Au moins, avec ça, t'as l'impression d'avancer.» Terrible. «Moi, c'est la musique, c'est là que je me défonce»: Patrick est bassiste dans un groupe, et titulaire, accessoirement, d'un CAP d'électronicien sans usage. Un jour, il «gueulera sa haine sur une scène», c'est juré. Une fois, à bout, il a foncé dans le bureau du maire, le Dr Delpêche, un ancien communiste qui a déchiré sa carte du Parti. Il l'a traité de tous les noms, «parce qu'il fait rien pour nous», et l'élu est resté la tête basse.

«La décentralisation, c'est quoi?»

Près de Bordeaux

Les vignes d'Hubert Bouteiller, à deux pas de Margaux, sont taillées comme un jardin de Le Nôtre. L'homme a de la surface: trois châteaux, dont Lanessan. Un confortable équilibre, à l'image de ce Médoc harmonieux, et le temps de penser. Catholique pratiquant, indigné par le suicide des jeunes, la drogue, les sectes, la «société dépravée», Bouteiller croit à «une morale de terroir», celle qui fait les grands crus: authenticité, qualité, éthique de l'effort. Et à une vraie démocratie, plus éduquée: «Le citoyen est comme le consommateur, il ne peut pas tout savoir. Alors, on le trompe. Le drame du suffrage universel, c'est d'être le moins mauvais système.» Derrière les halliers, au fond du parc, les alezans paissent nonchalamment.

C'est cette sorte d'indifférence quasi bovine qui inquiète Jean-Louis d'Anglade, cartonnier à Abezac, près de Libourne: 300 salariés, un exceptionnel développement, une usine prospère au fond de la campagne. «Nos parents ont connu la guerre, des épreuves. Si notre société devait subir soudain un choc brutal, je pense qu'elle ne pourrait le supporter.» Que Gilbert Mitterrand soit maire de sa ville, Libourne, importe assez peu à Jean-Noël Aubert, instituteur de quarante-huit ans. Il ne milite dans aucun parti, et, s'il est inscrit au SNI, il s'avoue «fatigué» du travail militant, qui «se résume trop souvent à une seule revendication — plus d'argent — au détriment du qualitatif». Non, désormais, s'il s'investit quelque part, c'est auprès des enfants. Il voudrait enseigner l'anglais à ses élèves du primaire, «mais il y a déjà trop à faire pour leur apprendre à lire et à écrire correctement». L'école: un énorme gâchis. «Imaginez une usine où l'on aurait un matériau de base dont près de 50% finirait à la casse.»

Conclusion

Variétés, diversités, mosaïques. Un regard plus distant, quasi unanime, sur la politique politicienne. Les natures s'expriment, spontanées. Avec des formulations parfois géniales, des trouvailles. Mais qu'en pensent les penseurs?

Une première remarque: les riches s'accommodent mieux du système. Sans doute parce qu'ils en profitent, et que la vie leur sourit. Plus de théorie, plus de hauteur: mais le discours intellectuel rejoint le discours de base. «Les politiques et les média dépensent une énergie considérable pour simplifier, note ce trésorier-payeur général, ancien d'un cabinet prestigieux. Or le monde est de plus en plus complexe.»

Pas d'étonnement chez Hervé Le Bras, sociologue: la fin d'un certain concept politique correspond du même coup à un «renouveau». C'est la famille, la première, qui a enregistré la «chute d'autorité»: on y a tout négocié. Puis le phénomène a déteint sur les rapports avec le travail, l'enseignement, et forcément la politique. Une remise en question, un bouleversement général.

Dans ce monde de plus en plus spécialisé, qui connaît quoi? Sur la réforme hospitalière, «une petite élite détient une petite parcelle du pouvoir, et exécute pour les autres». La démocratie est à cette image, même si elle s'exerce en France sous une forme «correcte». «Je vote systématiquement, mais en méconnaissance de cause. Est-on suffisamment éclairé? Moi, non.» Et d'admirer les philosophes du XVIIIe siècle, qui considéraient que la masse des citoyens n'était pas assez informée pour se prononcer. Modestie: Albert Hirsch est l'un des plus grands cerveaux du corps médical.

La République est une grande démocratie et, pourtant, deux cents ans après la Révolution, elle boite. La plongée dans la France profonde révèle une politique à bras-le-corps vécue par les hommes de la charrue, de l'établi, du bureau: ils en donnent une image brute, émaillée de fulgurants enseignements pour ceux qui nous gouvernent. Le langage des élites — les nantis d'une société — n'est pas plus synthétique: il est seulement plus élaboré, plus policé et analytique.

Parfois, de grandes idées surgissent, dictées par la variété des situations ou des observatoires. Ainsi, pourquoi est-ce nécessairement une femme qui parle des femmes? Ancien recteur des universités de Paris, Hélène Ahrweiler pense simplement que ce sont elles «les plus aptes à faire de la politique, telle que je la conçois, parce qu'elles s'intéressent à l'essentiel: la vie dans la cité, la vie au quotidien». Celle qui justifie l'apparition de toutes ces associations, de tous ces groupes, réunis autour d'un «intérêt commun» parce que nous vivons la fin des «ismes». Et que «l'interrogation sans réponse sur l'infiniment grand — où va le monde? — a créé un reflux sur l'infiniment petit: l'individualisme».

Au-delà des joutes nationales, voilà le cadre hexagonal dépassé, inscrit dans une réflexion plus ample. Commissaire adjoint au Plan, inspecteur des Finances, Jean-Baptiste de Foucauld donne sa vraie dimension au débat: «Au début, il y avait des princes et des seigneurs, qui se répartissaient des territoires. Puis il y a eu les idéologies: du communisme au fascisme. Elles ne fonctionnent plus. La démocratie est devenue plus réaliste, moins sublimée. Pour se revaloriser, et de la manière qui convient à la cité, elle doit se poser les vraies questions: le sens de la vie en société. Et le destin, à l'aube de l'an 2000, de notre modèle de développement, de notre civilisation.»

Les Français s'expriment clairement. Il est temps que la politique oublie ses jeux de scène pour relever ces vrais défis.

MINI-GLOSSAIRE

l'à-peu-près *m.* une approximation grossière

accorder donner

accrocher à attacher, cramponner à

affiner rendre plus fin

s'amenuiser devenir plus mince, décroître

arrachage *m.* enlever les plantes, etc.

atone sans vie

avachi à plat, sans énergie

se beurrer la gueule (*pop.*) devenir ivre

boiter marcher avec difficulté

bouleversement *m.* très grand changement

bousculer heurter brusquement

broussaille *f.* végétation touffue et non cultivée

caillouteux avec des cailloux, petites pierres

cartonnier *m.* fabricant de carton

cassure *f.* *cf.* casser, la coupure

causeur *m.* une personne qui cause, parle

charrue *f.* outil d'agriculteur pour préparer la terre

complice qui favorise l'accomplissement

contribuable *m.f.* personne qui paie des impôts

couillon *m.* (*vulg.*) un imbécile

le grand cru un très bon vin

crasse une couche sale

débandade *f.* débâcle

débile idiot

déboires *m.pl.* la désillusion

débrayer se mettre en grève, ralentir

décalage *m.* écart, distance

éfiance *f.* manque de confiance

ddémériter agir de manière à encourir le blâme

dépasser aller trop loin, être trop compliqué

dépeupler *cf.* le peuple; perdre sa population

déployer ouvrir, montrer

désabusé désenchanté

DESS un diplôme avancé

déteindre sur influencer

détenir posséder

éclabousser jeter de l'eau

égratigner faire du mal avec les ongles, blesser

emmerder *(pop.)* ennuyer

émoi *m.* *(litt.)* agitation d'une émotion

enfumé plein de fumée

en méconnaissance de cause sans être renseigné

être endetté avoir des dettes

exigeant difficile

fabrique *f.* où l'on fabrique, crée des objets commerciaux

feu *(m.)* **d'artifice** jeux de lumières

gâchis *m.* perte

galonné décoré, possédant de l'autorité

gérer administrer, régler

gestion *f.* administration

gracile mince et délicat

gueuler *(pop.)* crier

héberger loger

jadis *(litt.)* avant

jet *(m.)* **d'eau** fontaine

jouxter être à côté de

luire briller

Le Nôtre grand dessinateur de jardins au XVIIe siècle

mesquinerie *f.* bassesse, jeu d'enfant *(iron.)*

mollesse *f.* *ant.* la dureté

nanti *(péj.)* un riche

ongles *(m.)* **vernis** *polished (finger)nails*

ornière *f.* le chemin

parcellaire divisé en morceaux; d'un esprit limité

peine *f.* un travail physique dur

les pentes du massif les côtes de la montagne

perçu *(inf.* percevoir*)* vu

poignée *f.* *cf.* le poing; un petit nombre

puer *(pop.)* ayant une odeur forte

recroquevillé replié sur soi-même

relève *f.* remplacement

relever ces défis faire face à la compétition

ronce *f.* un arbuste épineux

scrutin *m.* le vote

se serrer se mettre très près de

subir accepter obligatoirement

tâtonnement *m.* chercher partout sans savoir où

taux *m.* le pourcentage

terroir *m.* la campagne

trancher dire avec certitude

trancher sur contraster à

trouvaille *f.* heureuse découverte

vermine *f.* les insectes parasites — puces, poux, etc.

versant *m.* la pente, côte

verts *m.pl.* écologistes

vider les urnes ne pas voter

D'APRES L'AUTEUR

Complétez les propos suivants dans l'esprit du texte.

1. Le divorce dont on parle ici est une question:
   a. de stress.
   b. d'ennui.
   c. d'âge.
2. On dénote une cassure:
   a. entre les gouvernés et le gouvernement.
   b. entre les continents.
   c. en famille.
3. Le taux d'abstention en France dénote:
   a. un désastre civil.
   b. la paresse nationale.
   c. un sentiment apolitique.
4. La politique est bénéfique pour:
   a. ceux qui ne la pratique pas.
   b. ceux qui la pratique.
   c. personne.
5. Le Front populaire est l'image:
   a. des émois romantiques des ouvriers en lutte.
   b. du désastre politique.
   c. du gauchisme.
6. Les Français sont concernés avec:
   a. eux-mêmes.
   b. leurs proches.
   c. les autres.
7. Les gens de la préfecture ou du ministère sont concernés par:
   a. les questions d'agriculture.
   b. la pluie et le beau temps.
   c. ce qui les intéresse uniquement.

EXPRESSIONS UTILES: VERBES

Formulez une phrase pour chacun des verbes ci-dessous.

provoquer: causer
   L'enracinement des Verts **provoque** un score surprenant d'intentions de vote.

paraître: sembler

Les objectifs de Le Pen **paraissent** clairement définis.

accorder: donner, satisfaire

Avec le relief, le climat, les spécialisations, les mentalités régionales, comment **accorder** tant d'intérêts divergents?

s'avouer: reconnaître qu'on est

Il **s'avoue** «fatigué» du travail de militant.

détenir: posséder

Une petite élite **détient** une grande parcelle du pouvoir.

EXPRESSIONS FAMILIERES

Notez ces expressions familières caractérisant la langue parlée et leurs équivalents dans la langue écrite:

Langue parlée	Langue écrite
cossu	grand, imposant
crever	mourir
les sous	l'argent
bidon	faux
le gros bonnet	la personnalité importante
bourré de	plein de
la bagnole	la voiture

TOURNURES AU FIGURE

Le français s'exprime volontiers par des tournures au figuré. Notez ces expressions concrètes:

avoir le vent en poupe: terme rapporté de la voile. Quand le vent est derrière le bateau, on avance plus rapidement. D'où le sens: être porté vers le succès.

faire bouillir la marmite: Avant, les paysans faisaient la cuisine en mettant tout dans une grosse marmite dans la cheminée. Souvent, ils ne mangeaient pas à leur faim. Il était difficile de trouver du bois et de quoi manger. Donc, l'expression signifie «faire vivre sa famille».

être pris dans l'étau: un étau, c'est un outil de menuiserie (*vise*). Si vous êtes dans un étau, vous êtes pris dans une situation vraiment difficile, sinon impossible!

A VOTRE AVIS

Ces propos caractérisant la société française s'appliquent-ils à la nôtre?
Si oui, jusqu'à quel point? Discutez-les en groupes de deux ou trois.
Puis, rapportez vos concusions à la classe.

1. Une importante majorité (85%) de citoyens sont hostiles envers leurs représentants politiques.
2. Le peuple doute de la sincérité, de l'honnêteté et de la vocation des politiciens de gouverner le pays.
3. Le peuple ne se reconnaît plus dans ceux qui le dirigent.
4. Le monde politique est un théâtre où les politiciens sont de mauvais acteurs, donc ne méritent pas la confiance.
5. Les discours politiques sont ennuyeux et peu sincères.
6. La vie politique intérieure est sans intérêt; à l'extérieur, un bouillonnement marque d'énormes changements dans le monde communiste.
7. C'est la fin des idéologies. Il n'y a pas vraiment de différences entre la gauche et la droite (ou entre les partis libéraux et conservateurs). Un parti ne gouverne pas mieux que l'autre.
8. Il n'y a plus ni grandes peurs ni grandes causes qui puissent mobiliser la société.
9. Les jeunes constituent une génération molle et indisciplinée.
10. Les gens sont devenus narcissiques. Le moi et l'individualisme comptent plus que les grandes causes.
11. Toute société a besoin d'un thème mobilisateur ou d'une grande cause.
12. De plus en plus de gens quittent la campagne et les petits villages pour s'installer dans les grandes villes.
13. Les ouvriers et les agriculteurs ont de plus en plus de difficultés économiques: le niveau de prospérité baisse dans tout le pays.
14. Il est plus facile d'accomplir quelque chose au niveau de la ville ou de la province. Donc, les maires sont plus respectés que les députés et les sénateurs.
15. Les médias n'ont pas aidé les politiciens. Nous ne les connaissons que trop bien, cependant; leurs défauts nous sont très évidents.
16. Les chefs d'entreprise sont plus admirés que les chefs politiques.
17. La crise politique est une crise d'autorité qui se voit également dans la famille, l'enseignement et les rapports dans le travail.

SCENETTE

Jouez le rôle de différents personnages de l'article. Racontez votre histoire en vous basant sur les données de l'article. Inventez des détails supplémentaires pour rendre votre vie plus concrète. Choisissez parmi ces rôles:

Animatrice

Sud-Est:
    Claude Moins, cultivateur
    Louis et Albert, double-actifs

Pyrénées:
    Fernand Pince, montagnard et cultivateur
    Dufour, agriculteur endetté

Bretagne:
    Ouvriers du chantier de l'Atlantique

Paris:
    Hélène et Arnaud, violonistes
    Isabelle, DESS de gestion

Montpellier:
    étudiante
    Georges Frèche, socialiste, président du conseil régional
    Jacques Blanc, opposition

Avignon:
    Christophe

Strasbourg:
    Cédric, 20 ans
    Patrick, bassiste, CAP d'électronicien

TABLE RONDE

Animez une table ronde sur la décentralisation, c'est-à-dire les efforts du gouvernement français à essayer de distribuer, aux régions lointaines, les ressources concentrées à Paris pour arrêter le dépeuplement de la campagne et surtout, celui des régions montagneuses. Chaque équipe de deux personnes prendra le point de vue de sa région pour présenter ses problèmes, dans l'espoir de recevoir plus de fonds de l'Etat. Représentez le maire d'une ville principale de votre région et un député ou un sénateur. Voici les villes/régions à représenter:

Strasbourg

Grenoble

Avignon

Montpellier

Pyrénées

Bordeaux

Bretagne

La Guadeloupe

Paris

5B

Les Elites et la politique

Une enquête récente, sur l'élite au pouvoir, a révélé qu'ils ne sont ni répressifs, ni conservateurs, ni soucieux de protéger leurs privilèges. Au contraire, d'un point de vue social, ils sont progressistes et libéraux.

Qui est membre de cette méritocratie? Peu de femmes! Surtout des banquiers et des **fonctionnaires** (ceux qui travaillent pour l'Etat). Nous apprenons aussi que les allées du pouvoir sont faites de **réseaux** (liens), de codes non écrits et de relations personnelles.

MISE EN TRAIN

1. Etes-vous pour une société hiérarchique ou égalitaire? Les diplômes constituent-ils autant de modes de préjugés et d'oppression? Favorisent-ils les familles riches?

2. Est-ce que les contacts, les clubs sociaux, les réseaux de connaissances sont inévitables? Pour réussir, les personnes que nous connaissons comptent-elles plus que nos connaissances académiques?

ENQUETE SUR LES ELITES

A deux mois de l'élection, comment voient-elles les présidentiables? La société française? Et elles-mêmes? Un sondage dont les résultats vont surprendre.

On croyait tout savoir des élites. On les imaginait facilement conservatrices, pour protéger leurs privilèges, politiquement centristes, barro-rocardiennes par goût du consensus, «munichoises» dans les rapports Est-Ouest par tradition antiguerrière, sûres d'elles-mêmes par leur réussite.

Les préjugés méritaient vérification. *L'Express* a demandé à la Sofres une enquête sans précédent pour en savoir plus. Un échantillon de 400 personnes a été constitué par tirage aléatoire du *Who's Who*. Et les interviews menées par téléphone bousculent sérieusement les idées reçues.

1. Progressistes sur la société

Ces quinze dernières années, le sentiment d'insécurité et les réflexes répressifs ont considérablement gagné dans l'opinion. Ils n'atteignent pas les élites. Elles rejettent ainsi massivement (68%) l'isolement des malades atteints du sida dans des établissements spécialisés, s'opposent au rétablissement de la peine de mort voulu par la majorité des Français et sont plus nombreuses que leurs concitoyens à envisager d'accorder aux immigrés qui résident en France depuis un certain temps le droit de vote aux élections municipales.

Autre surprise, la mise en place d'un revenu minimal garanti — une proposition socialiste — est perçue favorablement par 70% des élites interrogées, pour 24% qui s'y opposent. En matière économique et sociale, c'est, il est vrai, le seul point où la gauche reçoit quelques échos dans les hautes sphères.

2. Favorables au libéralisme, même les hauts fonctionnaires

Moins répressives, voici maintenant les élites plus capitalistes que l'ensemble de l'opinion publique. Elles refusent le rétablissement de l'impôt sur les grandes fortunes (66%), souhaitent plus de sélection à l'Université (79%) — vœu partagé par les enseignants et les chercheurs (70%).

Plus surprenant: la vague libérale a emporté la haute fonction publique. Le protectionnisme cher à certains gaullistes ou à quelques socialistes ne fait plus d'adeptes: 78% de l'échantillon se prononcent contre la sortie du franc du Système monétaire européen, à laquelle seuls 9% sont favorables. L'esprit du capitalisme souffle ainsi dans tous les secteurs d'activité. Les opinions libérales traduisent une conviction plus qu'un intérêt, à l'unique exception de l'impôt sur les grandes fortunes, où l'hostilité domine chez les plus concernés. Le recul du jacobinisme traditionnellement attribué à nos élites tient probablement à ce qu'elles y voient l'une des causes des faiblesses de la France.

3. Inquiètes du déclin de la France

Quelle est la première puissance économique du monde? 82% désignent les Etats-Unis. Le Japon ne recueille que 15% des réponses. Quelle est la première puissance militaire du monde? Ici, les avis se partagent entre les Etats-Unis (48%) et l'Union soviétique (47%). Que cette incertitude justifie le désarmement, les élites sont loin d'en être convaincues, et, ici encore, à l'inverse de l'opinion publique, qui a fini par rallier l'option double zéro. Tel n'est pas le cas chez les dirigeants. L'accord entre les Américains et les Russes sur l'élimination des euromissiles leur paraît mauvais pour la sécurité de l'Europe.

Si le désarmement divise élites de droite et élites de gauche, «l'opinion selon laquelle, depuis un certain nombre d'années, la France est un pays en déclin» recueille, elle, un assentiment assez large. 58% le pensent — un peu (41%) ou tout à fait (17%). Mais l'ampleur du déclin n'est pas identiquement appréciée. Si 54% estiment que la France n'est plus une grande puissance, c'est essentiellement le fait des barristes (67%) et des mitterrandistes (60%), les chiraquiens hésitant bien davantage (pour 50%, nous sommes encore une grande puissance, et 48% sont d'avis contraire).

Club d'élite: un dîner dans le Siècle

Ils sont environ 300 à refuser tout dîner en ville le troisième mercredi de chaque mois. L'air faussement désolé, mais secrètement ravi à l'idée qu'un ignorant puisse les solliciter ce soir-là: «Malheureusement, je suis au Siècle.» Le club du Siècle — institution à l'aura quelque peu mystérieuse — réunit l'élite du pouvoir à la française: décideurs du monde de la politique, de la haute fonction publique, de l'économie, grands noms du journalisme, de la médecine et de l'Université. Le «Tout-Etat» se rencontre sous la houlette du patron de presse Georges Bérard-Quelin, soixante-dix ans, éminence grise de ce Paris-là depuis quarante ans.

Ennemis, concurrents, rivaux laissent au vestiaire de l'Automobile-Club — dont les salons, place de la Concorde, accueillent ce dîner — tout ce qui pourrait rompre la convivialité de rigueur.

A l'apéritif, servi de 20 heures à 20 h 45, chacun rencontre qui il veut: «Vous obtenez dix rendez-vous en un quart d'heure, alors qu'il vous aurait fallu plus d'une semaine, pendu au téléphone», reconnaît un membre. A 20 h 50, les participants, munis de la liste complète des invités (avec fonctions, adresses et numéros de téléphone privés), prennent place à leur table, dont ils ont reçu le plan quelques jours plus tôt. Regroupant sept ou huit personnes, elle est présidée par un membre du conseil d'administration, chargé d'animer la conversation et... de jauger la qualité des convives venus d'horizons divers.

Mais, ici, ni la naissance ni l'argent ne comptent vraiment: seul le pouvoir ou son extrême proximité ouvre les portes de cette société ritualisée. «Chaque article sur nous amène un flot de candidatures. Jamais celles que nous souhaiterions», bougonne Georges Bérard-Quelin. Car ils sont nombreux, dans Paris, à mener de patients travaux d'approche pour tenter d'appartenir au Siècle, créé en 1944 par un groupe d'amis de la Résistance.

Les femmes, à qui de Gaulle accorde le droit de vote quand se crée le Siècle, devront patienter trente-sept ans. Une scène — «pénible», dit-on — de Lucie Faure pour s'inviter avec son mari dans les années 50 les avait écartées. Mais, en 1981, la France abolit la peine de mort, et les femmes sont admises au Siècle. Oh! une dizaine de robes seulement colorent une assemblée où dominent les costumes sombres.

Mais le plat de résistance est constitué par l'examen extrêmement minutieux des nouvelles admissions. L'ensemble du fichier compte, aujourd'hui, environ 500 noms. Parfois, le conseil se trompe: il écartera ainsi Jacques Maisonrouge, président d'IBM France, qui sera rattrapé lorsqu'il prendra la présidence d'IBM, à New York. Les candidats, parrainés par deux personnes, dont un administrateur, sont longuement présentés. Au curriculum vitae, qui doit donner l'espoir d'un parcours durable dans les allées du pouvoir, s'ajoutent obligatoirement des talents d'homme de bonne compagnie: raseurs et excités, passez votre chemin! Les administrateurs votent selon une procédure très sophistiquée, dont on retiendra simplement qu'une voix contre annule deux pour. Le candidat, une fois admis, devra — comme chez les jésuites — effectuer un noviciat: avant d'être membre à part entière, il sera simplement invité, ce qui les dispensera, pour un temps, de régler les 500 francs de cotisation annuelle. Règle récemment adoptée: les membres qui, dans leur vie professionnelle, prennent leur retraite cessent, du même coup, d'appartenir au Siècle.

En réalité, l'annuaire — confidentiel — du Siècle donne une assez bonne idée de l'*establishment* français, où les fonctionnaires et les banquiers occupent une place dominante. Né presque en même temps que l'Ecole nationale d'administration, il a grandi avec elle. Le conseil compte 8 anciens de l'Ena sur 17 membres. Et, au cours du plus récent dîner, il y avait 95 énarques et 37 polytechniciens sur 253 convives!

Imaginer le Siècle comme une «loge» toute-puissante serait faire preuve de naïveté ou de fantaisie romanesque. Mais n'y voir qu'un dîner mondain serait ignorer que la capitale est faite de réseaux, de codes non écrits, de relations personnelles, qui transcendent les frontières trop simples de l'univers politique. Et témoignent de l'homogénéité de l'élite française.

MINI-GLOSSAIRE

annuaire *m.*   recueil publié annuellement avec des renseignements qui varient (numéros de téléphone, adresses)

assentiment *m.*   accord

bougonner (*fam.*)   râler, protester en grognant

bousculer   modifier avec brusquerie

concours *m.*   épreuve où beaucoup de candidats entrent en compétition pour un nombre limité de places

concurrent *m.*   compétiteur

convive *m.f.*   invité/e

convoiter   désirer

cotisation *f.*   frais à payer

de rigueur   obligatoire

désoler   regretter beaucoup

écarter   mettre de côté

échantillon *m.*   spécimen

éminence grise *f.*   le conseiller intime et secret

s'enraciner   s'établir

fichier *m.*   document informatique

filière *f.*   chemin, les degrés d'une hiérarchie

fonction *f.*   poste professionnel

haute fonction publique   hautes situations du gouvernement

jauger de (*litt.*)   juger de

mensuel   par mois

muni de   ayant

parcours *m.*   chemin, destin

parrainé par   sponsorisé dans un club pour en faire partie

pendu à   suspendu, accroché à

raseur (*fam.*)   personne qui ennuie

ravi   très heureux

régler   payer

repérer   trouver

sous la houlette de   sous la conduite de

se tarir   disparaître

tirage (*m.*) **aléatoire**   choisis au hasard

«Tout-Etat»   toutes les personnalités importantes de l'Etat

vestiaire *m.*   où on met les manteaux, écharpes, chapeaux, etc.

D'APRES L'AUTEUR

Complétez les propos suivants dans l'esprit du texte.

1. *Who's Who* a interviewé:
    a. quatre cents personnes au hasard.
    b. n'importe qui.
    c. des personnes qu'ils ont choisies.
2. Depuis quelques années l'élite se sent:
    a. en pleine forme.
    b. inquiète.
    c. malade.
3. L'élite veut:
    a. l'établissement de la peine de mort.
    b. l'isolement des malades atteints du sida.
    c. le non-établissement de la peine de mort.
4. L'élite approuve:
    a. un salaire minimum.
    b. le rejet des immigrés.
    c. des impôts élevés.
5. Le protectionnisme est cher aux:
    a. gauchistes.
    b. gaullistes.
    c. communistes.
6. Pour appartenir au Siècle, il faut:
    a. appartenir au groupe de la Résistance en 1944.
    b. être au centre du pouvoir.
    c. être patient.
7. Le Siècle comprend surtout des:
    a. médecins.
    b. banquiers.
    c. jésuites.
8. Il faut être:
    a. poli.
    b. raseur et excité.
    c. causeur.
9. Au Siècle, les femmes constituent:
    a. une majorité.
    b. une dizaine.
    c. 10% des membres.

EXPRESSIONS UTILES

Retenez ces verbes qui veulent dire, grosso modo, «penser.» Utilisez chaque expression dans une phrase.

s'opposer à: faire obstacle à, être contre
> L'élite **s'oppose au** rétablissement de la peine de mort.

envisager: *cf.* le visage; imaginer comme possible, prévoir
> L'élite **envisage** d'accorder aux immigrés le droit de vote.

être convaincu: être sûr
> L'élite est loin d'**être convaincue** que cette incertitude justifie le désarmement.

songer à: réfléchir à la possibilité
> La vague libérale a emporté la haute fonction publique, si l'on **songe** que 65% des hauts fonctionnaires sont favorables à la privatisation.

estimer: croire
> 54% **estiment** que la France n'est plus une grande puissance.

NOTES CULTURELLES

Bien des expressions s'expliquent par la réalité socio-politique ou historique à laquelle elles se réfèrent. Notez ces adjectifs:

gaulliste: tenant de Charles De Gaulle.

mitterrandiste: suivant Mitterrand, président de France depuis 1981, socialiste.

chiraquien: soutenant Jacques Chirac, maire de Paris, RPR, gaulliste et centriste.

énarque: diplômé de l'ENA, Ecole nationale d'administration.

polytechnicien: diplômé de l'Ecole polytechnique.

Et également:

Déclaration des droits de l'homme: charte de 1789.

rang de sortie: résultat à l'examen, évaluation de son travail scolaire.
> Les grandes écoles dont l'admission est très stricte donnent aussi à chaque étudiant un rang de sortie. Le système scolaire français est élitiste.

A VOTRE AVIS

Commentez ces propos dans l'esprit de l'article par groupes de deux ou trois. Puis rapportez vos conclusions à la classe.

1. L'élite est en général conservatrice.
2. Je pense que les malades atteints du sida devraient être isolés dans des établissements spécialisés.
3. Je suis pour le rétablissement de la peine de mort.
4. Les immigrés qui résident dans un pays depuis un certain temps devraient tous pouvoir voter (sans être citoyen).
5. Je suis pour un revenu minimum garanti pour tout le monde.
6. La France n'est plus une grande puissance.
7. Politiquement, je suis conservatrice (libérale).
8. Mon pays, comme la France, est une méritocratie.
9. Chez moi, la réussite résulte de la compétence, des diplômes, de son travail, non pas des relations, de la chance et de l'argent.
10. Il n'y a pas une seule façon d'être «le meilleur».
11. L'intelligence, pas plus que la naissance, ni la richesse, ne confère des droits absolus.
12. Appartenir à un club importe énormément. Ceux ou celles qui n'y appartiennent pas — telles les femmes ou les personnes d'origine étrangère — montent rarement les rangs du pouvoir.

SONDAGE

Formez des groupes de trois ou quatre personnes et discutez ces questions. Choisissez une personne pour rapporter vos conclusions à la classe. Puis tirez des conclusions sur l'avis de toute la classe concernant la notion d'élites.

1. Qui fait partie de l'élite dans notre société?
2. Qui devrait en faire partie?
3. Personnellement, qui respectez-vous le plus? (Pour vous, qui est membre de l'élite?)
4. Les Américains sont-ils contre toute idée d'élites (de hiérarchies)?
5. Les élites sont-elles nuisibles à une société? Pourquoi, ou pourquoi pas?

IMPROVISONS!

Le club du Siècle vous invite à leur dîner mensuel pour considérer votre candidature. Avec une autre personne, jouez à l'improviste les situations suivantes. Changez de partenaire après chaque situation. Jouez les rôles suivants:

1. Un général de l'armée, homme autoritaire et rigide qui respecte par-dessus tout l'ordre public, est un nouveau candidat. Pendant l'apéritif avant le dîner du Siècle, il interroge M. Bérard-Quelin, ancien résistant et fondateur du Siècle, sur des actes terroristes que M. Bérard-Quelin est censé avoir commis contre les Nazis en France. Le général trouve tout acte terroriste horrible et injuste.

2. Une femme juge (et membre du Siècle) considère la candidature du président d'IBM, qui trouve que puisque les femmes sont parfois hystériques, elles ne devraient pas occuper de hauts postes de responsabilité dans les affaires. Imaginez la discussion.

3. Une banquière considère la candidature d'un mathématicien brillant qui est chercheur au CNRS. Mais malheureusement les manières de table de ce génie sont... exécrables! (Il est d'origine canadienne.)

4. Le P.D.G. d'une grande entreprise considère la candidature d'une journaliste marocaine. Mais cette journaliste réputée ne veut pas devenir membre si son mari ne peut pas l'accompagner.

5. Un grand violoniste, reconnu dans le monde entier comme un artiste de marque, a finalement accepté de venir à une réunion du Siècle où l'on considère sa candidature. Mais il ne sait pas s'il s'intéresse vraiment à devenir membre du groupe, puisqu'il passe tout son temps à pratiquer son violon et à faire des concerts dans le monde entier. Essayez de le persuader d'accepter l'invitation du Siècle.

DEBAT

1. Société hiérarchique ou égalitaire?
   a. Platon a eu raison: pour qu'une société soit bien gouvernée, on a besoin de «rois-philosophes»: l'élite intellectuelle devrait gouverner.
   b. Non, Marx a eu raison: l'idée d'une élite tient de l'idée du privilège, un privilège qu'on ne mérite pas. Toute élite — de naissance, de société, d'intelligence — est injuste.

2. Dans les écoles, nous devrions accorder plus de ressources aux élèves les plus doués (l'élite) au lieu de ramener tout le monde au même niveau. Notre système est trop égalitaire.

5c

Les Gens
sans domicile

A Paris, comme dans d'autres grandes villes, il existe de plus en plus de nouveaux pauvres, des **sans domicile fixe**, c'est-à-dire des **sans-abri** (habitants de la rue). Ce ne sont plus que des clochards, mais de plus en plus souvent ce sont des chômeurs qui ne reçoivent plus d'aide financière, des jeunes sans emploi, des parents **démunis** (sans argent), et même des enfants **laissés pour compte** (abandonnés).

Ces nouveaux exclus de la société sont difficiles à **chiffrer** (compter) — peut-être 25 000 à Paris. Que font-ils? Ils **mendient** (demandent la charité), ils **font les poubelles** (cherchent dans les ordures), couchent dans les centres d'hébergement fournis par des bénévoles ou dans la rue. Ils ont des **combines** (solutions) pour se débrouiller. Ils ont parfois des diplômes. Alors, ils travaillent **au noir** (sans déclarer leur travail à l'Etat). En cas de maladie, ils ne sont pas soignés, sauf **urgence absolue** (un très grand besoin). Et là, il faut présenter des **justificatifs** (preuves) indiquant qu'ils sont sans abri.

Les sans domicile fixe sont effectivement coupés de la société. Ils ont peu de chances de **se tirer d'affaire** (s'en sortir). On pourrait leur **verser** (payer) des millions sans résultat. Même des offres d'embauche ne résolvent pas toujours le problème. Il faut rompre le cycle en étant disponible **au bout du fil** (au téléphone), et leur faire recommencer leur **scolarité** (études), bref en les réintégrant dans le système.

Avons-nous tous une responsabilité envers les «sans domicile fixe»? La société devrait-elle pourvoir chaque citoyen avec un logement convenable et offrir une chance que cette personne puisse gagner sa vie ou non?

AVANT DE LIRE

Combien de personnes interviewées ont réussi à quitter la rue? Comment faire sortir les sans-abri de leur prison? Lisez rapidement l'article et indiquez si l'avenir des sans-abri est prometteur ou non.

TROUVEZ LE MOT JUSTE: ANTONYMES

Trouvez le sens contraire de chaque expression dans la colonne A.

A	B
croiser quelqu'un	calmes
être **confiante**	sale
rester **propre**	manquer
de grands yeux **ahuris**	méfiante
la précarité	renoncer à
exiger	la stabilité

VOCABULAIRE CONTEXTUEL

Déchiffrez les expressions indiquées d'après leur contexte.

1. Ils cherchent de la nourriture, **un recoin** pour dormir.
2. Confiants, malgré tout: «**Cette poisse** ne va pas durer; on ne peut pas tomber plus bas qu'ici.»
3. Tous les soirs d'hiver, deux camions **sillonnent** les rues de la capitale.
4. **Les bénévoles** distribuent un bol de soupe.
5. Pour se laver, ils utilisent **le robinet** de la station-service voisine.
6. Le visage d'Isabelle porte **une balafre**. «Mon père me donnait des coups», explique-t-elle.
7. L'insertion. Seule une association **s'y attelle** vraiment.

prisonniers
de la rue

«Sans domicile fixe»: un reportage télévisé; un enfer au quotidien. Pour en sortir, souvent l'argent ne suffit plus.

Paris, place de l'Odéon, au cœur du Quartier latin. Une jeune fille dit: «J'ai mangé du jambon, avec du pain. C'était bon.» Elle dit aussi: «Ma plus grosse angoisse, c'est de ne jamais m'en sortir. Il y a toujours un moment où on craque.» Elle a dix-neuf ans, vit dans la rue, dort dans le métro. Estelle est une exclue, comme on dit. Un «nouveau pauvre».

Combien sont-ils? Quelques milliers, selon la mairie de Paris. De 20 000 à 30 000, affirment les responsables de Médecins du monde. Difficile à chiffrer. Les sans domicile fixe («SDF») échappent aux statistiques. Ni clochards ni indigents, ils sont décidés, pour beaucoup d'entre eux, à préserver leur dignité. Jeunes sans emploi, chômeurs en fin de droits, parents démunis, enfants laissés pour compte, ils n'auraient jamais dû se retrouver à la rue. C'est là que vous les croisez, pourtant. Ils marchent, visage fatigué, avec parfois un sac en plastique à la main. Cherchent de la nourriture, un recoin pour dormir ou une douche. Connaissent les soupes populaires, les vestiaires et les centres d'hébergement.

Voici Roger, quarante-six ans, ancien garçon de café, au chômage depuis deux ans: il «n'a rien dit à ses trois sœurs», refuse de mendier, fait les poubelles du XVIe arrondissement pour revendre, à Belleville, ce qu'il y trouve de monnayable. Voilà quatre adolescents, venus à Paris chercher un boulot, qui ont 1 franc en commun. La nuit, ils couchent à l'intérieur d'un wagon-lit, dans une gare de triage. Confiants, malgré tout: «Cette poisse ne va pas durer; on ne peut pas tomber plus bas qu'ici.» A qui le tour? Une famille entière: Daniel, Monique et leur fils, Olivier, six ans. Ensemble, ils dorment sous un porche d'immeuble ou, les grands jours, dans une chambre d'hôtel. Sans certificat de domicile, Olivier ne peut aller à l'école. Et puis, il y a Gaby, ex-chauffeur routier. Qui se rase, tous les matins, au bord d'une mare artificielle, dans les jardins du Trocadéro.

Devant la caméra, Estelle parle lentement, allume une cigarette, sourit un peu. Manger? C'est peut-être le plus facile — personne ne meurt de faim, en France. Dormir? Ce n'est pas trop compliqué: la nuit tombée, il y a toujours le métro, quand on connaît la combine. Non, le plus dur, c'est de rester propre. Prendre une douche, laver ses vêtements. Et sortir, à tout prix, du cercle vicieux: sans feuille de paie, pas de logement; sans logement, pas d'emploi stable. Une mécanique qui transforme la rue en prison.

Tous les soirs d'hiver, depuis 1982, deux camionnettes sillonnent les rues de la capitale. Les bénévoles distribuent un bol de soupe, avec du pain, un morceau de fromage et du pâté. Il faut le voir pour le croire. Isabelle est venue exprès, place de Clichy. Pour «boire du chaud». A dix-huit ans, elle vit dans une maison abandonnée, près de la capitale, avec Thierry, son copain. Pour se laver, ils utilisent le robinet de la station-service voisine. Le visage d'Isabelle porte une balafre. «Mon beau-père me donnait des coups, explique-t-elle. J'ai quitté la maison, il y a deux ans.»

Pas de boulot, malgré un CAP de comptabilité («Ou alors, payé au noir»). Pas de papiers d'identité — on les lui a volés, une nuit, pendant son sommeil. Les renouveler? «Le timbre fiscal coûte trop cher, sans parler du Photomaton. Et puis, pour quoi faire? On n'a droit à rien, nous.»

C'est fou: ils disent tous ça. Le revenu minimum d'insertion (2 000 francs par mois, pour les plus de vingt-cinq ans), ils pensent que ce n'est pas pour eux. Comment raisonner autrement? Même les hôpitaux refusent de les soigner, sauf urgence absolue. Remplir une demande d'aide médicale? Il faut, pour cela, présenter une douzaine de justificatifs — et prouver que vous êtes sans domicile fixe. Compter de trois à six mois. Ces gens sont coupés de la société. Coupés de leur propre passé. Au journaliste qui tend la main pour dire au revoir, ils opposent de grands yeux ahuris: d'ordinaire, les «logés» ne leur serrent jamais la main. «Les exclus sont exclus», résume Véronique Ponchet, de Médecins du monde. Qui précise: «Si un homme est à la rue depuis plus de deux ans, vous pouvez lui verser des millions, ça ne sert pas à grand-chose. Il faut le réintégrer dans le système.»

L'histoire de «Sans domicile fixe» semble lui donner raison. Car le film a été diffusé une première fois, au printemps, sur Canal +, chaîne productrice. Dans les jours qui ont suivi, des téléspectateurs ont envoyé de l'argent et, parfois, des propositions d'emploi. Seule Estelle, aujourd'hui standardiste à Canal +, s'est vraiment tirée d'affaire. Roger n'a pas répondu aux offres d'embauche. Quant à la famille, à la suite d'une véritable mobilisation, elle a reçu plus de 50 000 francs (dépensés en quelques mois). La mère s'est vu proposer un poste de femme de ménage; le père, celui de gardien. Olivier a commencé sa scolarité. Mais tout s'est mal passé. «Ils ne comprenaient pas pourquoi il fallait se laver tous les jours ou manger à table», explique une amie. Deux mois plus tard, ils sont retournés à la rue. C'est ainsi. On ne remet pas les gens debout du jour au lendemain.

L'insertion. Seule une association, qui souhaite demeurer anonyme, s'y attelle vraiment. Fondée il y a trois ans, elle est composée de six «intervenants». Chacun d'eux va dans les rues, à la rencontre des SDF. Et établit, au fil des mois, des relations d'amitié et de confiance. Ils aident, plus tard, à trouver du travail et un logement — un vrai, payant — si le SDF en exprime le besoin. «Leur donner de l'argent, souligne un animateur, c'est les conforter dans leur précarité. Pour rompre le cycle, il faut, en quelque sorte, prendre son temps. Rapprendre la vie en société. Ce qui exige, de notre part, d'être toujours disponibles au bout du fil. Jour et nuit.» En trois ans, ce travail a incité un quart des sans domicile à réadopter un rythme de vie stable. La «prison» s'est entrouverte...

MINI-GLOSSAIRE

ahuri stupéfait

s'atteler à se mettre sérieusement

balafre *f.* coupure (cicatrice au visage)

bénévole *m.f.* personne travaillant gratuitement

camionnette *f.* petit camion

centre (*m.*) **d'hébergement** un endroit où on peut coucher gratuitement

chauffeur (*m.*) **routier** conducteur de gros camions qui fait de longs trajets

clochard *m.* personne qui vit sans travail ni domicile dans une grande ville

comptabilité *f.* *accounting*

diffuser émettre un programme de radio ou de télévision

embauche *f.* l'emploi

exclue *f.* une femme en marge de la société

exiger obliger

femme de ménage femme qui range et nettoie

feuille (*f.*) **de paie** preuve de salaire

gare (*f.*) **de triage** une gare où l'on sépare et regroupe les wagons

inciter encourager

insertion *f.* l'intégration sociale

intervenant *m.* personne qui agit en sa faveur

mairie *f.* administration municipale

monnayable ce qu'on peut vendre ou acheter avec de l'argent

poisse *f.* (*fam.*) malchance

recoin *m.* un coin caché

robinet *m.* tuyau dans les toilettes, d'où sort l'eau

serrer la main à saisir la main pour saluer comme signe de les accepter

sillonner traverser en tous sens

timbre (*m.*) **fiscal** ce qu'il coûte pour renouveler les papiers

vestiaire *m.* comme l'Armée du Salut; on y donne des vêtements aux pauvres

D'APRES L'AUTEUR

Indiquez si les propos ci-dessous sont vrais ou faux selon l'auteur.

1. Estelle est l'exemple du nouveau pauvre sans domicile fixe.
2. Les nouveaux pauvres sont difficiles à déchiffrer. Ils sont dignes.
3. Ils dorment dans le métro.
4. Ils n'ont souvent pas de papiers d'identité, parce que les timbres fiscaux sont trop chers.
5. Pour sortir de prison, il faut s'adapter à la vie sociale.

EXPRESSIONS UTILES

Complétez les phrases suivantes par les expressions qui conviennent:

à la suite de: après, à cause de

à la rencontre de: pour rencontrer

à tout prix: coûte que coûte

au fil de: au cours de

quant à: en ce qui concerne

1. Il faut aller dans la rue _____ SDF.
2. _____ la famille, elle est retournée dans la rue.
3. _____ une mobilisation, la famille a reçu 50 000 francs.
4. Il faut établir des relations d'amitié _____ ans.
5. Il faut _____ sortir du cercle vicieux.

NOTES CULTURELLES

le XVIe arrondissement: Paris se divise en vingt arrondissements qui se sont développés historiquement du centre (Ier) vers l'extérieur (XXe) en spirale. Le XVIe arrondissement est un quartier chic, près de l'Arc de Triomphe, à l'ouest de Paris.

Photomaton: une machine faisant automatiquement des photos.

Canal +: une chaîne de télévision câblée.

A VOTRE AVIS

Qu'en pensez-vous? Commentez ces propos par groupes de deux.

1. Les SDF sont des paresseux qui pourraient trouver du travail, s'ils le voulaient.
2. Bien des SDF sont des ivrognes et devraient être traités avec dureté.
3. Dans toute société, l'existence des clochards est inévitable. Certaines personnes seront toujours exclues de la société.
4. Une société productrice s'explique mieux en utilisant le modèle darwinien: l'initiative de certains exige l'échec de certains autres, tels les SDF.
5. C'est aux organismes bénévoles, tels que les églises et l'Armée du Salut, de s'occuper des SDF.
6. La société doit obliger les malades mentaux à rester dans un asile.
7. Les SDF ne font de mal à personne. Ils sont contents comme ça. Ils veulent la liberté, c'est tout.
8. Notre justice devrait être celle des faibles, pas seulement celle des forts. Les SDF sont des faibles.
9. Ce n'est pas juste que les contribuables (ceux qui paient les impôts) travaillent dur pour subvenir aux besoins des SDF.

IMPROVISONS!

Vous êtes SDF à Paris. Chômeuse en fin de droits, vous venez de perdre votre appartement à Toulouse. Vous cherchez une nouvelle vie à Paris, et vous savez que le gouvernement socialiste offre gratuitement beaucoup d'avantages aux habitants. Mais dans chaque cas, on vous demande une feuille EDF (Electricité de France; quittance ou facture d'électricité) comme preuve de votre domicile à Paris. Evidemment, vous n'en avez pas une. Dans chaque cas, essayez de persuader les gens à qui vous vous adressez qu'ils devraient ignorer le règlement et vous servir quand même. Jouez les situations à deux; changez de partenaire après chacune.

1. Demandez une carte d'abonné à la bibliothèque du quartier.
2. Essayez de vous inscrire comme membre d'une piscine municipale. Après tout, vous avez besoin de vous tenir propre! Et vous voulez bien payer les cent francs d'abonnement pour devenir membre.
3. Eurêka! Coup de chance! Vos parents vous envoient une grosse somme d'argent. Vous allez suivre des cours de recyclage, mais, pour

ne pas dépenser trop rapidement cet argent, vous continuez à habiter la rue. Pour ne pas vous faire voler, vous décidez d'ouvrir un compte en banque. Parlez-en avec quelqu'un qui travaille dans la banque.

TABLE RONDE

Animez une discussion au sujet du problème des «Sans Domicile Fixe» sous forme d'une table ronde. Choisissez parmi les points de vue ci-dessous:

Animatrice

SDF:

Jeune fille, dix-neuf ans, vit dans la rue et dort dans le métro

Clochard

Jeune de quatorze ans, maltraité et abandonné par ses parents

Chômeuse, trente ans

Retraité pauvre, soixante-cinq ans

Famille (Daniel, Monique et Olivier, six ans)

Actifs:

Médecin affecté à un hôpital; ne veut pas soigner les SDF

Institutrice

Maire socialiste

Grand-mère, soixante ans, qui déteste les SDF

Ouvrier qui les trouve paresseux

Milliardaire et nouveau riche, qui trouve que les SDF sont de mauvaise volonté

Agriculteur qui trouve que les SDF n'ont qu'à travailler dans une ferme

DEBAT

Le phénomène des SDF est un scandale. La société moderne a la responsabilité de fournir à chaque habitant un hébergement et un emploi, ou bien une indemnisation de l'Etat, faute de pouvoir travailler.

SOCIETE PLURIELLE

A   Etre immigré

B   Etre juif

C   Etre musulman

De Jeunes Collégiens apprennent en collaboration

6A

Etre immigré

En France, le nombre d'étrangers, dont certains sont clandestins, c'est-à-dire sans **titre de séjour** (comme un passeport), ne cesse de croître. D'où viennent-ils? Du Sud méditerranéen en grande partie, et maintenant aussi de l'Europe de l'Est. Quelques-uns fuient des guerres civiles. Mais la majorité cherche une meilleure vie matérielle.

La vie d'un **immigré** (déjà en France depuis quelque temps) ou d'un **immigrant** (qui a immigré récemment) clandestin est dure. Il est facile de travailler («**bosser**») **au noir** (sans payer ni **impôts** ni sécurité sociale). On peut facilement trouver un job, un boulot avec un salaire bas et des horaires allongés. Les immigrés clandestins peuvent ouvrir un compte en banque (touriste), ouvrir un **commerce** (comme un magasin), et même faire un aller et retour dans leur pays d'origine, s'ils font attention. Mais sans **carte de séjour** (permis temporaire), on ne peut pas recevoir de services sociaux, faire **inscrire** (écrire sur une liste pour faire entrer) son enfant à l'école publique ou passer son **permis de conduire** (pour conduire un véhicule). Il faut aussi éviter à tout moment les contrôles policiers. Les immigrés venus de pays pauvres font un travail **ingrat** (désagréable), mais posent des problèmes sociaux aux autorités françaises.

1. Un pays a-t-il le droit d'essayer de garder sa «pureté» nationale? De limiter le nombre d'étrangers qui désirent s'y installer? De renvoyer les immigrés illégaux — sans titre de séjour — dans leurs propres pays? (Le Front national, parti extrémiste de droite, pense que oui.)

2. Un pays a-t-il la responsabilité de s'occuper des immigrés clandestins? De leur trouver un logement et un revenu garanti, qu'ils travaillent ou non? De leur garantir une rémunération juste en fonction de leur travail? Bref, de leur garantir les mêmes droits et avantages que reçoivent les citoyens d'une société (études, sécurité sociale, soins médicaux, etc.)?

AVANT DE LIRE

En lisant cet article, essayez de déterminer à quel point la société française accepte la différence culturelle et raciale. Que pensez-vous des statistiques sur le mariage «mixte» en France et aux Etats-Unis? Comment les auteurs définissent-ils «mixte»?

VOCABULAIRE CONTEXTUEL

Essayez de trouver le sens des mots indiqués selon leur contexte. Proposez un synonyme, un exemple ou une définition (en français) des expressions soulignées.

1. Manque de chance, il a loupé d'un petit mois la grande régularisation des étrangers, décidée en 1981. Il sera donc clandestin.

2. Au bout de onze mois, c'est le contrat oral. Sauf que, passé le délai, le patron fait le mort. Omar ne se démonte pas. Il saisit un avocat et porte le contentieux devant le tribunal.

3. Le patron a été condamné à 100 000 francs d'amende. Il lui en a versé la moitié tout de suite.

4. Il sort très peu. Cependant, il est allé au Maroc en train. Ici, il fait quelques balades, mais en taxi, pour éviter les contrôles dans le métro.

5. Une fois il s'est fait interpeller par les policiers. Ils ont découvert qu'il n'était pas fiché, puis ils l'ont laissé partir.

6. Puisqu'il ne fume pas, ne boit pas, ne fait pas la noce, Omar a vite retrouvé un job.

7. Pour la santé? Un petit bobo, et il va chez un médecin.

DU BOULOT, PAS DE PAPIERS

Depuis 1982, Omar vit et travaille sans titre de séjour. Les contrôles? Il a appris à les éviter.

Ça fait sept ans qu'Omar est en France. Sept ans qu'il travaille au noir dans la région parisienne. Sept ans qu'Omar n'existe pas. Ni dans les registres de la Sécurité sociale ni sur les *listings* des impôts. Une prouesse? Un parcours du combattant? Pas vraiment. Omar, vingt-six ans, arrive très tranquillement du Maroc en septembre 1982 par l'Espagne et par le train, via Irun. Direction Paris. En toute légalité: il a un visa tourisme sur son passeport. Manque de chance, il loupe d'un petit mois la grande régularisation des étrangers décidée en 1981. Il sera donc clandestin.

Il l'est toujours. Et ça ne l'empêche pas de gagner sa vie. Bien au contraire. Il a même, aujourd'hui, assez d'économies pour ouvrir un commerce. «Un restaurant, ça me plairait bien. Et, sur l'endroit, j'ai déjà ma petite idée!» dit-il tout sourire. En fait, l'aventure avait plutôt mal commencé. Grâce à son oncle déjà installé en France, il trouve un petit boulot de débardeur de cageots du côté de Garges-lès-Gonesse. Payable au noir (800 francs par mois), ça va de soi. Et, au bout de onze mois, c'est le contrat oral. Sauf que, passé le délai, le patron fait le mort. Omar ne se démonte pas. Il saisit un avocat et porte le contentieux devant, eh oui... le tribunal des prud'hommes. «J'avais des témoins, explique Omar. Et le patron a été condamné à 100 000 francs d'amende. Il m'en a versé la moitié tout de suite. Et

j'ai aussitôt ouvert un compte touriste dans une banque. Mais j'attends toujours le reste!» Ces 50 000 francs, il n'ose pas les réclamer faute d'un titre de séjour. «J'ai peur, dit-il, d'aller me renseigner à la préfecture.»

La peur, Omar s'y est habitué. De Saint-Denis, où il habite maintenant, il sort très peu. Encore qu'il ait fait un aller et retour au Maroc. Toujours en train: «C'est moins surveillé, question papiers.» Et quelques balades, mais en taxi, pour éviter les contrôles du métro. Une fois, il s'est fait interpeller en sortant d'une pizzeria. «Les policiers m'ont emmené dans la fourgonnette. J'ai été très gentil, très poli et j'ai expliqué que j'avais oublié ma carte de séjour à la maison. Ils ont vérifié que je n'étais pas fiché, puis ils m'ont laissé partir.» Puisqu'il ne fume pas, ne boit pas, ne fait pas la noce, Omar a vite retrouvé un job. Dans un restaurant algérien à Pierrefitte. Toujours au noir: 4 500 francs mensuels pour des journées qui commencent à 8 h 30, s'arrêtent à 19 heures et reprennent de 21 heures jusqu'à minuit. Toute la semaine sauf le dimanche. Toute l'année sauf le mois d'août. Chômé, mais pas payé.

Boulot, télé, dodo. Ou presque. Au service social de la mairie de Saint-Denis, Omar a appris le français: «Toi, je te comprends bien. Mais pas les Arabes. On dirait qu'ils parlent à l'envers!» Pour la santé? Pas de problème. Un petit bobo, et il va chez un médecin, qu'il règle *cash*. Lorsqu'il a eu son «accident du travail», une grosse entaille à la main, direction l'hôpital, au service des urgences. On l'a soigné et recousu. Il a donné sa vraie adresse. Et réglé sa note par chèque. «Normal, les docteurs ont bien bossé!»

Il faut dire que la situation d'Omar, toujours tout ce qu'il y a de clandestin, s'est bien améliorée. Voilà un an, il s'est marié à la mairie de Saint-Denis, et sa femme possède une carte de séjour. Il gagne les sous du ménage, elle sert de couverture. Depuis que sa petite fille est née, il a donc quitté l'appartement de ses beaux-parents, demandé et trouvé un F 2 au nom de son épouse. «J'ai presque tout, dit-il, pas peu fier: la machine à laver, le magnétoscope et, bientôt, Canal + !»

Le bonheur? N'exagérons rien! Car, maintenant, Omar le voudrait bien, son titre de séjour. Il veut s'installer en France, passer son permis de conduire, avoir une voiture. «Ça fait mal au cœur d'être coincé. De pas pouvoir sortir, se méfier de tout!» Son rêve? Son grand rêve?: «Ah! mon frère, je voudrais tant visiter l'Allemagne. On dit que c'est joli, que c'est propre, que c'est coquet!» En fait, Omar le clandestin souhaiterait surtout avoir des copains. D'avoir raconté son histoire, ça l'a mis en liesse. «Jamais ça m'arrive!» s'exclame-t-il, en payant une tournée générale. «C'est ça qui compte! Les papiers, au fond, je m'en fiche!»

Quels indésirables?

A chaque fin de siècle sa panique. Le spectre qui hante l'Europe, ce serait donc celui des étrangers. Au comptoir des bars, mais aussi au plus haut niveau de l'Etat, on évoque, anxieux, impuis-sant, fataliste, l'implosion de l'Est européen et l'explosion probable du Sud méditerranéen. Ces migrations, «*boat people*» algériens ou «pieds-rouges» de Roumanie, qu'il va falloir accueillir tôt ou tard. Dur à dire, ici et maintenant en France, mais c'est ainsi: la peur de l'autre gagne du terrain.

Qui sont-ils, ces indésirables qui frappent aux portes des cités? Une partie des 3,5 millions de résidents étrangers — chiffre officiellement stable depuis 1982 — qui sont renvoyés d'une mairie à l'autre? Non. Le dernier rapport OCDE du Système d'observation permanent des migrations invite, dès la première ligne, à regarder la réalité en face. La fermeture des frontières depuis 1974 ne résiste pas à un changement de conjoncture majeur: «La croissance soutenue de l'activité économique confirme l'amorce d'une reprise des flux de nouveaux immigrés depuis 1983.» Dans la plupart des pays industriels. Citons, pour mémoire, les 280 000 Allemands de l'Est passés en RFA.

Survivre

L'emploi suit, mais pas le logement. Aussi les centres provisoires d'hébergement, dont l'Etat a confié la gestion à France Terre d'asile, sont-ils littéralement pris d'assaut: plus que 38 places disponibles. Et, pour mémoire, en 1988, les seuls demandeurs d'asile originaires de Turquie — le plus gros contingent — étaient déjà 6 735! Vendredi dernier, une famille turque, désespérée de ne pas trouver de lits, faisait même du tapage devant le siège de l'association, passage Louis-Philippe, à Paris. Du coup, cela ne s'invente pas, l'association humanitaire demandait l'intervention des forces de l'ordre!

Limiter à quelques semaines la réponse définitive donnée aux actuels 60 000 demandeurs d'asile (moins de 2 000, en 1973), qui sera à 70% négative, ne résoudra que peu de chose. «Tout juste peut-on dissuader certains de ceux qui se préparent au départ vers la France», explique Gaye Salom, directrice de la Maison des travailleurs de Turquie. Car les migrants ne migrent pas le cœur léger. Les Tamouls fuient une guerre civile endémique au Sri Lanka. Les Haïtiens, aussi, bien que, depuis la chute de Bébé Doc, ils ne puissent plus prétendre à l'asile.

«Beaucoup d'Africains, explique Jacques Barou, chercheur au CNRS, arrivent en France au bout d'un très long périple de deux ans. Après avoir travaillé aux Canaries, dans les pêcheries, puis en Andalousie et en Catalogne, dans les plantations.» Une fois à bon port, on se bat coûte que coûte pour rester.

Quelques réussites foudroyantes, mais beaucoup de destins durs. Cette Portugaise réfugiée d'Angola a choisi la France, il y a trois ans, parce que son mari, alcoolique, la battait et pour que ses deux filles s'en sortent. Maria a quarante-cinq ans. On lui refuse le renouvellement de sa carte de séjour. Brisée, elle vient demander secours au Relais. En faisant des ménages au noir, Maria gagne 2 500 francs et paie 1 800 francs de loyer pour une pièce, où ils vivent maintenant à cinq. Faute de titre de séjour longue durée, l'école publique a refusé ses filles, qui sont allées dans le privé. Payant. Maria sanglote.

Soyons justes. L'intégration à la française n'est pas un fiasco. Passer, sans drame majeur, de moins de 100 000 Maghrébins résidents en 1946 à 1 500 000 maintenant n'était quand

même pas une mince affaire. Et les 16 lois, 79 décrets, 62 arrêtés et 220 circulaires promulgués sur le sujet, entre 1981 et 1986, ont permis de faire beaucoup. Même si le pourcentage des jeunes immigrés dans les filières scolaires de relégation tend à croître (17% en 1987, pour 12% en 1982), ils sont de plus en plus nombreux à suivre un deuxième cycle long. «Oui, une élite politico-économique se dégage aujourd'hui, explique Catherine Withold de Wenden, directrice de recherches au Ceri [Centre d'études et de recherches internationales]. Des commerçants entrepreneurs jouent le rôle de notables intermédiaires, symbolisant l'image de la réussite.» Profil exemplaire du «beurgeois»: l'eurocrate franco-maghrébin Mohamed Taha Mellouk, l'un des créateurs du CAIE (Conseil des associations d'immigrés en Europe), censé représenter, au Conseil de l'Europe, une «23e nation», celle des 13 millions de migrants.

Autre indice d'intégration peu souligné: les mariages mixtes. En France, ils étaient 6,4% en 1982; ils sont aujourd'hui 8,7%, soit 23 252, dont plus de 25% avec des Maghrébins. Alors que, aux Etats-Unis, les unions interraciales n'excèdent pas 1%! A l'évidence, l'exaltation anglo-saxonne du droit à la différence ne favorise pas forcément les mélanges. La preuve par la RFA: seuls 9 Turcs — oui 9, pas même 10, quand ils sont 1,5 million outre-Rhin — ont acquis leur naturalisation, en 1987, par le truchement d'un mariage mixte!

Que la France n'aie pas à rougir de son modèle, c'est probable. En revanche, le vieux dispositif d'encadrement associatif des années 70 s'est grippé, bureaucratisé, jusqu'à perdre beaucoup de son utilité.

actuel   présent

amende *f.*   contravention, argent à payer en cas de tort

amorce *f.*   le commencement

balade *f.*   promenade

beurgeois   *cf.* bourgeois; le beur (*fam.*) = personne née en France de parents immigrés de l'Afrique du Nord

cageot *m.*   caisse, grande boîte

cela va de soi   c'est évident

coincer   bloquer

au comptoir   près de la caisse, debout au bar

confier   donner

conjoncture *f.*   situation qui résulte d'une rencontre de circonstances

coquet   qui cherche à plaire d'une façon affectée au sexe opposé

couscous *m.*   plat de l'Afrique du nord

coûte que coûte   peu importe le prix

croissance *f.*   développement

débardeur *m.*   celui qui décharge un véhicule de transport

se dégager   se manifester

se démonter   se déconcerter

le dispositif d'encadrement associatif   l'aide des associations

embaucher   engager qqn pour travailler

faire du tapage   faire du bruit

faute de   sans

fiché   mis sur une fiche, repéré par la police

filières (*f.*) **scolaires**   l'école

foudroyant   spectaculaire

fourgonnette *f.*   petite camionnette

gestion *f.*   administration

hébergement *m.*   logement

impôts *m.pl.* **(sur le revenu)**   ce qu'on paie à l'Etat de son salaire

indice *m.*   signe

inscription en faculté   c.-à-d. comme étudiant universitaire

en liesse (*litt.*)   montrant sa joie

magnétoscope *m.*   *VCR*

main-d'œuvre *f.*   ouvriers non qualifiés

notable   personnalité importante

parcours *m.*   trajet

pêcherie *f.*   où on prépare les poissons qu'apportent des pêcheurs

pensionnaire   personne couchant et mangeant dans un petit hôtel

prouesse *f.*   acte remarquable

prud'homme *m.*   décide des disputes entre employeurs et salariés

réclamer   demander avec force

recousu   *cf.* coudre; soigné

regardant   qui regarde à la dépense; difficile

régler   payer

restauration *f.*   le travail dans les restaurants

siège *m.*   bureau principal

société de maintenance   entreprise qui fournit le nettoyage

soutenu   continu

une tournée générale   des boissons pour tout le monde

tribunal *m.*   la cour

truchement *m.*   le procédé malhonnête

D'APRES L'AUTEUR

Après avoir lu l'article, indiquez si ces propos sont vrais ou faux.

1. Etre clandestin en France, c'est très facile.
2. Ce sont les employeurs qui se font attraper.
3. Les immigrés sont indésirables, parce qu'on n'a plus la place de les héberger.
4. La France a plus d'immigrés qu'aucun autre pays.
5. Il y a beaucoup moins de Maghrébins en France maintenant qu'en 1946.
6. La plupart des pays industriels accueillent maintenant beaucoup d'immigrés de pays en voie de développement.
7. L'auteur pense que les associations d'encadrement pour aider les immigrés ne servent pas à grand-chose.

EXPRESSIONS UTILES: TRANSITION

Utilisez chaque expression dans une phrase.

grâce à: à l'aide de, au moyen de
   Grâce à son oncle déjà installé en France, il trouve un petit boulot.

donc: ainsi
   Il a **donc** quitté l'appartement de ses beaux-parents et trouvé un F 2 au nom de son épouse.

car: puisque
   N'exagérons rien, **car** maintenant Omar le voudrait bien, son titre de séjour.

en fait: en effet, effectivement
   En fait, Omar le clandestin souhaiterait surtout avoir des copains.

au fond: essentiellement
   Les papiers, **au fond**, je m'en fiche!

en revanche: par contre
   En revanche, le vieux dispositif d'encadrement s'est bureaucratisé jusqu'à perdre beaucoup de son utilité.

EXPRESSIONS FAMILIERES

Notez les équivalents entre la langue parlée (les expressions familières) et la langue écrite.

Langue parlée	Langue écrite
louper	manquer
faire la noce	mener une vie dissipée
dodo (langue enfantine)	le sommeil
les sous	les francs
(100 sous = 1 centime;	
100 centimes = 1 franc)	
Les sous n'existent plus.	
recaler	faire échouer à un examen
se faire de la bile	s'inquiéter
bosser	travailler
le listing	le document informatique
régler cash	payer comptant

NOTES CULTURELLES

préfecture: Tous les services administratifs d'un département de France; la ville où siège cette administration. C'est le gouvernement régional.

Hexagone: Sur une carte, la terre de France a la forme d'un hexagone, d'où le nom: c'est la France en Europe sans la Martinique et la Guadeloupe (deux départements français aux Antilles).

rectorat: l'administration d'une région de l'éducation nationale. En France, le programme, toutes les classes et les grands examens, comme le bac, sont standardisés et contrôlés au niveau national. Les écoles sont plus ou moins pareilles partout en France.

maître auxiliaire: professeur qui enseigne temporairement à la place d'un professeur titulaire. Il y a très peu de places de professeur titulaire à l'université en France; le système est très hiérarchique.

un deuxième cycle long: au lycée, période de la seconde à la terminale (de l'âge de 15 ans à l'âge de 18 ans environ). Beaucoup d'étudiants arrêtent leurs études à l'âge de 14 ans, c'est-à-dire avant le deuxième cycle.

un F 2: un appartement de deux pièces. Les logements en France sont assez petits.

SCENETTE

Racontez votre histoire! Formez des groupes de quatre. Deux personnes raconteront les histoires suivantes. Les deux autres membres du groupe leur poseront des questions par la suite.

1. Omar, Marocain, clandestinement en France depuis sept ans.
2. Maria, Portugaise, réfugiée d'Angola, en France depuis trois ans.

A VOTRE AVIS

Formez des groupes de trois ou quatre et commentez ces propos. En-suite, rapportez les résultats de vos discussions à la classe.

1. En général, une société a le droit de déterminer à qui elle accordera la citoyenneté: on a le droit de limiter le nombre d'immigrants de tel ou tel pays.
2. Les habitants de pays pauvres ne sont pas obligés de rester là. Ils devraient avoir le droit d'essayer de s'installer dans un pays plus riche.
3. Les victimes de répressions idéologiques (politiques ou religieuses) ont le droit de chercher asile dans un autre pays plus tolérant.
4. Puisque les Etats-Unis sont un pays d'immigrés, nous n'avons pas le droit de refuser l'entrée à tous les immigrants qui veulent s'y établir.
5. La base de l'intolérance est surtout économique. Nous avons plus de préjugés contre les pauvres que contre les membres d'une autre race.
6. Le capitalisme est responsable de la présence d'étrangers illégaux qui font un travail ingrat pour une rémunération inférieure. Même les habitants ne veulent pas faire ces besognes.
7. Aujourd'hui, la conjoncture internationale du monde des affaires rend inévitable les migrations. Nous sommes obligés de les accepter.
8. Le préjugé résulte de la peur plus que de l'ignorance.
9. C'est inévitable. Forcément, les peuples du Sud vont quitter leurs pays surpeuplés et pauvres, pour venir s'installer dans les pays riches et moins habités du Nord.

10. L'ONU devrait établir une cour internationale limitant:
    a. l'oppression idéologique.
    b. la torture.
    c. les taux élevés de naissance.
    d. le nombre d'immigrés légaux dans un pays donné.
    e. toute incidence d'immigration illégale.
    f. toute incidence de préjugé résultant d'une différence de race, de religion ou de culture.
11. Il y a maintenant trop de guerres et de misère dans le mond et donc je suis devenu indifférent au malheur.
12. Il nous faut essayer de rester calmes. Il y a suffisamment de place et de ressources dans les pays riches pour les partager avec les moins fortunés.

TABLE RONDE

Que faire pour résoudre le problème des immigrés illégaux? Proposez des solutions. Jouez le rôle des experts en équipes de deux personnes. Discutez vos idées à deux avant de les présenter à la table ronde. Posez-vous des questions après un exposé de trois ou quatre minutes par équipe.

1. Membres du Front national, parti politique archiconservateur: Il faut les renvoyer tous dans leur propre pays. Ils volent l'emploi et les ressources des vrais Français!
2. Aristocrates: Tous les étrangers corrompent la pureté de notre sang. Nous ne voulons pas que nos enfants se marient avec eux!
3. Communistes: Les richesses d'un pays se trouvent dans le travail du peuple, pas dans les matières premières ou l'or. Puisque les immigrés travaillent plus dur que les Français, ils enrichissent notre patrimoine national.
4. Prêtres: Dieu aime tous les peuples et toutes les races. Les étrangers sont nos frères et sœurs.
5. Immigrés clandestins
6. Enfants d'immigrés clandestins
7. Professeurs d'histoire à la Sorbonne: La notion d'une race pure n'existe pas. Chaque nation a été colonisée par de nombreux peuples différents.
8. Ouvrier au chômage
9. Vieille femme qui apprécie le travail ingrat fait par les immigrés: Puisqu'ils balaient les rues, Paris est plus propre. Les Français sont trop fiers pour faire un travail pareil.

6B

Etre juif

La communauté juive en France est partagée entre une assimilation complète ou la réaffirmation d'identité. A la Révolution, les juifs ont reçu les mêmes droits et devoirs que les autres citoyens — à condition de soutenir l'Etat français. Ces Français juifs, tels les Rothschild, ont choisi l'insertion dans la société française et ont joué un rôle important dans les hautes sphères du pouvoir.

Maintenant, avec la grosse déception causée par le gouvernement qui **a trahi** (a abandonné) les juifs pendant la Deuxième Guerre Mondiale, où la population juive a diminué d'un tiers, beaucoup d'entre eux se voient comme des juifs français avec Israël comme **patrie** (leur propre pays). Bon nombre d'entre eux ont immigré de l'Afrique du Nord après la perte des colonies françaises (les Séfarades, à l'inverse des Ashkénazes de l'Europe centrale qui voulaient une assimilation discrète). Ces Méditerranéens voulaient affirmer leur identité par la préservation de leur culture et par l'éducation juive.

L'antisémitisme récent du Front national et de Le Pen inquiète tout le monde. Les juifs ont joué, et continuent à jouer, un grand rôle dans la culture et l'histoire françaises. Il est naturel de la part des juifs français de vouloir faire vivre une culture juive, qui fait partie de l'histoire officielle de la France.

137

1. Comment vous définissez-vous? Par votre nationalité? Votre culture? Votre religion? Souffrez-vous d'un manque d'identité, comme certains juifs français?
2. Au nom de la tolérance, est-ce une bonne idée de supprimer son identité nationale, culturelle et religieuse? (Le creuset, le «*melting pot*» caractéristique des Etats-Unis?) Ou bien d'affirmer sa différence, au nom de son identité personnelle?

AVANT DE LIRE

Certaines phrases sont longues et compliquées du point de vue syntaxique. Pour les comprendre, il faut pouvoir relever les sujets, les verbes, les compléments et les propositions. Indiquez la structure syntaxique de ces deux phrases en identifiant ces éléments:

1. Ce renouveau, né, à la fin des années soixante-dix, de la décomposition du gauchisme (dans lequel nombre de jeunes intellectuels juifs firent leurs classes souvent en rupture totale à l'égard de leur judaïsme), a un but: faire vivre une culture juive enfouie sous l'histoire officielle de la France.
2. David de Rothschild, qui a remplacé son père à la tête de FSJU — et qui aime rappeler qu'il faut contre-attaquer fermement: «Je me sens très bien, en diaspora.»

TROUVEZ LE MOT JUSTE: PREFIXES

Une connaissance des préfixes peut vous aider à déchiffrer le sens des mots. Indiquez la signification de ces mots:

1. Les préfixes **re**, **ré** (+ une voyelle) ou **r** (devant la lettre «a») indiquent la répétition, l'insistance ou l'inversion (souvent *re* en anglais). Devinez le sens des mots suivants:
   reprendre, **re**venir, **ré**adapter, **ré**installer, **r**ajouter, **r**acheter
2. Les préfixes **in** ou **im** (+ b, m, p) ou bien **il** (+ l) et **ir** indiquent le sens contraire. Donnez la signification de ces mots:
   inculture, **in**complète, **im**passe, **im**parfait, **il**lettré, **ir**réfléchi
3. Les préfixes **mé** ou **més** (devant une voyelle) indiquent la notion de «mal» ou «mauvais». Que veulent dire:
   méconnaissance, **mé**dire, **més**entente, **més**aventure

ETRE JUIF EN FRANCE AUJOURD'HUI

Une diaspora de 600 000 personnes. Pas tout à fait une communauté. Car, deux siècles après la Révolution, qui les a émancipés, ses membres restent partagés: assimilation définitive ou réaffirmation d'identité?

Comment vivre son judaïsme en France, pays des droits de l'homme, qui a émancipé les juifs, mais en a envoyé 80 000 au génocide un siècle et demi plus tard? «Le débat a toujours existé, mais nous n'en avons jamais discuté officiellement. Il n'apparaît qu'à l'occasion d'événements», précise Théo Klein, président du Conseil représentatif des institutions juives de France (Crif). Aujourd'hui, il revient plus franchement. A l'initiative des juifs. Et à l'occasion de débats sur un événement fondateur, la Révolution. Dans le sillon de 1791, les «Français israélites» apportèrent pendant plus d'un siècle la première réponse historique: l'assimilation. Choix dramatiquement trahi par Vichy. Après la guerre, le rapport passionnel à Israël a souvent servi d'identité de rechange. A présent, la solidarité avec l'«Etat juif» ne suffit plus. D'où le retour au débat original: «Français juifs ou juifs français?», pour reprendre le thème symptomatique d'un récent colloque organisé par le centre Rachi.

Le pari social des «israélites» consistait à accepter les célèbres conditions posées par le comte de Clermont-Tonnerre en 1791: «Refuser tout aux juifs comme nation et accorder tout aux juifs comme individus.» L'intégration républicaine. Tout comme individus: mêmes droits, mêmes devoirs. Les juifs ont donné à la France une partie des meilleurs produits de la promotion scolaire et universitaire, et ils ont largement payé leur tribut à l'hécatombe patriotique de 14–18. Rien comme nation: d'où la grande discrétion de leur judaïsme, devenu simple confession, relégué dans la sphère privée. La IIIᵉ République marque l'âge d'or de ce «franco-judaïsme». Le dicton yiddish sur les juifs «heureux comme Dieu en France» attire des milliers d'immigrés ashkénazes d'Europe centrale. L'adhésion aux valeurs républicaines, contre le particularisme collectif, fut une réussite, malgré la persistance d'un antisémitisme violent et l'affaire Dreyfus. Mais les israélites interprètent celle-ci de façon positive, en insistant sur son dénouement.

Cette assimilation des «juifs de la République» s'est brisée avec Pétain: l'antisémitisme doctrine d'Etat. La plupart ne peuvent y croire, tels ces petits commerçants de Paris qui affichent leurs médailles de 14–18 sur leurs vitrines pour protester de leur statut de citoyens français. Avant de se rendre à l'évidence, souvent trop tard, lorsque la police française commence à faire le travail des nazis. Il y avait près de 300 000 juifs en 1939. Et 185 000 à la Libération... La confiance en la France, auparavant totale, s'est, pour beaucoup, perdue.

Revient-elle après la guerre? Deux événements ont permis de contourner la réponse: la naissance d'Israël et le rapatriement des juifs d'Afrique du Nord. Depuis 1948, chaque juif vit avec un nouvel horizon: une patrie destinée à le recevoir s'il le souhaite. Ou, au moins, une issue de secours en cas de problème. Cet Etat sans pareil, à la fois proche et lointain, a servi de pôle identitaire, permettant pendant de longues années de moins s'interroger sur le rapport à la société française. D'autant plus que cette référence devient gratifiante: les succès d'Israël lors de la guerre de Six Jours, en 1967, constituent un tournant. «Un renversement de l'image négative du juif qui baisse la tête pour prendre des coups», précise Théo Klein. Les sociologues datent de cette époque le ralentissement des transformations de patronymes juifs... Mouvement de fierté principalement animé par les nouveaux juifs de France: les 300 000 Séfarades rapatriés du Maroc, de Tunisie et surtout d'Algérie. Une autre présence, plus populaire. Un style — l'exubérance méditerranéenne, sa cuisine, ses cris, sa musique — qui tranche avec la discrétion, péniblement acquise, des Ashkénazes. Et leur rappelle ce qu'ils ont perdu. Ces derniers arrivés restent attachés aux rites et à la synagogue (Paris comptait 4 boucheries kasher en 1962: il y en a 70 actuellement). «Ces juifs déstabilisateurs venus du dehors n'ont pas connu la thématique de 1789 et ne comprennent pas toujours ce judaïsme calfeutré», précise Shmuel Trigano, l'un des plus brillants intellectuels issus de cette nouvelle vague. La coexistence n'est pas toujours facile. Mais, petit à petit, les Séfarades prennent leur place dans les organisations juives. Avec un thème de rassemblement: faire du soutien à Israël un principe. En en rajoutant parfois, présentant l'Etat juif comme un «Etat prophétique», le seul convenant à l'expression du judaïsme. «L'israélomanie a longtemps servi d'ersatz du sionisme. Ce qui permet de n'être vraiment ni juif ni français, situation très confortable!» note Alex Derczansky, maître de recherche au CNRS, spécialiste en linguistique yiddish.

Politique de l'autruche? L'idée effleure sûrement ceux qui s'inquiètent depuis quelques années en dressant l'état des lieux: le petit monde des «structures représentatives» est un arbre qui cache le désert. Il ne concerne qu'une minorité de «juifs conscients», tous les autres étant largement, quoique à divers degrés, assimilés. De nombreuses appellations leur sont réservées: «juifs détachés», «perdus», «égarés», «honteux», «indifférents». C'est un autre tabou: «On parle peu de ces juifs éloignés, parce que cela mettrait en jeu la représentativité des juifs officiels», précise Salomon Malka, directeur de Radio-Communauté. Malgré ses 600 000 membres, la communauté ne donne pas l'image d'une grande vitalité. Il n'y a dans aucune ville de France de quartier juif équivalant à ce qui existait en Afrique du Nord ou subsiste encore aux Etats-Unis. Moins de 20% des juifs se disent pratiquants plus ou moins réguliers. Les trois grandes institutions (le Crif, le Consistoire et le FSJU, Fonds social juif unifié) ne touchent, épisodiquement, qu'un juif sur huit... Et le FSJU, qui connaît des problèmes financiers croissants, ne déclare que 20 000 donateurs...

La «communauté agissante», très diversifiée, concerne en fait moins de 200 000 personnes: 25 000 suivent les rites de façon étroite, choisissant une forme de ghetto, environ 100 000 traditionalistes mangent régulièrement kasher, 75 000 autres se bornant à fêter Kippour et parfois à proscrire le porc à table. Les 400 000 restants, la grande majorité, ne se distinguent en rien, se préoccupant «comme d'une guigne de leur judéité à éclipse», selon l'expression d'Annie Kriegel.

«Quand la discrimination n'oblige pas le juif à se rappeler son identité, il ne tient plus qu'à lui de vouloir la conserver, précise Alex Derczansky. Et il faut bien constater l'émergence d'une communauté à deux vitesses: une minorité de forte affirmation identitaire et une majorité dont l'assimilation tranquille est une réalité croissante.»

Ce renouveau, né, à la fin des années 70, de la décomposition du gauchisme (dans lequel nombre de jeunes intellectuels juifs firent leurs classes, souvent en rupture totale à l'égard de leur judaïsme...), a un but: faire vivre une culture juive enfouie sous l'histoire officielle de la France.

Que conserver? Simple lorsqu'elle était réduite au débat entre antisémites et philosémites, l'affirmation juive paraît plus difficile quand il s'agit de savoir pourquoi l'on veut se sentir juif. Et d'éviter le scepticisme d'un Bernard Frank: «Comme tous les juifs français, je suis imaginairement juif et réellement français.» Chacun a sa définition personnelle, invoquant la généalogie, l'histoire, la religion, la Shoah, l'ambiance familiale, les Textes. Identités qui, selon les cas, sont représentées par le grand rabbin, le Crif ou le FSJU. Le Consistoire étant de plus en plus perçu comme une survivance napoléonienne archaïque. La culture familiale reste la voie la plus sûre de cet héritage ininterrompu, ainsi que l'écrit Albert Memmi: «La famille juive sauve le juif comme une oasis dans le désert.» «On reconnaît un juif non à ses parents, mais à ses enfants, à ce qu'il transmet», précise Jacques Attali.

Diagnostic partagé par ceux — notamment le grand rabbin — qui font du dogme du mariage entre juifs l'une des règles essentielles de la tradition. Réaction, selon eux, urgente: les mariages mixtes, associant juifs et non-juifs, connaissent un développement foudroyant. Un mariage sur deux, voire sept sur dix à Marseille... Cette polémique n'est pas toujours bien comprise à l'extérieur de la communauté: n'y a-t-il pas là une forme de ségrégation à l'envers? Ne faudrait-il pas, au contraire, se réjouir de savoir qu'il y a de plus en plus de juifs dans les familles chrétiennes? Polémique violente, qui divise une communauté percluse de contradictions: autrefois, les israélites tant critiqués se mariaient davantage entre eux, et aujourd'hui les Séfarades sont plus touchés par les mariages mixtes que les Ashkénazes. Autre paradoxe: la plupart des notables de la communauté n'ont pas respecté la tradition! Et, si les mariages mixtes s'accompagnent incontestablement d'une disparition plus rapide de l'identité chez les enfants, cela est moins vrai lorsque le père est juif!

La crispation sur les mariages juifs et le retour aux Textes constituent finalement les éléments les plus visibles du renouveau. «Ce qui m'inquiète, dans cette affirmation néo-identitaire, c'est son tribalisme, qui n'a pas d'autre issue que l'autoconservation, la réduction du judaïsme à un particularisme et la pente intégriste, précise Alain Finkielkraut. J'y vois plus une crise d'identité qu'une renaissance. Ce que l'on trouve dans les Textes, c'est qu'il y a dans le message juif autre chose que la perpétuation du juif.»

«Les juifs sont face à un défi: être capables de montrer la pertinence de leur message», ajoute Shmuel Trigano.

MINI-GLOSSAIRE

accorder donner

afficher mettre

auparavant avant

calfeutrer fermer

colloque *m.* congrès, réunion

crispation *f.* le repli

défi *m.* compétition

dénouement *m.* la fin

dicton *m.* le proverbe

donateur *m.* personne donnant de l'argent

en dressant en établissant

effleurer toucher légèrement

à l'envers de l'autre côté

épisodiquement de temps en temps

foudroyant très grand

guigne *f.* (*fam.*) malchance

hécatombe *f.* grand massacre

une issue de secours sortie

notable *m.* qui occupe une situation sociale importante

particularisme *m.* l'attitude de conserver son autonomie

perclus de paralysé par

pertinence *f.* caractère approprié

la promotion scolaire les diplômés annuels d'une école

rapatriement *m.* le renvoi dans le pays d'origine

rassemblement *m.* l'union

de rechange de remplacement

sillon *m.* la suite (trace d'un bateau)

trahir dénoncer, abandonner

trancher contraster

vitrine *f.* fenêtre d'un magasin

voire en effet

D'APRES L'AUTEUR

Complétez les propos ci-dessous d'après l'article.

1. On a envoyé au génocide:
   a. 8 000 juifs.
   b. 80 000 juifs.
   c. les protestants.
2. Les conditions posées par le comte Clermont-Tonnerre en 1791 étaient:
   a. envoyer les juifs en Israël.
   b. leur refuser tous les droits.
   c. l'intégration républicaine.
3. Le dicton yiddish sur les juifs, c'est:
   a. heureux comme Dieu en France.
   b. tristes à pleurer.
   c. heureux comme des poissons dans l'eau.
4. Pétain avait une doctrine d'Etat:
   a. d'antisémitisme.
   b. d'intégration.
   c. d'élimination.
5. Les rapatriés en France viennent surtout:
   a. d'Arabie Saoudite.
   b. des Etats-Unis.
   c. du Maroc et d'Algérie.
6. Dans la communauté, l'image d'Israël:
   a. se désintègre.
   b. se renforce.
   c. n'existe plus.
7. La communauté comporte:
   a. le pays entier.
   b. 600 000 membres.
   c. tous les juifs.
8. La plus grande communauté juive se trouve:
   a. en France.
   b. au Japon.
   c. aux Etats-Unis.
9. Quel juif se sent étranger en Israël?
   a. le rabbin Sitruk.
   b. Guy de Rothschild.
   c. Moïse.

10. Les mariages juifs:
    a. ne sont autorisés qu'entre juifs.
    b. sont de l'auto-conservation.
    c. sont de plus en plus rares.
11. Le nombre de juifs pratiquants s'élève à:
    a. 2% de tous les juifs.
    b. 20%.
    c. 82%.
12. La plupart des juifs français:
    a. habitent un ghetto.
    b. mangent régulièrement kasher.
    c. sont indifférents aux traditions juives.

EXPRESSIONS UTILES: VERBES

Formulez une phrase pour chacune des expressions ci-dessous.

consister à: comporter, se définir par, être
Le pari social des israélites **consistait à** accepter les célèbres conditions posées en 1791.

constater: rendre compte au moyen de ses yeux ou de ses oreilles
Il faut bien **constater** l'émergence d'une communauté à deux vitesses.

préciser: dire de façon précise
«Nous avons un texte à protéger et à faire connaître», **précise** Jacques Attali.

invoquer: faire appel à, appeler à l'aide, avoir recours à
Une minorité ose **invoquer** un doute supplémentaire.

constituer: former, composer
Les succès d'Israël, lors de la guerre de Six Jours en 1967, **constituent** un tournant dans l'histoire du Moyen-Orient.

contourner: *cf.* le tour; passer autour, éviter
Nous avons dû **contourner** l'obstacle qui se présentait à nous.

insister sur: souligner, mettre l'accent sur
Les israélites interprètent cela de façon positive, en **insistant sur** le dénouement.

A VOTRE AVIS

Discutez ces propos en groupes de deux ou trois. Puis, rapportez vos conclusions à la classe.

1. Au nom de la nation, il faut exiger que chaque groupe donne la priorité à sa langue et à sa culture nationale. L'idée du *«melting pot»* est bien supérieure à celle du bilinguisme.

2. C'est une bonne idée de ne pas cacher ses convictions personnelles (être croyant ou athée, chrétien ou juif, communiste ou politiquement conservateur, par exemple).

3. Personne n'a vraiment de préjugés contre les juifs. La plupart des gens ne peuvent pas reconnaître si une personne est juive ou non.

4. On devrait se marier avec une personne de la même race, religion et nationalité.

5. Pour moi, il est incompréhensible de faire partie d'une sub-culture qui prescrit des règles strictes, comme celles des traditionalistes juifs qui mangent kasher.

6. Je pense que l'antisémitisme est mort et ne posera plus jamais de problèmes.

7. Il est possible d'être attaché à un pays et à son origine culturelle ou religieuse en même temps.

8. La notion d'identité juive se perd.

9. Il faut mettre les grandes fêtes juives sur le calendrier officiel. Si on fête Pâques, il est naturel de fêter Yom Kippour également.

10. Les juifs, comme les chrétiens, devraient bien connaître leur tradition religieuse.

11. La tolérance s'apprend le plus facilement quand on est jeune. Il faut des écoles où chaque groupe racial et ethnique soit présent.

12. Nous accordons trop d'importance à la liberté d'expression. Notre société ne devrait pas tolérer des propos nuisibles à un autre groupe culturel. Des actes ou même des paroles antisémites ne devraient absolument pas se permettre.

13. On devrait interdire les groupes politiques comme le Ku Klux Klan ou le parti néo-nazi.

Discutez ces questions en groupes de trois ou quatre. Ensuite, rapportez vos conclusions à la classe.

1. Les juifs sont-ils une race à part?
2. S'assimiler à la masse, se conformer aux normes de ses supérieurs et de la majorité, est-ce un choix dramatique et forcé pour les juifs? Pour vous?
3. Israël, est-ce le dernier point de rattache pour les juifs? Est-ce la dernière caractéristique de leur identité?
4. Si vous rencontriez une personne juive par hasard, et vous ne le saviez pas, changeriez-vous votre attitude? vos propos?
5. Avons-nous l'esprit étroit ou ouvert lorsqu'il s'agit d'accepter quelque chose de différent, d'inconnu?
6. Les juifs sont fiers d'être juifs, mais ils cachent prudemment leur identité. Est-ce dû à la pression que les autres font sur eux? Et vous, cachez-vous vos convictions religieuses ou politiques?
7. Est-ce vrai ou non que nous constituons une société multiculturelle? Expliquez.
8. Préférez-vous être avec des gens qui vous ressemblent, ou bien avec ceux qui viennent d'un milieu culturel ou socio-économique complètement différent?

DEBAT

1. Sur le patrimoine culturel:
   a. L'idée d'un patrimoine culturel se perd. Nous ne connaissons plus les grandes dates historiques, ni les chefs-d'œuvre de la littérature, ni les grands textes religieux. Il faut exiger que chaque enfant lise les chefs-d'œuvre de sa tradition religieuse et culturelle. Sinon, nous perdrions tout souvenir de notre passé culturel.
   b. Non, «le canon» des textes traditionnels est une liste d'auteurs qui privilégie les Européens de race blanche. Il est temps de connaître le reste du monde.

2. L'intégration ou une société multiculturelle?
   a. La tolérance résulte d'une acceptation mutuelle de l'autre. Pour cela, il faut être fier de son identité culturelle; il faut mettre en relief la différence entre individus.
   b. Non, il est dangereux de ne pas faire ce que la Révolution française a fait aux juifs: accorder tous les droits aux individus, et demander que chaque groupe culturel partage la langue, les traditions et les valeurs de son pays d'adoption. Il vaut beaucoup mieux être un «Français juif» qu'un «juif français».

6c

Etre musulman

Le deuxième **culte** (religion pratiquée) en France, après le catholicisme, c'est l'islam. Ceci est tout naturel, vu le nombre d'immigrés
d'origine **musulmane** (islamique), surtout des **maghrébins** (habitants
du Nord-Ouest de l'Afrique) mais aussi des communautés d'origine
turque, sénégalaise et pakistanaise. Bon nombre de ces immigrés **se
réclament du** (suivent le) Prophète (Mahomet) et parlent arabe. Si peu
d'entre eux vont à l'**office** (une cérémonie religieuse) et disent les cinq
prières quotidiennes, c'est parce qu'il existe peu de **mosquées** (sanc-
tuaires islamiques) en France. Chez ces immigrés souvent **margina-
lisés** (exclus de la société), ceux qui sont croyants, voire **pieux** (très
religieux), saisissent clairement la distinction entre le bien et le mal et
réalisent d'énormes progrès à l'école. Comme Voltaire, l'auteur de cet
article recommande la pratique d'un culte religieux pour le bien-être
de la société.

1. Pourquoi existe-t-il tant de musulmans en France maintenant? Quelles raisons historiques expliquent leur présence? Quels pays la France a-t-elle colonisés?

2. Que pensez-vous de l'idée que la religion est un recours en temps de difficulté, et que la religion musulmane servira à équilibrer la jeunesse maghrébine, souvent pauvre, au chômage, délinquante et marginalisée?

AVANT DE LIRE

Le premier paragraphe résume souvent la thèse et les idées principales d'un article ou d'un chapitre. Résumez l'idée essentielle de ce paragraphe. Expliquez le sens de certains mots clés, tels que «laïque», «privée de leader médiatique», «une hiérarchie franco-musulmane», «un défi». Comparez ce paragraphe au dernier paragraphe. Comment se rapproche-t-il au premier? Comment diffère-t-il?

TROUVEZ LE MOT JUSTE: SYNONYMES

Dans un français soigné, une série de synonymes (ou de structures parallèles) s'emploie souvent. Expliquez le sens des mots dans chaque série de synonymes. Est-ce que ce sont des synonymes corrects? Quelles nuances existent entre eux? Quel effet stylistique résulte de cette répétition: une intensification? un effet poétique? un appel aux émotions du lecteur? autre chose?

1. fraiseurs, mineurs, métallos
2. reconnu, honoré, intégré
3. piégé, miné, compliqué
4. la distinction drastique, intangible
5. la voie droite, la pureté, la rigueur, l'honnêteté
6. son titre baroque, contradictoire, apparemment absurde

REPERES GEOGRAPHIQUES

Où se trouvent les endroits qu'évoquent ces allusions géographiques?

La France: l'Hexagone, Dunkerque, Marseille
Le Monde islamique: Téhéran, Riyad, maghrébine, turque, comorienne, sénégalaise, pakistanaise, le Maroc, l'Arabie Saoudite

LA FRANCE, TERRE D'ISLAM

C'est la deuxième religion nationale. Près de 3 millions de croyants sans clergé ni chef, les uns intégrés, les autres pas du tout. Comment rassembler cette mosaïque? L'Etat se pose enfin la question. Les musulmans aussi.

Sacrée fin de siècle! La France laïque n'a pas encore fini de régler ses affaires conjugales avec l'Eglise catholique que Mahomet sort du placard. Comme ça, sans crier gare. Ou presque. Gilles Kepel révélait, dans ses *Banlieues de l'islam* (Seuil), que nos immigrés fraiseurs, mineurs ou métallos étaient aussi des croyants. Des musulmans. L'islam français des HLM, des caves, des catacombes revendiquait ses minarets. Aujourd'hui, une autre Histoire s'ébauche: celle d'un islam tricolore, non seulement toléré, mais reconnu, honoré, intégré, à l'image du judaïsme et du protestantisme. Conformément à son rang: celui de deuxième culte de l'Hexagone. Une religion, oui, mais qui n'a ni clergé ni chef. Sans existence pour l'opinion, puisque privée de leader médiatique. Alors, l'Etat doit-il inventer une hiérarchie franco-musulmane? Et, ce faisant, resterait-il laïque? C'est tout le débat piégé, miné, compliqué par le contentieux colonial ou le souvenir des croisades, qu'affronte Bruno Etienne dans un livre qui fera date, *La France et l'islam.*

Sacrée fin de siècle et sacré défi! Un défi inévitable. De Dunkerque à Marseille, *L'Express* est allé voir ceux qui le refusent ou le relèvent.

Non, pas facile d'appréhender cet archipel émietté, ces communautés d'origines maghrébine, turque, comorienne, sénégalaise ou pakistanaise vivant sur notre sol. «Au total, une soixantaine de nationalités», souligne Moustapha Diop, chargé de cours aux Langues o. Soit de 2,5 à 3 millions d'hommes et de femmes se réclamant du Prophète. Et, parmi eux, un bon million d'électeurs.

«L'islam est un humanisme, assure l'imam de l'une des trois mosquées de Tourcoing. Et ça nous fait mal quand un sondage Minitel de la 5 déclare, à 70%, notre religion dangereuse.» Trente-cinq ans, barbe noire, l'imam Abou Abdullah cite même des versets de Victor Hugo pour mieux se faire entendre. «Mais, ajoute-t-il aussitôt, on a bien du mal à calmer les esprits...»

Tous les esprits. Ceux, bien sûr, des 6% environ de pratiquants qui disent les cinq prières quotidiennes et vont à l'office du vendredi. «Un chiffre optimiste!» sourit Bachir Dahmani, imam de La Capelette, à Marseille. Mais il y a aussi les autres, la grande majorité, ceux qui ne font que le ramadan (40%) ou ceux qui ne font rien (de 25 à 30%).

Attention, l'islam, en France, n'est pas un simple bouclier identitaire. Mieux qu'une survivance: un recours. Dans le message islamique, une partie de la jeunesse d'origine maghrébine, fusillée par le chômage, souvent marginalisée, guettée par la délinquance, a saisi ce qui lui manquait: la distinction drastique, intangible entre bien et mal. Il n'est qu'à voir, affichés aux murs de cette école coranique marseillaise, les préceptes appelant à la très respectueuse soumission aux parents. Impensable dans le primaire laïque! «Quand on interroge les musulmans sur ce qu'est l'islam, dit Jocelyne Césari, c'est un leitmotiv: la voie droite, la pureté, la rigueur, l'honnêteté.» Comme par hasard, à Dunkerque, la mosquée comorienne s'est installée dans un ancien temple des Témoins de Jéhovah. «Incroyable, dit Gaham, patron de First, une société de surveillance amiénoise, ce sont les toxicos qui sont les plus accro à la religion! Et si l'un d'eux meurt d'*overdose,* ils écouteront, recuellis, le sermon moralisateur de l'imam à l'enterrement.» A Mantes-la-Jolie, les associations qui avaient milité contre la construction de la mosquée sont même allées s'excuser! Le responsable d'un centre social marseillais, Ahmed Berkoun, est catégorique: «On observe que ces jeunes qui reviennent à l'islam réalisent d'étonnants progrès en classe.»

Le tout sur fond de profonde désillusion politique: «Parce que nous avons voté à 80% pour les socialistes, dit un beur, ces derniers ont tendance à nous considérer comme une vulgaire clientèle.» Leader de Génération Beur, proche du PS, Nordine Cherif sait qu'il devra compter désormais avec les aspirations religieuses de ses troupes ou renoncer à en avoir. «Il va bien falloir qu'on prenne en charge les demandes de mosquée, reconnaît également Rabah Tounsi, le très laïque secrétaire général de France Plus et adjoint au maire d'Evry. Trop facile de dire que ça ne nous concerne pas.»

Trop dangereux, aussi. Car, entre une mince élite républicaine d'origine maghrébine martelant son «droit à l'in-différence» et un islam prolétaire conçu comme une «citadelle», les passerelles cassent. Entre ces intellectuels voltairiens qui songent à traduire Rushdie en arabe et cet Africain musulman soninké qui, à toute demande de renseignements, répond, sur le pas de la mosquée: «Cherchez pas, tout est dans le Coran!», Mahomet, pas plus que la République, ne risque de retrouver ses enfants. «Pour la première fois, dit Jocelyne Césari, je suis inquiète sur l'avenir de l'intégration.» Malgré, c'est vrai, la bonne volonté de la plupart des imams rencontrés, on est frappé par le caractère rudimentaire de leurs discours. Très pieux, l'imam de La Capelette est arrivé à Marseille en 1963. Mais il ne parle toujours que l'arabe. Comme le Marocain Mohamed Mourabit, de la mosquée comorienne de Dunkerque. Et ce bien que leurs jeunes ouailles n'entendent goutte à la langue de la Révélation. Ou plutôt à son dérivé dialectal...

Sur le millier de mosquées généralement dénombrées, à peine 10% sont de taille décente. Et, pour le reste, il s'agit de simples lieux de prière installés çà et là, dans des garages ou des caves. «Au mieux, des mosquées sans âme, sans le moindre signe extérieur de religiosité, regrette le sociologue lillois Souida. En outre, interdire les mosquées de minaret, n'est-ce pas tout bonnement les castrer?»

L'islam, deuxième religion de France, certes, mais bonne dernière par le niveau de vie. Exister, pour les musulmans, c'est alors tout naturellement quêter les pétrodollars des nations sœurs. C'est-à-dire des pays d'origine qui, comme le Maroc, surveillent de près leurs ressortissants. Ou encore d'une des deux superpuissances islamiques, l'Arabie Saoudite et l'Iran, en rude concurrence pour remporter l'héritage de Mahomet à l'aube du XXIe siècle. Sans un consistant chèque libyen, jamais la florissante mosquée cathédrale de Mantes-la-Jolie n'aurait vu le jour. Ni celle, beaucoup plus modeste, d'Oignies, dans le Nord, sans des dons venus de Téhéran et de Riyad, après une mission des mineurs marocains dans les deux capitales.

«Comment imaginer un instant réussir un islam français avec de l'argent venu de l'étranger?» s'interroge Slah Eddine Bariki, secrétaire général de la Fédération musulmane du Sud. «Sans l'aide massive des villes, sans un geste fortement symbolique de l'Etat, pas de salut», ajoute-t-il. Pour précipiter le mouvement, il lancera sous peu une association. Son titre baroque, contradictoire, apparemment absurde symbolise à lui seul cette promesse d'islam tricolore: l'Union des musulmans laïques de France! Mahomet dans le costume trois-pièces de Jules Ferry, on aura tout vu. Sacrée fin de siècle!

MINI-GLOSSAIRE

être accro (*fam.*) ne pas pouvoir se passer de qqch

adjoint *m.* assistant

afficher attacher

catégorique ferme

cave *f.* local sous une habitation

chargé de cours professeur

en rude concurrence qui se battent

coranique *cf.* le Coran

dénombrer *cf.* le nombre; compté

relever le défi accepter une difficulté et lutter

s'ébaucher commencer à se dessiner

émietté en miettes, en petits morceaux

florissant *cf.* fleurir; en bon état

fond *m.* décor

fusiller détruire

sans crier gare à l'improviste

ne goutte (*vx.*) ne rien

guetter menacer

HLM Habitation à Loyer Modéré (appartement pour des familles aux revenus bas)

imam *m.* chef musulman

interdire rendre illégal, empêcher

lancer fonder

marginalisé mis de côté

métallo (*fam.*) ouvrier métallurgiste

pas *m.* marche, entrée

passerelle *f.* pont étroit

plastronner se montrer en se donnant un air avantageux

piégé sans issue

quêter demander comme don

faire le ramadan observer le jeûne entre le lever et le coucher du soleil pendant un mois (fête musulmane)

rang *m.* place

sacré (*fam.*, avant le nom) fichu, mauvais

toxico (*fam.*) toxicomane; personne adonnée à la drogue

volonté *f.* *cf.* vouloir; la détermination

EXPLORATIONS

D'APRES L'AUTEUR

Complétez selon le texte.

1. Par le nombre de pratiquants, après le catholicisme, la deuxième religion en France est:
   a. le protestantisme.
   b. le judaïsme.
   c. l'islam.
2. La jeunesse maghrébine:
   a. souffre du chômage et de la délinquance.
   b. réussit souvent mieux dans leurs études et leur travail que les Français.
   c. est assez bien intégrée dans la société française.
3. Les Maghrébins votent en général:
   a. pour la droite.
   b. pour les communistes.
   c. pour les socialistes.
4. Les plus pauvres habitants de la France sont:
   a. les juifs.
   b. les protestants.
   c. les musulmans.
5. Cet article suggère que:
   a. la religion raccordée à l'Etat pourrait être négative.
   b. la plupart des Français se méfient de l'islam.
   c. Les Français ont certainement plus de préjugés contre les habitants venant de pays arabes que contre les Français juifs.

EXPRESSIONS UTILES: FONCTIONS

Examinez les exemples, puis utilisez chaque expression dans une phrase.

conformément à: selon, suivant
  Conformément à son rang, celui de deuxième culte de l'Hexagone

en outre: d'ailleurs, de plus
  En outre, interdire les mosquées de minaret, n'est-ce pas tout bonnement les amputer?

certes: certainement, sûrement
  Certes, l'islam est la deuxième religion en France, mais elle est aussi au dernier rang par son niveau de vie.

A VOTRE AVIS

Commentez ces propos, d'abord en groupes, puis avec toute la classe.

1. Il faut encourager la religion d'origine des immigrés, et leur faire construire des lieux de culte, que cette religion soit bouddhiste, hindoue, taoïste, musulmane ou autre.
2. La religion musulmane est dangereuse.
3. Toute religion est dangereuse.
4. Je pense que toute éthique qui enseigne la voie juste, la pureté, la rigueur et l'honnêteté, telle l'islam, est à encourager.
5. La présence de beaucoup d'étrangers dans un pays contribue au bien-être d'un pays.
6. Je suis pour les valeurs absolues et une distinction nette entre le bien et le mal.
7. La religion fait partie de mon identité.
8. Que l'islam soit la seule vraie religion ou non, la société française n'a pas le droit d'en interdire la pratique.

SONDAGE

Discutez ces questions en groupes de trois ou quatre. Puis rapportez vos conclusions à la classe.

1. Quelles sont vos origines? Donnez le pays où vos parents et vos grands-parents sont nés.
2. Quelle est la religion de votre famille? la vôtre? Etes-vous plus pratiquant ou moins pratiquant que vos parents?
3. Est-ce que les préjugés résultent surtout de:
   a. l'ignorance?
   b. la pauvreté?
   c. la peur de l'autre?
   d. une vraie menace de l'autre?
   e. une différence de religion, race, nationalité, niveau économique?
4. Avons-nous des préjugés contre ceux que nous estimons inférieurs, plutôt que contre nos prétendus supérieurs?
5. Puisque le problème de l'intolérance diffère de pays en pays, cela montre que tout préjugé est injustifié. Discutez.

TABLE RONDE: «ETRE FRANÇAIS»

TF 1, une chaîne de télévision française a réuni un certain nombre d'expertes et d'experts pour parler de la notion d'une identité française. Ils vont considérer les questions suivantes:

1. Etre Française ou Français, est-ce que cela veut dire que l'on partage le même passé? Qu'on se comporte et qu'on s'habille d'une certaine façon? Qu'on parle la même langue, et plus ou moins correctement? Qu'on vote, si possible? Qu'on pratique la religion du pays?
2. Qu'est-ce qui sert comme juge de valeurs et de codes culturels maintenant? La télé? La famille? La musique? La culture «de masse»?
3. Est-ce que la notion même d'une identité nationale est en train de se perdre? La culture devient-elle mondiale maintenant, à cause de la nature internationale des médias, des voyages, des migrations, de la politique, de l'économie?

> Jouez les rôles suivants:
> Animatrice
> Imam musulman (chef religieux)
> Immigrante algérienne
> Pêcheur corse
> Professeur de sciences politiques à Science-Po, Paris
> Commerçant à Casablanca, au Maroc
> Aristocrate parisien
> Etudiant à l'Université de Laval, à Montréal
> Martiniquaise
> Etudiant tunisien à l'Université de Montpellier
> Ecrivain belge
> Le Baron Rothschild
> Président du Sénégal

ECOLES: REUSSIR...
MAIS A QUEL PRIX?

A La Vie scolaire

B L'Université

Pour les Gagnants à la Sorbonne, un moment de détente

La Vie scolaire

Certains experts ont trouvé qu'il faut **alléger** (rendre plus légers) les programmes scolaires. Depuis la **maternelle** (école de trois à cinq ans) jusqu'à l'université, on impose des horaires infernaux, on exige trop de **cours magistraux** (conférences) et on **bourre** (remplit trop) les journées. Mais, ce **bourrage de crâne** (éducation intensive) commence surtout au **collège** (école de l'âge de onze ans à quatorze ans), en sixième. Les **collégiens** (élèves de collège) **paumés** (perdus) portent des **cartables** (sacs à livres) lourds de quinze kilos, avec des livres d'histoire-géo, de biologie, de physique, d'anglais, de français et de maths (géométrie et algèbre). Les professeurs ne sélectionnent pas les **matières** (les disciplines à étudier) qui sont imposées par le ministère de l'Education Nationale. Pas question donc de **flâner** (se promener lentement) en route, ni de poser **des tas de** (beaucoup de) questions. Il faut continuellement passer de nombreux **contrôles** (examens d'une heure), travailler avec des **répétiteurs** (des personnes qui expliquent la leçon) pour ne pas rater les diplômes comme le **brevet** en troisième (à l'âge de quatorze ans), et le bac **en terminale** (à l'âge de dix-huit ans).

Pour arriver au bac, on **bachote** (on travaille pour se préparer au bac), bien sûr, c'est-à-dire qu'on **fait du bachotage**, on subit des professeurs **TGV** (à très grande vitesse, comme les trains), on subit au moins six heures d'attention soutenue en classe, on prend des options telles que plusieurs langues vivantes et le latin. Il faut **faire ses preuves** (se prouver). Les heureux étudiants qui, à force de **foncer** (aller vite et bien), **décrochent** (reçoivent) par exemple un 18 (un «A») au bac, s'ils ont fait terminale C (maths et sciences), peuvent envisager un avenir dans une **prépa** (une classe préparatoire) aux grandes écoles (l'Ecole Normale Supérieure, l'Ecole Nationale d'Administration, l'Ecole Polytechnique, et différentes écoles de génie — *engineering*). Mais pour tout cela, il faut être un petit génie!

MISE EN TRAIN

Le programme d'études est-il trop lourd en France? Trop peu solide aux Etats-Unis? Est-il possible d'offrir le même programme d'études à tous? Injuste de ne pas le faire?

AVANT DE LIRE

Parcourez rapidement l'article. Comment les auteurs développent-ils leur argument? Précisez leur thèse.

TROUVEZ LE MOT JUSTE: SUFFIXES

Donnez le sens des mots ci-dessous. Etudiez le suffixe et puis proposez une définition.

1. **-aine** veut dire «environ», en parlant des nombres. «Une bonne vingtaine», c'est «un peu plus de vingt». Que signifient: une quinzaine? une dizaine? une cinquantaine? une centaine?
2. **-age** indique un substantif masculin, ayant le sens de «l'ensemble ou l'effet». «Bourrage de crâne», c'est l'action de bourrer le crâne (cerveau). Que signifient: gavage? apprentissage? plumage? feuillage? passage? grillage?
3. **-ée** indique un substantif féminin, ayant le sens de «contenu». La journée, c'est les activités de tel ou tel jour. Que veulent dire: bouchée? cuillerée? fournée? assemblée (*fig.*)? portée (*fig.*)?
4. **-isme** (m.) indique un mouvement, une opinion ou un produit. Le laxisme, c'est le fait d'être laxiste. Que signifient: le mécanisme? le romantisme? le rationalisme? le socialisme? le catholicisme? le syndicalisme?

programmes scolaires:
trop et n'importe quoi

Gaspard, un petit bonhomme de onze ans, sur le chemin de son collège, dans le XIIe arrondissement de Paris, ressemble à un coolie chinois, écrasé par un cartable de 15 kilos. Quinze kilos, le poids d'une seule journée à l'école: des maths à la biologie, de la géographie au français, des sciences naturelles à l'anglais, sans oublier les cahiers de 200 pages exigés par chaque prof.

Un cours d'instruction civique en classe de sixième, à Lyon. Appliqués, les élèves essaient de suivre le calcul de la valeur locative de la taxe d'habitation: «Cette surface totale multipliée par un correctif d'ensemble qui inclut notamment l'état et la situation de l'habitation est traduite en francs selon la catégorie du logement.» Silence et perplexité!

Christine, dix-sept ans, en terminale D à Saint-Germain-en-Laye (Yvelines), se révolte. «Demain, pour mon contrôle d'histoire-géo, je dois apprendre les ''bio'' détaillées de tous les présidents des Etats-Unis depuis 1945, les pyramides des âges aux Etats-Unis, en URSS et en Chine, ainsi que les taux de natalité et de mortalité de ces pays.» Rien qu'en histoire, philosophie et biologie, elle doit ingurgiter 1 700 pages en une année.

L'école française fait du bourrage de crâne. Notre école, en effet, ne se contente pas d'avoir les journées les plus longues d'Europe, elle impose aussi les programmes les plus lourds et les plus prétentieux. «Les programmes sont produits par sédimentation. On empile, couche sur couche. Chaque discipline a la peur panique de ne pas être à la pointe du progrès», confie un haut fonctionnaire de l'Education nationale. Mais qu'importe pour cette dernière, qui, imperturbable, suit son cours magistral. Comme cet inspecteur pédagogique régional qui se lamentait auprès de l'ancien directeur des lycées Claude Pair: «Le programme est excellent. Il n'y a que deux difficultés: les élèves sont mal préparés à le suivre et l'horaire est trop court.» Décidément, l'école a oublié le sage précepte de Montaigne: «Mieux vaut une tête bien faite qu'une tête bien pleine.» Et les élèves, à force de gavage, sont frappés d'indigestion.

Il ne manque pas un bouton de guêtre. Sous prétexte de courir derrière le progrès s'est développé un monstre incontrôlable: l'inflation des programmes. Ainsi, au fil des ans, on a ajouté les acquis de la biologie moléculaire, de la génétique, de l'électronique, de l'informatique, de la grammaire structurale, de l'histoire de longue durée, de la géographie sociologique, de l'instruction civique, de l'économie, de la littérature contemporaine.

Bref, dès la sixième, les horaires que l'on impose aux élèves sont infernaux. Et ils s'aggravent en quatrième avec les options (seconde langue vivante, latin ou grec). «C'est délirant: on réclame six heures d'attention soutenue dans différentes matières à des adolescents de treize ans. Et, le soir, ils doivent travailler au moins une heure et demie, pour les plus rapides d'entre eux!» s'indigne Stéphane Janin, responsable des classes de cinquième et de quatrième au collège Saint-Louis-de-Gonzague, à Paris, pourtant guère réputé pour son laxisme. D'autant que les enseignants, individualistes, exigent pour leur chapelle un maximum de devoirs à la maison. «Je travaille régulièrement jusqu'à 1 heure du matin», raconte Sophie, quinze ans, élève de seconde au lycée Carnot, à Paris.

Aberration: notre année scolaire est la plus courte d'Europe. Un triste record que nous partageons avec l'Espagne, la Grèce et le Portugal. Nous réussissons ce tour de force de travailler 175 jours, mais d'avoir 190 jours de vacances! (Les Anglais, les Italiens et les Allemands ont au moins 200 jours de classe par an.) Ces années scolaires tronquées obligent à bourrer les journées jusqu'à la gueule. Et tant pis pour les rythmes biologiques des enfants, malgré des dizaines de rapports médicaux sur le sujet. «Faites un tour dans les classes: à partir de 15 heures, plus personne ne suit», tonne le Pr Hubert Montagner, directeur du laboratoire de psychophysiologie à l'université de Montpellier. Le sondage réalisé pour *L'Express* et TF 1, «Médiations», révèle d'ailleurs que près de 60% des lycéens sont fatigués en rentrant de l'école. La moitié des parents estiment que leurs enfants travaillent plus qu'ils ne le faisaient au même âge. «A mon époque, il suffisait d'apprendre par cœur le Malet-Isaac pour décrocher un 18 au bac, reconnaît Gérard Gorse, proviseur du lycée Montaigne. Aujourd'hui, on exige un niveau de réflexion très élevé, celui qu'on demandait jadis dans le supérieur.» Le bac, qui devrait n'être qu'un simple diplôme de fin d'études secondaires, est devenu un examen mythique, sorte d'Everest de la culture. Pour le franchir, chaque lycéen doit faire ses preuves en philo comme en maths, en français comme en histoire-géo, sans oublier les langues vivantes, la physique ni l'économie.

Nos voisins seraient-ils plus bêtes? Les Britanniques et les Allemands se contentent de quitter le lycée après un simple contrôle dans trois matières. Quant aux Américains — qui, pourtant, ne manquent pas de prix Nobel — leur examen de fin d'études ne comporte que l'anglais et les maths. Des barbares!

Chez nous, angoissés par la crainte du chômage et la perspective des examens — maladie hexagonale, on en a recensé 650! —

les parents, loin de freiner, en redemandent. 83% d'entre eux estiment nécessaire que leurs enfants soient aidés par la famille ou par des cours particuliers pour réussir leur scolarité. Tous les proviseurs en témoignent: «Le nombre de répétiteurs est délirant!» Bravo pour l'idéal d'une école démocratique! Rien d'étonnant, dans ces conditions, que le lycée laisse derrière lui une armée de ratés. Chaque année, près de 150 000 jeunes sortent du système sans le moindre diplôme en poche. Et plus de la moitié des lycéens redoublent au moins une fois avant d'obtenir le bac.

A trop apprendre, nos lycéens ne retiennent plus grand-chose. Surtout, ils ont un savoir en miettes, à des années-lumière de l'idéal de Condorcet, pour qui l'école devait donner à chacun le moyen d'être «debout intellectuellement».

C'est la première fois depuis le XIXe siècle que l'on prétend repenser tout le contenu de l'enseignement. Exemple de question fondamentale: vaut-il mieux se concentrer sur quelques disciplines choisies par l'élève (comme en Grande-Bretagne), ou bien continuer ce saupoudrage indigeste jusqu'à l'explosion du système? Bref, faut-il continuer cette course folle au bachotage et cet absurde bourrage de crâne qui laissent au bord de la route tant d'éclopés et ruinent, de manière sournoise et hypocrite, l'idéal démocratique de l'école républicaine?

MINI-GLOSSAIRE

bio *f.* (*abrév.*)   biographie

bonhomme *m.* (*fam.*)   terme d'affection en parlant d'un petit garçon

bourrer jusqu'à la gueule (*fam.*)   remplir à l'excès

couche *f.*   épaisseur horizontale

cours (*m.*) **particulier**   une leçon donnée à une personne

délirant   très drôle

éclopé   qui marche péniblement

empiler   mettre dans une pile, multiplier

freiner   aller plus lentement

gavage *m.*   être obligé de trop manger

en miettes   en petits morceaux

être à la pointe de   être à l'avant-garde de

proviseur *m.*   directeur d'un lycée

réclamer   demander avec force

retrancher   couper

saupoudrage *m.*   mélange explosif

sournois   hypocrite

suivre   ici, comprendre

en terminale   en dernière année du lycée

tonner   déclamer

tronquer   couper

valeur (*f.*) **locative**   revenu que peut rapporter un immeuble donné en location

D'APRÈS L'AUTEUR

Après avoir lu l'article, décidez si ces propos sont vrais ou faux. Changez les propos qui ne sont pas justes.

1. Un cartable devrait peser au moins 15 kilos.
2. Les élèves n'ont qu'à ingurgiter certaines connaissances générales pour leurs examens. Il n'y a pas de bourrage de crâne.
3. Les écoles françaises pensent qu'il vaut mieux «une tête bien pleine qu'une tête bien faite» (à l'encontre de Montaigne).
4. Le système éducatif en France n'a plus la même valeur de nos jours.
5. Les élèves de sixième ne sont pas assez éduqués. Ils flânent.
6. Les horaires sont infernaux dans les écoles pour les élèves de sixième.
7. Etre atteint de la maladie hexagonale, c'est avoir peur des examens.
8. Les parents trouvent que leurs enfants ne se tuent pas au boulot.

EXPRESSIONS UTILES: VERBES

Utilisez chaque expression verbale dans une phrase.

se transformer en: se changer en
Le programme **se transforme en** une course contre la montre.

se dérouler: avoir lieu, se passer
La semaine **se déroule** comme un film en accéléré.

se concentrer sur: appliquer tout l'effort intellectuel sur un seul point
Vaut-il mieux **se concentrer sur** quelques disciplines choisies par l'élève?

s'accrocher à: tenir, ne pas céder
Chaque étudiant **s'accroche à** son nombre d'heures hebdomadaires.

se contenter de: être satisfait de
Les Britanniques **se contentent de** quitter le lycée après un simple contrôle dans trois matières.

s'aggraver: devenir pire
Les horaires **s'aggravent** en quatrième avec les options.

A VOTRE AVIS

Commentez ces propos:

1. Je suis pour un programme scolaire plus lourd au collège et au lycée et plus léger à l'université (c'est le cas en France).
2. C'est une bonne idée d'essayer d'apprendre autant de matières différentes que possibles (les maths, les sciences, les langues étrangères) avant de se spécialiser à l'université.
3. Un programme national, partout pareil, éviterait les inégalités présentes aux Etats-Unis entre les banlieues riches et les centres-villes pauvres.
4. Un examen national de compétence, tel le bac, garantit un niveau élevé d'instruction.
5. Il faut apprendre un corpus minimum de connaissances.
6. Il est plus important d'enseigner aux élèves comment raisonner et comment lire, que de faire apprendre des faits par cœur.
7. Il est essentiel d'étudier au moins deux langues étrangères au lycée.
8. Les collèges et lycées français ont tort de n'accorder aucune ou très peu de place aux sports, à la musique, au théâtre, aux clubs et aux activités sociales.
9. Le programme français du collège est idiot: je trouve qu'il ne faut jamais oublier le côté psychologique de l'enseignement.
10. Les écoles américaines vont ressembler de plus en plus aux écoles françaises, puisqu'on parle maintenant d'un niveau minimum de compétence partout pareil aux Etats-Unis.
11. Orienter un élève de onze ans pour la vie (comme c'est le cas en France) est très injuste. On ne peut pas choisir sa carrière à cet âge —ce n'est qu'une façon de renforcer une société hiérarchique.
12. En général, aux Etats-Unis aussi le niveau d'études d'un enfant est déterminé par les diplômes et le niveau socio-économique de ses parents.

DEBAT

Une tête bien faite ou bien pleine? L'éducation devrait-elle avoir pour but de communiquer autant de connaissances possibles, ou bien de former l'esprit?

7B

L'Université

La Sorbonne, une des plus vieilles universités du monde, jouit d'une grande réputation. Cette grandeur se voit lors des cérémonies de **remise** (distribution) de diplômes ou d'honneurs où les professeurs (les universitaires, les enseignants) défilent en toge.

Mais, au Quartier latin où se trouve la Sorbonne, tout ne va pas bien. Les conditions matérielles ne sont pas bonnes. D'abord, il n'y a pas assez de place. La **fac** (faculté) de sciences, trop à l'étroit, s'est déjà installée ailleurs et l'université de Paris s'est dispersée en treize parties, chacune possédant plusieurs unités d'enseignement et de recherche (Paris I–...–XIII). Mais cela ne suffit pas. Vu le nombre d'étudiants, les salles de cours sont **exiguës** (trop petites), le labo de langues insuffisant, et la bibliothèque manque de place, de crédits et de personnel.

Encore pire, la condition des **locaux** (bâtiments) est souvent **désespérante** (décourageante). Les halls sont dégradés et couverts de graffiti, de même dans les salles de **travaux dirigés** (classes de discussion), les **stores** (pour couvrir les fenêtres) ne sont pas en état de marche, et le système de chauffage central marche mal.

Décidément, il faut remédier aux difficultés de cette grande université prestigieuse.

Chaque étudiant a-t-il le droit à un enseignement donné dans des locaux bien entretenus, confortables, voire luxueux? Si oui, qui devrait en payer le coût? (L'enseignement universitaire actuel en France est presque gratuit.) Quelles solutions proposez-vous aux difficultés de la Sorbonne?

AVANT DE LIRE

Parcourez rapidement l'article. Puis, énoncez en quoi consiste «l'envers» de la Sorbonne. Analysez la nature et l'étendue du problème.

TROUVEZ LE MOT JUSTE

Un style écrit soigné se sert souvent de parallélismes de sens et de syntaxe. Quelles nuances de sens existe-t-il entre ces synonymes ou ces expressions parallèles? Notez les répétitions phonétiques qui parfois renforcent les parallélismes lexicaux et syntaxiques. Commentez ces expressions tirées du texte et puis écrivez trois phrases utilisant des parallélismes syntaxiques, grammaticaux, lexicaux ou phonétiques.

1. «fastes et grandeur de la Sorbonne»
2. «de l'apparat, de l'émotion: le cadre s'y prête»
3. «son ambassadrice de choc et de charme»
4. «misère et décrépitude de la Sorbonne»
5. «ces salons ornés et ces appartements luxueux»
6. «le cœur de la vie universitaire et de l'élite intellectuelle françaises»
7. «après l'exaltation de Mai 68, où les murs clament la révolution, où les amphis résonnent jour et nuit d'une agitation fébrile, où [des révolutionnaires] jouent les gros bras»
8. «nous gérons, chauffons, assurons le gardiennage»
9. «le budget de fournitures en peinture, papiers et pellicules»
10. «pour rendre à la Sorbonne son lustre et son rayonnement»
11. «partout, le même refrain: pas d'argent, pas de place»
12. «une salle sans fenêtres, donc, sans lumière»
13. «afin de créer un escalier de secours et de remplacer le système de chauffage central»
14. «le budget de fournitures s'élève à 20 francs seulement par étudiant et par an»

Sorbonne:
l'envers du décorum

Côté salons: le prestige d'une des plus vieilles universités du monde. Côté cours: des locaux bondés, délabrés et éparpillés dans tout Paris.

Fastes et grandeur de la Sorbonne. Le 9 novembre, sous les plafonds peints et les lambris dorés du «grand amphi», Hélène Ahrweiler, chancelier de l'université de Paris, préside la séance solennelle d'hommage à l'un des pères de la Communauté, Jean Monnet, en présence d'une brochette de «grands» venus de l'Europe entière, de Mario Soares à Edward Heath, sans oublier, naturellement, Jacques Delors. De l'apparat, de l'émotion: le cadre s'y prête. Plusieurs fois par an, la remise du grade de docteur «honoris causa» à des personnalités étrangères de renom — dernier promu: le recteur de l'université de Bologne — donne lieu, dans les salons de réception de la Sorbonne, à des cérémonies également imposantes, parfois un rien anachroniques. Sous le regard hautain du cardinal de Richelieu, peint par Philippe de Champaigne, défilent, comme à la parade, huissiers portant les cinq «masses» en argent (symboles des anciennes facultés), présidents d'université, professeurs en toge, membres de l'Institut en habit. L'université de Paris veut montrer à la planète — et d'abord à elle-même — qu'elle demeure «le quadrilatère le plus intelligent du monde», comme aime à le répéter Mme Ahrweiler, son ambassadrice de choc et de charme.

Misère et décrépitude de la Sorbonne. Derrière ces salons ornés et ces appartements luxueux, quel spectacle! Des plafonds qui s'effritent, des corridors crasseux, des escaliers mal éclairés, des chaises cassées (ou absentes) dans des salles de cours exiguës. Les étudiants des quatre universités officiellement rattachées à la Sorbonne sont, en réalité, loin d'y travailler tous: la plupart sont expédiés à Tolbiac, à Censier, à Clignancourt ou à Asnières. Au total, une trentaine de sites. La Sorbonne est devenue une véritable nébuleuse. Triste vérité: l'enseignement n'y attire plus les meilleurs. Et ce n'est pas un hasard si seulement 3 des 105 bacheliers parisiens reçus avec mention «très bien» envisagent d'y faire leurs études, alors que leurs camarades comptent briguer une grande école.

Pourtant, pour les étrangers, la Sorbonne représente encore le cœur de la vie universitaire et de l'élite intellectuelle françaises. C'est Robert de Sorbon, chapelain de Saint Louis, qui fonde, en 1257, un collège destiné à accueillir des étudiants en théologie sans le sou. Le Quartier latin va devenir célèbre dans l'Europe entière. Au XVIIe siècle, Richelieu — un «sorbonnard» illustre! — entreprend des travaux d'agrandissement. N'en subsiste aujourd'hui que la chapelle baroque, où se trouve son tombeau.

A la fin du XIXe, changement de cap: on rase les vieilles bâtisses, et, sur deux hectares, un jeune architecte élève la nouvelle Sorbonne, à la gloire du savoir républicain. Un véritable bric-à-brac scientifique: les professeurs exigent pour leurs démonstrations une machine à vapeur, des chenils, une coupole astronomique et même une tour flanquée d'un puits afin d'étudier la chute des corps.

Plus tard, la fac de sciences, à l'étroit, émigrera. Après l'exaltation de Mai 68, où les murs clament la révolution, où les amphis résonnent jour et nuit d'une agitation fébrile, où de pseudo-Katangais jouent les gros bras, tandis que surgissent les premières «crèches sauvages», Edgar Faure morcelle: sa loi d'orientation divise l'université de Paris en... 13 établissements. Quatre d'entre eux vont se disputer ce qui reste de la Sorbonne: Panthéon-Sorbonne (droit et économie), Sorbonne nouvelle (lettres modernes), Paris-Sorbonne (lettres classiques) et René-Descartes (médecine), alias Paris-I, III, IV et V. «Les territoires et les enseignements ont été attribués à tel ou tel mandarin de l'époque, sans la moindre logique», déclare un professeur agrégé. Les résultats de ce Yalta universitaire tiennent autant d'«Ubu» que de Kafka. Ainsi, le président de Paris-III a aujourd'hui ses bureaux dans un coin du bâtiment historique, mais «ses» 15 000 étudiants en lettres modernes sont logés à Censier, à Asnières et dans une dizaine d'autres lieux. Les étudiants de Paris-I et de Paris-IV se partagent, à égalité, le privilège de fréquenter les vénérables amphis, tandis que le président de Paris-I, Jacques Soppelsa, occupe, à quelques centaines de mètres de là, des bureaux (et un appartement de fonction) place du Panthéon. Paris-V, elle, n'a réussi à caser rue des Ecoles que trois unités d'enseignement et de recherche — une façon d'avoir tout de même un pied dans le sanctuaire.

Nombreux sont les enseignants qui continuent de rédiger leur correspondance, par coquetterie, sur un papier à lettres pur vélin, avec, comme en-tête: «En Sorbonne». Hélas! lorsqu'un confrère américain ou japonais surgit, «nous n'avons même pas un bureau correct pour le recevoir», fulmine un professeur de lettres classiques. Pourtant, Hélène Ahrweiler, chancelier de l'université de Paris depuis 1982, n'a pas ménagé ses efforts pour rendre à la Sorbonne son lustre et son rayonnement. Cette universitaire d'origine grecque — que ses confrères ont surnommée, non sans ironie, l'«impératrice byzantine», pour son goût supposé du faste et sa passion pour Byzance — ne néglige aucune mission à l'étranger. Et, quand des chefs d'Etat sont de passage à Paris, elle tient à leur remettre en personne (et en grande pompe) la médaille de la chancellerie de l'université de Paris: «En voyageant, j'ai découvert que nombre de chefs d'Etat ou de ministres sont d'anciens étudiants sorbonnards.» Et de citer, par exemple, le président du Pérou, Alan Garcia, et jusqu'à 12 ministres du gouvernement égyptien! Un activisme qui agace, dit-on, l'Elysée: au Château (et chez Jack Lang), on n'apprécie guère les ministres bis de la Culture.

L'université de Paris est une vieille dame riche d'héritages accumulés: 200 appartements dans le Quartier latin, le domaine de Richelieu (Indre), la villa Finally à Florence, le château de Ferrières (Seine-et-Marne). Finis, les privilèges immobiliers accordés à quelques hauts fonctionnaires! Les logements, au fur et à mesure que ne joue plus la loi de 1948, sont reloués au prix fort. Grâce à ces revenus et à des crédits de l'Etat, la Sorbonne est, peu à peu, «retapée»: en quelques années, 70 millions de francs — pas moins — ont été consacrés à des frais de peinture et à la réfection de certains amphis. Dans les grandes galeries au sol de marbre étincelant, les graffiti sont désormais effacés dans l'heure. Mme le Recteur y veille personnellement. Vitrine oblige.

Il n'empêche: l'amphi Bachelard se délabre; dans l'amphi Richelieu, on écrit sur ses genoux, comme au Moyen Age; il n'existe que 12 places au labo de langues. Plus grave: la magnifique bibliothèque de la Sorbonne — 3 300 000 volumes de sciences humaines, dont 600 incunables — est en péril, faute de place, de crédits et de personnel. «Depuis quinze ans, les livres achetés ne sont plus reliés; ils sont donc déjà très abîmés», constate Claude Jolly, conservateur en chef. Sans oublier les indélicats qui volent régulièrement. Ni de respectables profs qui «oublient» de rendre les volumes qu'ils ont empruntés.

Sorbonne morcelée. «Nous gérons, chauffons, assurons le gardiennage de 16 sites différents, ce qui entraîne des complications et un surcoût considérable», remarque Jacques Soppelsa. L'institut de géographie, rue Saint-Jacques, dépend à la fois de Paris-I, IV et VII, et le directeur change chaque année, afin de ne mécontenter personne. «Au mieux, c'est Clochemerle!» commente un enseignant. Pour certains étudiants, les horaires tournent au cauchemar: «A 18 heures, j'ai un cours de littérature qui se termine à Censier, un cours d'allemand qui commence à Asnières, et une heure de transport entre les deux», raconte Christine, étudiante à Paris-III.

Presque partout, le même refrain — dramatique: pas d'argent, pas de place. Eloquente, la visite de Censier — l'annexe de la

Sorbonne nouvelle: halls dégradés et couverts de graffiti, salles de travaux dirigés prévues pour 45 personnes où l'on s'entasse à 100, debout ou dans le couloir, avec ou sans micro, en principe pour y suivre des cours de langues! Sur le millier de vitres que compte le bâtiment, une dizaine de stores seulement sont en état de marche: impossible de faire des projections! La sécurité? «Nous avons reçu une mise en demeure préfectorale afin de créer un escalier de secours et de remplacer le système de chauffage central», raconte Roger Pourtier, directeur de l'institut de géographie. La chaudière a bien été modernisée, mais, du coup, c'est la tuyauterie qui menace d'exploser. Et on attend toujours l'issue de secours. A l'UFR d'arts plastiques — logée, trop à l'étroit, dans une usine reconvertie, rue Saint-Charles, dans le XVe arrondissement — certains enseignants doivent donner un cours sur la couleur dans une salle sans fenêtres, donc sans lumière! Et le budget de fournitures en peinture, papiers et pellicules s'élève à 20 francs seulement par étudiant et par an. Ils sont 3 000 à travailler dans ces locaux désespérants, alors que — simple comparaison — la toute neuve université de Corte (Haute-Corse) regroupe, à elle seule, 1 800 étudiants.

Malgré ces conditions matérielles, souvent lamentables, chaque président d'université s'accroche à son morceau de territoire hérité de 68. Nul n'envisage de quitter le Quartier latin pour s'exiler en banlieue. «Déportation!» sont allés jusqu'à s'écrier certains professeurs, lorsqu'on leur a parlé d'aller à Marne-la-Vallée (Val-de-Marne). Le ministre de l'Education nationale, Lionel Jospin, a l'intention, paraît-il, de remettre à plat toutes les filières de l'enseignement supérieur. Pour les rendre plus cohérentes. Et l'éducation, il le répète, est devenue «la» priorité. Mais le ministre aura-t-il le courage de bousculer les citadelles universitaires parisiennes, Sorbonne en tête? Si rien ne bouge, les étudiants pourraient décréter un beau jour l'état d'urgence.

MINI-GLOSSAIRE

abîmer endommager, gâter

agrégé titulaire

amphi *m.* (*fam.*) amphithéâtre; grande salle de conférences

apparat *m.* éclat pompeux

attribuer à donner à

en banlieue en dehors de la ville

bâtisse *f.* bâtiment de grandes dimensions

bis double, supplémentaire

briguer (*litt.*) rechercher avec ardeur

une brochette de *f.* (*fam.*) un groupe de choses ou personnes

cap *m.* direction

caser (*fam.*) mettre à la place qu'il faut

clamer crier, proclamer

confrère *m.* un collègue

crasseux très sale

crédits *m.pl.* fonds, argent

défiler marcher l'un derrière l'autre

se délabrer tomber en mauvais état

s'effriter tomber en poussière

s'entasser s'accumuler

en-tête *m.* inscription en tête d'un papier

filière *f.* branche

flanqué de ayant à côté

fulminer s'exploser, protester avec colère

gérer administrer

hautain excessivement fier: snób

hectare *m.* une mesure de terrain: deux *acres* et demi

huissier *m.* employé chargé d'accueillir les visiteurs dans une administration

immobilier concernant la vente de terrains, de logements

incunable ouvrage imprimé avant 1500

indélicat malhonnête, grossier

jouer les gros bras (*fam.*) être dur

labo *m.* (*fam.*) le laboratoire

la loi de 1948 loi limitant l'augmentation des loyers

lambris *m.* **dorés** revêtement de murs ou de plafonds en or

lustre *m.* gloire

mandarin *m.* intellectuel, élite

mission *f.* voyage d'affaires

morceler diviser en parties

de passage en visite

pellicule *f.* film photographique

promu (*inf.* **promouvoir**) ayant gagné un meilleur poste, grade

puits *m.* source souterraine d'eau

quadrilatère *m.* polygone à quatre côtés

raser détruire

rattaché à faisant partie de

rayonnement *m.* influence

rédiger écrire

réfection *f.* action de refaire, remettre à neuf

relier refaire un livre, la couverture, les pages

remettre donner

remise *f.* *cf.* remettre: l'acte de donner

de renom très connu

résonner retentir, produire des sons

retaper remettre dans sa forme

séance *f.* la réunion

en toge portant une robe de cérémonie de certaines professions

vitre *f.* fenêtre

D'APRES L'AUTEUR

Est-ce que ces propos sont vrais ou faux selon l'article? Corrigez les propos qui ne sont pas justes.

1. Le recteur de l'université de Boulogne a reçu en dernier le grade «honoris causa».
2. L'université de Paris veut demeurer le quadrilatère le plus intelligent du monde.
3. La Sorbonne tombe en décrépitude.
4. L'université a trois sites.
5. Pour les étrangers, la Sorbonne représente l'élite intellectuelle française.
6. La fac des sciences a été établie en mai 1945.
7. Edgar Faure ne voulait pas morceler la Sorbonne en divisions.
8. L'université de Paris est une vieille dame d'héritages accumulés.
9. L'université ne manque ni de place ni d'argent.
10. Chaque président d'université s'attache à son territoire.

EXPRESSIONS UTILES

Des tournures syntaxiques peuvent servir à mettre en relief certaines notions. Notez le déplacement de l'ordre syntaxique habituel (sujet, verbe, objet). Etudiez ces exemples et puis formulez des phrases en utilisant ces expressions.

un rien anachronique: un peu
   des cérémonies imposantes, parfois **un rien** anachronique

n'en subsiste aujourd'hui **que**: il ne reste que
   N'en subsiste aujourd'hui **que** la chapelle baroque où se trouve son tombeau.

nombreux sont les enseignants **qui**: beaucoup d'entre eux
   Nombreux sont les enseignants **qui** continuent à rédiger leur correspondance sur un papier à lettres avec, comme en-tête: «En Sorbonne».

n'empêche (*fam.*): malgré tout, quand même
   Il **n'empêche**, l'amphi se délabre.

A VOTRE AVIS: CRITIQUE DE L'ARTICLE

Quelles critiques de la Sorbonne, de la part de l'auteur, sont justifiées?
Lesquelles ne le sont probablement pas?

1. Au premier paragraphe, l'auteur critique implicitement les rites cérémoniaux de l'université — habits, remise de diplômes, cérémonies, objets purement symboliques.
2. Il n'y a pas de «campus» à l'américaine: les étudiants sont dispersés dans treize endroits différents.
3. La plupart des meilleurs étudiants sont dans les grandes écoles.
4. L'entretien des locaux est insuffisant et les salles de classe sont exiguës.
5. L'auteur regrette que seuls Paris I et IV et trois U.E.R. (unités d'enseignement et de recherche: «départements») aient des bureaux dans la Sorbonne tandis que de nombreux enseignants utilisent du papier à lettres ayant comme en-tête: «En Sorbonne».
6. Elle critique implicitement l'origine étrangère du chancelier de l'université de Paris et ses nombreuses missions à l'étranger.
7. Elle remet en cause le nombre de propriétés que possède l'université, dont 200 appartements et villas et même un château.
8. L'auteur note avec ironie le nettoyage immédiat des graffiti.
9. L'auteur constate un manque de pupitres («on écrit sur ses genoux, comme au Moyen Age»).
10. Il ne se trouve que 12 places disponibles au laboratoire de langues.
11. Faute de place, de crédits et de personnel, plus de 3 000 000 de livres sont abîmés.
12. Il y a trop de vols de la part des étudiants et des professeurs.
13. Les horaires sont souvent insoutenables, avec de longs trajets entre les universités.
14. Les changements annuels de directeur dans un institut en perturbent son fonctionnement.
15. Faute de stores, il n'y a pas de projections.
16. La tuyauterie est en mauvais état.
17. Un cours d'art se donne dans un espace sans fenêtres.
18. Le budget de fournitures pour les étudiants d'art s'élève à seulement 25 F par an et par étudiant.
19. Finalement, l'auteur regrette que personne ne veuille quitter la Sorbonne pour remédier à ces mauvaises conditions.

TABLE RONDE SUR L'EDUCATION UNIVERSITAIRE EN FRANCE

Dans le contexte de l'article, monter une table ronde au sujet de l'éducation universitaire en France. Choisissez un animateur et distribuez les rôles suivants (une ou deux personnes par rôle):

1. Un vieux professeur qui veut garder autant de privilèges que possibles — y compris un appartement loué pour presque rien.
2. Un communiste qui trouve que le gouvernement devrait fournir des locaux convenables.
3. Une socialiste qui défend le gouvernement actuel.
4. Un agriculteur illettré contre tous les crédits accordés à l'université.
5. Une ouvrière qui trouve que le chômage existe parce qu'il y a trop de personnes éduquées dans la société.
6. Un étudiant qui se plaint des horaires horribles, des trajets, du manque de confort et de place.
7. Une bibliothécaire qui pense qu'on devrait absolument protéger et entretenir les livres.
8. Le ministre d'un gouvernement étranger, ancien étudiant de la Sorbonne, qui est choqué par le délabrement des locaux.

DEBAT

1. Il faut nationaliser les études supérieures, c'est-à-dire éliminer les universités privées. Tout le monde a le droit de faire des études universitaires, s'il en est capable. La présence des universités privées et extrêmement chères crée une élite basée sur l'argent. Cette notion n'a aucune place dans une démocratie.

2. Le luxe des locaux d'une université compte-t-il?
   a. Oui. Il contribue au confort des étudiants et au prestige de l'université, et il crée une bonne ambiance essentielle à l'instruction.
   b. Non. Les écoles et les universités ont tendance à privilégier les bâtiments. Il ne faut pas dépenser beaucoup d'argent pour éduquer un individu. Il faut des livres et de bons professeurs qui soient bien rémunérés. C'est tout. Le prix actuel des études supérieures est ridicule.

TRAVAIL

A   **Le Stress**

B   **Les Fêtes et le congé payé**

Informatisation, solitude et stress croissant

Le Stress

Le stress est une tare de la vie moderne. Etre stressé, c'est vivre dans un climat **tendu** (sous pression), où l'on est obligé de fonctionner en **cocotte-minute** (très rapidement et sous pression). Etre stressé, c'est subir un manque de contrôle de son environnement, c'est toujours **supporter** (tolérer) les exigences des autres. A mesure que les demandes **se cumulent** (se multiplient), la personne stressée éprouve des insomnies ou tombe dans une dépression nerveuse. La **psy** (psychiatre) lui dit qu'il ne faut pas trop se plaindre, ni se soucier de ce qui se passe, sinon, il va **se casser la figure** (craquer)! Mais il est bien difficile de supporter un stress qui **bouscule** (dérange l'équilibre), qui **sape le moral** (détruit lentement l'équilibre psychologique), qui **brouille** (rend confus) l'esprit et crée des trous de mémoire. En face d'une vie qui se dégrade, on prend des kilos, ou bien on s'explose, fuit et **fugue** (part en abandonnant tout). Bien sûr, il faut éviter tous ces désagréments.

Une cause principale du stress, c'est le travail. Une **grande entreprise**, une **société**, une **boîte** (une firme), en est souvent responsable. En insistant sur la **rentabilité** (l'argent qu'on gagne) à tout prix, le **taux** (le pourcentage) de cas de dépression nerveuse augmente. Mais le simple fait du devoir d'un **salarié** (qqn qui reçoit un salaire) ou d'un cadre (responsable d'une entreprise) de se concentrer et d'être bien informé de tout ce qui se passe, peut être stressant. Evidemment, il faut **gérer** (administrer), **assurer** (faire fonctionner), **faire bouger** (faire progresser) et déléguer les affaires de la société. On ne se sent pas toujours à la hauteur d'une telle mission. Un employé **inefficace** (qui ne produit pas l'effet souhaité) risque le **licenciement** (la perte de son emploi), ou bien on lui demande de **démissionner** (s'en aller)! Le chômage qui en résulte est bien dur à accepter.

Quelles professions sont les plus stressantes? Celles qui sont dangereuses, à haut risque, répétitives, et où les employés ne peuvent pas contrôler leur environnement.

MISE EN TRAIN

Souffrez-vous du stress? Sommes-nous trop axés sur la compétition, la productivité et la rentabilité à tout prix? Alors que faire? Travailler moins dur?

AVANT DE LIRE: LECTURE RAPIDE

Vous travaillez sous le stress! En essayant de lire verticalement et en vitesse, jetez rapidement un coup d'œil sur les premiers et derniers paragraphes, et puis sur la première phrase de tous les autres paragraphes. Cherchez à dégager la thèse de l'article. Cette thèse se développe-t-elle logiquement?

TROUVEZ LE MOT JUSTE

Certaines terminaisons de verbes se déchiffrent facilement, ayant souvent un seul équivalent en anglais. Notez les mots ci-dessous qui suivent les mêmes transformations.

1. **-primer** = *-press*: «Déprimer» signifie *to depress*. Que veulent dire les verbes suivants: supprimer, réprimer, opprimer, imprimer, exprimer, s'exprimer?
2. **-tenir** = *-tain*: «Soutenir», c'est *to sustain*. Donnez l'équivalent: entretenir, retenir, détenir, contenir, maintenir, appartenir.
3. **-mettre** = *-mit*: «Soumettre», c'est *to submit*. Indiquez le sens de ces mots: permettre, commettre, omettre, remettre, transmettre.
4. **-cevoir** = *-ceive*: «Décevoir», c'est *to deceive*. Que signifient ces mots: recevoir, percevoir, concevoir?

LE STRESS AU BOULOT

*Peur du chômage, patrons hystériques, rentabilité à tout prix.
En cinq ans, le mal a beaucoup progressé. L'ulcère et la
dépression guettent. Restons calmes!*

Les médecins du travail n'ont pas la réputation d'être des va-t-en-guerre. Pourtant, 12 d'entre eux, affolés par la gravité des cas devant lesquels leur pratique les place, ont décidé de crever le silence poli généralement de mise. Ces 12 médecins en colère, praticiens en région parisienne, ont rédigé ensemble un rapport sur les troubles psychologiques et psychopathologiques dont ils sont témoins chez les salariés des entreprises en restructuration. Leur diagnostic est sans appel: «La situation s'est terriblement dégradée, surtout depuis cinq ans, affirme le Dr Bernard Seitz. On assiste à une épidémie de dépressions nerveuses et de tentatives de suicide, hélas! parfois réussies. On ne peut pas continuer à poursuivre, à n'importe quel prix, un unique objectif: la rentabilité. On va se casser la figure.»

Accusé n° 1: le stress. Ce stress qui propulse les battants, soutient les bourreaux de travail, alimente les ambitieux, transforme la fatigue en énergie et, balayant sur son passage petites appréhensions et grandes peurs, permet tous les exploits quand on aime son travail. Même celui, tout bête, de supporter, jour après jour, un voisin de bureau imbuvable. Mais le stress, aussi, brouille l'esprit, brûle le corps et bouscule l'équilibre jusqu'au *crash*.

Moyennant quoi, une personne sur quatre, en France, est victime au cours de sa vie active de troubles mentaux, bénins ou majeurs: deux fois plus qu'il y a vingt-cinq ans. Les 12 médecins racontent la compétition meurtrière, l'anxiété lancinante des salariés les plus vulnérables face aux menaces de licenciement, aux rumeurs usantes, aux changements qu'ils pressentent. Ils dénoncent les surcharges de travail, les mutations mal préparées, l'absence d'information. Ils disent aussi l'impuissance de certains dirigeants, tenus de réduire leurs effectifs et d'augmenter la productivité de leur entreprise, mais qui, déchirés ou cyniques, sont incapables de gérer les conséquences humaines de leurs décisions.

«Quand j'ai débuté, il y a vingt-cinq ans, témoigne le Dr Marie-Louise Leblanc, je rencontrais rarement des cas de dépression nerveuse, banals aujourd'hui. Mais l'intolérable, ce sont les suicides: quand cinq personnes se donnent la mort en une semaine — c'est arrivé dans une société dont je m'occupe — on est bien obligé de mettre en relation leur désespoir et les tensions qui règnent dans cette entreprise.»

Dieu merci, le travail ne décime pas systématiquement la population active, et toutes les entreprises ne secrètent pas de drames si aigus. Catherine, par exemple, est un cadre ordinaire d'une grande banque nationale, qui, pour préserver l'adaptabilité de son personnel, pratique la rotation des postes tous les trois ans: «Je n'ai jamais l'impression d'être installée quelque part, donc, j'ai du mal à m'impliquer. En plus, comme les effectifs ont été réduits, j'assure deux postes à moi toute seule depuis janvier.» Depuis février, elle est victime d'un psoriasis galopant. Depuis mars, de crampes d'estomac.

Stress, aussi, la boulimie soudaine de Pierre, enseignant — l'une des professions les plus exposées. Agrégé de lettres classiques, il s'est retrouvé, à Rouen, dans une classe de sixième dont 25% des élèves étaient, dit-il, incapables d'écrire leur nom: «En un an, je suis passé de Roland Barthes au b.a.-ba de l'écriture, et j'ai pris 15 kilos. Le soir, j'écumais le programme de télé et je ne lisais plus une ligne.»

Cadre dans une administration, Bernard, un matin comme les autres, a descendu sa poubelle sur le trottoir, pris le bus, salué le factotum à l'entrée de l'immeuble, attendu l'ascenseur, et posé... sa poubelle sur son bureau. «Ce jour-là, dit-il, j'ai compris qu'il fallait que je cherche un autre job.» Claude, lui, a carrément fugué: au moment de se garer devant sa boîte, il a soudain appuyé sur le champignon. Cinq cents kilomètres plus loin, il s'est arrêté pour télégraphier sa démission.

Certaines professions sont soumises à des tensions pratiquement inévitables, dues à l'urgence, au risque, à l'obligation de se concentrer ou de décider vite et bien. Le quart des décès des pompiers en service serait le fait du stress, hémorragies cérébrales ou infarctus à la clef. Dès que l'alerte est donnée, le rythme cardiaque du pompier passe, en soixante secondes, de 60 à 150, voire à 200 pulsations par minute, alors que le cœur d'un homme essoufflé ne bat qu'à 110-120. Pour les besoins d'une émission, un médecin s'est livré à une expérience sur Henri Sannier, alors présentateur du journal télévisé d'Antenne 2. En temps normal, l'électrocardiogramme donnait 80 pulsations par minute. A 19 h 50, quand le journaliste monte dans l'ascenseur, les battements s'accélèrent jusqu'à 100 pulsations. 19 h 55 — «Merde, j'ai oublié de brancher mon micro»: 125 pulsations. Au cours du Journal: 130 pulsations. 20 h 29 — «Bonsoir, merci, à demain»: 90, 85, puis 80, ouf!

Climat tendu au centre de contrôle aérien d'Athis-Mons, près de Paris. En mire: le carrefour névralgique de Chartres, de Toussus et de Rambouillet. Les contrôleurs aériens travaillent en binôme, l'un, rivé à l'écran radar et en communication constante avec les pilotes, l'autre, pendu au téléphone pour transmettre les informations aux secteurs voisins. Les contrôleurs ne restent jamais plus d'une heure devant l'écran: trop stressant. Leur hantise: l'erreur d'appréciation, et l'oubli d'un écho radar, qui signale la présence d'un avion.

Stressés, aussi, les dentistes, qui, selon une étude américaine, ont une espérance de vie bien inférieure à la moyenne. Stressées, aussi, les standardistes assaillies d'appels. L'une d'elle, dans le métro, s'exclamait machinalement: «Allô! j'écoute!» à chaque fermeture des portes.

Aux yeux des médecins, le stress désigne la réponse globale de l'organisme à toutes les contraintes de son environnement physique, affectif ou social, un phénomène d'emballement de la machine humaine qui peut être agréable, pénible, utile ou dangereux. Face aux agressions, l'animal n'a qu'une réaction: la fuite. S'il ne peut fuir, il tente de lutter. S'il ne peut ni fuir ni lutter, il reste tétanisé, et souffre.

Dans un rapport du Bureau international du travail, l'endocrinologue Lennart Levi affirme que le «manque de contrôle de la situation» sert de dénominateur commun à tous les stress professionnels. Plus on peut agir sur le contenu et les conditions de son travail, moins on est tendu.

Selon l'Organisation internationale du travail, les affections liées au stress touchent prioritairement les ouvriers et les employés les plus modestes: obligés de subir, mal écoutés, exposés au chômage, leur marge de manœuvre est étroite. Contrairement aux idées reçues, plus on est diplômé, plus on monte dans la hiérarchie, moins on est malade du stress. Il ne s'agit que de statistiques.

En gros, de cercle de qualité en projet d'entreprise, les dirigeants modernistes sont décidés à considérer leurs salariés comme des interlocuteurs, et même, pour les plus audacieux, comme des copains. On a le droit de s'exprimer, de pratiquer des horaires flexibles et de s'adonner au jogging dans les couloirs. On a le devoir d'être inventif, disponible, adaptable, en forme et content. Une philosophie parfaitement illustrée par la société Apple–France, qui vient d'ouvrir un centre antistress au cœur de l'entreprise. Là, on peut barboter dans le jacuzzi et faire bouger tous ses muscles sur des appareils hypersophistiqués. «Nous avons besoin de gens en bonne santé, c'est notre capital, explique Pierre Grellier, le directeur des ressources humaines. Un tonus fort favorise la concentration et le charisme.» Coercition douce, le système de valeurs maison repose sur la «séduction». Pas d'horaires, pas de contrôles, pas de hiérarchie verticale, mais, attention: «Le développement de l'entreprise passe par l'épanouissement de l'individu, précise Grellier. Mais il faut qu'il s'épanouisse.» Sinon...

Téléphonée ou pas, la satisfaction au travail ne profite pas qu'à l'entreprise. Elle serait, selon George Lehman, un chercheur américain, l'un des facteurs qui permettent le mieux de prédire une longue vie. Donc, pour vivre longtemps, travaillez heureux... Dites donc, vous, là-bas: au boulot!

1. **Quinze métiers à risque**

   Contrôleur aérien
   Pilote d'avion
   Conducteur de train
   Enseignant de collège ou lycée
   Instituteur
   Trader des salles de marché financier
   Standardiste
   Mineur
   Dentiste
   Garçon de café
   Dirigeant d'entreprise
   Caissière de supermarché
   Policier
   Claviste sur ordinateur
   Journaliste

2. **Dix trucs qui aident**

   Faites du sport (doux) régulièrement.
   Cultivez votre sens de l'humour.
   Abandonnez l'espoir de plaire à tout le monde.
   Faites-vous dorloter, au pis par un masseur.
   Tournez sept fois votre langue dans votre bouche avant d'exploser.
   Moins de café, de tabac, d'alcool, mais n'abusez pas de l'ascétisme.
   Si le travail vous déçoit, dégustez, entretcnez votre vie privée.
   Quoi qu'il arrive, gardez la face au boulot.
   Déléguez, travaillez en équipe.
   Résistez à votre patron.

3. **Premiers symptômes...**

   Vous êtes irritable.
   Vous vous sentez persécuté par vos collègues immédiats.
   Vous êtes victime de trous de mémoire.
   Votre chef n'a pas beaucoup d'estime pour vous, du moins
      croyez-vous le deviner.
   Vous avez des palpitations.
   Vous vous réveillez systématiquement deux heures trop tôt.
   Vous ne vous sentez plus à la hauteur.
   Vos mains sont moites avant chaque réunion.
   Vous avez soudain des maux de tête.
   Vous êtes anxieux sans cause précise.

Vous avez mal au dos.

Vous avez de brutales envies de chocolat, d'alcool ou de tabac.

Vous ne parvenez à bien travailler qu'à la fin de la journée, sous pression.

Vous avez trop envie de manger, ou plus du tout.

Votre appétit sexuel devient obsédant ou s'éteint.

Vous digérez mal.

Vous vous sentez vaguement oppressé.

Si vous cumulez tous ces symptômes, attention! vous allez disjoncter.

MINI-GLOSSAIRE

affoler paniquer

agrégé personne qui peut être professeur de lycée ou d'université

alimenter nourrir

appareil *m.* machine

sans appel irrémédiable

appréciation *f.* évaluation

assailli de attaqué par

balayer chasser

barboter remuer dans l'eau

brancher faire une connexion électrique

en binôme à deux

bourreau (*m.*) (*fam.*) **du travail** personne qui travaille beaucoup

champignon *m.* (*fam.*) la pédale d'accélérateur d'une voiture

cumuler mettre couche sur couche, empiler

décimer faire mourir un grand nombre

disjoncter (*fam.*) craquer

dorloter traiter tendrement

écran *m.* sert à visionner: écran de télé, d'ordinateur

écumer avaler

les effectifs nombre de membres (d'un groupe)

emballement *m.* le fait de tourner trop vite

émission *f.* programme de télé ou de radio

en forme bien physiquement et moralement

fuguer s'enfuir

hantise *f.* grande anxiété

imbuvable *cf.* boire, bu; intolérable

infarctus *f.* hémorragie de cœur

lancinant aigu

en mire le centre d'intérêt

moite humide

moyennant au moyen de, avec

névralgique sensible, dangereux

poubelle *f.* récipient à ordures

rédiger écrire

rivé à fixé sur

tendu *ant.* relax, décontracté

tétaniser paralyser

tonus *m.* vitalité

va-t-en-guerre *m.* combattant

D'APRES L'AUTEUR

Complétez les phrases suivantes selon l'article:

1. Les propos étudiés par les médecins étaient sur:
   a. le retardement mental.
   b. l'indigestion.
   c. la psychologie.
2. Bernard et Claude sont des exemples:
   a. de gens perturbés par le stress.
   b. de gens dans la lune.
   c. de malades mentaux.
3. Certaines professions sont soumises à des tensions inévitables car:
   a. elles ne sont pas organisées.
   b. elles doivent faire face à des urgences.
   c. elles sont en plein essor.
4. Plus on monte dans la hiérarchie:
   a. plus on est stressé.
   b. plus on est relax.
   c. on ne réagit plus.
5. Dans les entreprises, on tente de s'entendre avec tout le monde:
   a. en faisant du jogging dans les couloirs.
   b. en regardant voler les mouches.
   c. en buvant du whisky.

EXPRESSIONS UTILES: DEFOULEZ-VOUS!

Voici des expressions familières qui vous aideront à exprimer votre stress. Trouvez l'équivalent en anglais pour chaque expression à gauche.

A	B
Tu m'agaces!	*Get off my case!*
Tu m'embêtes!	*You annoy me!*
Tu me tapes sur les nerfs!	*You bug me!*
Fiche-moi la paix!	*Aw, come on!*
Non, mais voyons!	*I'm really getting fed up with you!*
Espèce d'imbécile!	*You get on my nerves!*
Qu'est-ce que tu es idiote!	*Are you nuts?*
T'es folle?	*What an idiot you are!*
Tu me prends la tête!	*You imbecile!*

A VOTRE AVIS

En groupes de deux ou trois personnes, commentez ces propos:

1. A l'université, il y a un accroissement de dépressions nerveuses.
2. Les Américains travaillent trop et trop dur.
3. Il est très stressant d'habiter avec un camarade de chambre insupportable.
4. Au moins une personne sur quatre de ma connaissance souffre de troubles mentaux, bénins ou majeurs.
5. En général, les étudiants universitaires sont trop stressés.
6. Je préférerais gagner moins d'argent, mais être moins stressée.
7. Les adultes sont généralement plus stressés que les jeunes.
8. Les pauvres sont plus stressés que les riches.
9. Les sports constituent un bon remède au stress.

IMPROVISONS!

Racontez votre stress en tant qu'étudiant:

Votre psy vous a dit que vous aviez besoin d'exprimer vos frustrations de la vie quotidienne. Dites pourquoi votre vie est impossible. Défoulez-vous avec a. votre camarade de chambre, b. vos parents, c. vos profs et d. votre patron. Utilisez les expressions utiles pour a. et b. Pour c. et d., utilisez des expressions telles que les expressions ci-dessous. Il serait sage de vouvoyer (dire «vous» à) vos profs et votre patron!

J'aurais à vous parler...

Cette situation m'est intolérable...

Je suis très content/e ici, mais...

Je cherche la meilleure solution pour nous tous...

Je comprends tout à fait votre point de vue, mais il me semble...

Je vous suis très reconnaissant/e de cette occasion, mais en toute honnêteté...

Je ne demande pas mieux que de travailler tous les soirs/maîtriser la langue française, mais...

Jouez les sketches ci-dessous, dans l'esprit de l'article.

1. Vous êtes Catherine qui change de poste tous les trois ans. Depuis janvier, elle assure deux postes à elle toute seule, en février elle est victime d'un psoriasis galopant, et puis en mars elle a des crampes d'estomac. Vous en parlez à votre psy.

2. Vous êtes Pierre, professeur de lycée/d'université, qui se retrouve dans une classe de sixième (élèves de onze ans). 25% de la classe ne sait ni lire ni écrire. Vous avez pris 15 kilos, vous ne faites que regarder la télé le soir et ne lisez plus. Parlez-en à votre petite amie.

3. Vous jouez le rôle de Bernard, cadre dans une administration. Un jour, vous descendez votre poubelle et la déposez sur votre bureau. Votre secrétaire, stupéfaite, vous en parle.

4. Jouez le rôle de Claude. Au moment de garer votre voiture devant votre bureau un jour, sans explication vous avez soudain appuyé sur la pédale d'accélération. Cinq cents kilomètres plus tard, vous vous arrêtez pour donner votre démission par téléphone. Conversation entre vous et votre patron.

5. Vous êtes Marie-Laure, standardiste. Un soir, en revenant de votre travail, vous vous trouvez dans le métro. Avec chaque fermeture de portes, vous dites, «Allô! j'écoute!» Etonnée, une femme qui prend le métro aussi vous en parle.

6. Jouez le rôle de Henri, présentateur du journal télévisé. Un soir il oublie de brancher son micro pendant l'émission. Par la suite son patron le critique sévèrement. Répondez au patron.

7. Vous êtes une dentiste américaine qui a tous les symptômes de stress et qui en parle à son mari.

DEBAT

1. Le stress est un nouveau mot pour un phénomène qui a toujours existé: l'incapacité d'un individu de s'adapter au rythme de sa société. Toute culture, qu'elle soit primitive ou industrialisée, orientale ou occidentale, contemporaine ou passée, a toujours éprouvé ce phénomène. Seul le nom est nouveau.

2. Les sociétés de l'Occident devraient réduire leurs bénéfices au nom du bien-être mental et psychologique de leurs individus. Nous sommes des maniaques du capitalisme, et nous travaillons trop et trop dur.

8B

Les Fêtes et le congé payé

Une majorité de Français ne travaille que sept mois sur douze et, au mois de mai, dix-huit jours sur trente et un. Les Français travaillent deux mois de moins par an que les Japonais et un mois de moins que les Américains. L'horaire légal de travail a baissé après la campagne électorale des socialistes en 1981. Ils ont promis une cinquième semaine de congé payé et une réduction de la semaine de travail. Après leur élection au pouvoir, une **proposition de loi** (*bill*) a été votée. Les horaires de ceux qui travaillaient moins que la norme sont devenus encore plus restreints. En plus de l'augmentation du nombre de **congés payés** (jours où on est payé sans travailler), beaucoup de Français **font le pont** (font un long week-end). Il faut signaler d'ailleurs que, quoique la France ne soit pas un pays religieux, on fête la Pentecôte, l'Ascension (fêtes religieuses après Pâques) et la Toussaint (le premier novembre), parmi d'autres fêtes catholiques.

L'auteur de cet article s'inquiète des conséquences économiques de cette réduction des heures de travail. Sur le marché mondial, la France est un mauvais **concurrent** (*rival*). En compétitivité, les Japonais battent des records. Le **patronat** (*cf.* patron; la direction) de firmes et de **filiales** (firmes secondaires) japonaises est branché boulot.

Au lieu de s'attacher à un point de vue général, les Français ont une idée bien particulière. Ils peuvent **profiter** (être heureux) de leurs jours de congé, mais entre temps, l'**écart**, le **fossé** (la distance) entre eux et les Japonais **s'accroît** (augmente). Les **indices** (chiffres) économiques ne sont pas bons. En effet, le pouvoir d'achat baisse, le déficit des échanges augmente. Le travail est mal récompensé. Ceux qui travaillent beaucoup, paient beaucoup plus d'**impôts** (taxes). Le **prélèvement** (*deduction*) de la dernière **tranche** (*bracket*) des plus fortunés atteint 70 pour cent du salaire. Si ces inégalités économiques (au nom de l'égalité sociale) ne cessent pas, la France reculera graduellement en bout de queue de la concurrence économique mondiale.

MISE EN TRAIN

Les Français sont-ils paresseux? Leur fameuse «joie de vivre» se traduit-elle sur le plan économique par de mauvaises cotes?

AVANT DE LIRE

Evaluez les conclusions que l'auteur a tirées des tableaux. Les statistiques justifient-elles la thèse de l'auteur dans chaque cas? Force-t-il parfois ses conclusions? Avez-vous des réserves à l'égard de sa méthodologie? En lisant l'article, tenez compte de vos jugements initiaux.

TROUVEZ LE MOT JUSTE

Complétez les phrases ci-dessous en vous servant d'expressions indiquant la conséquence.

sous peine de: de peur de

ainsi (+ inversion du sujet et du verbe): de cette façon

d'autant plus que: encore plus que

or: mais

1. Il est défendu de fumer _____ expulsion de la salle.
2. On m'a dit que cette classe serait facile; _____, ce n'était pas le cas!
3. C'est un homme remarquable, _____ sa vie a été extrêmement difficile.
4. _____ verra-t-on les agents obtenir la semaine de 38 heures.

LES FRANÇAIS
SONT-ILS PARESSEUX?

Une majorité de Français travaille sept mois sur douze et, au mois de mai, dix-huit jours sur trente et un. Une enquête sur le temps de travail en France

Nous le savons tous, un croquis vaut mieux qu'un long discours, un graphique mieux qu'un long article. Mais ce qu'un graphique ne dira jamais, c'est la complexité et la diversité, surtout en une matière — le travail — et un pays — la France — où il existe presque autant de situations différentes que de Français.

Les chiffres qui montrent que les Français consacrent de moins en moins d'heures au travail, dans une Europe où l'esprit laborieux s'affaisse, est à la fois vrai et faux. Car il ne prend pas en compte les professions libérales, il ne dit rien du boulanger qui se lève à 2 heures du matin, de l'épicier, du boucher, du P.–D.G. ou de certains d'entre

eux, du routier, du médecin, de l'éleveur rivé à son élevage et pour lequel il n'est question ni de jours fériés ni de «ponts», du chauffeur de taxi derrière son volant dix heures par jour pour des mois de 5 000 F «quand tout va très bien, Monsieur», ou même de celles et de ceux qui, dans des petites entreprises menacées ou dirigées rudement: — «la porte est ouverte» — dépassent largement l'horaire légal.

Dans ce terrible (pour l'économie) et merveilleux (pour des millions de Français) mois de mai où presque tout et presque tous s'arrêtent un jour sur deux et où, fêtes religieuses, syndicales et patriotiques s'enchaînant à la perfection, un peuple déserte les églises,

---

Les Français travaillent-ils autant que les autres nations?

	Durée réelle	Durée légale
Japon	274	278
U.S.A.	231	239
Suisse	228	241
Danemark	212	224
Autriche	206	225
G.-B.	206	220
France	205	220
Italie	204	222
Finlande	203	227
Belgique	202	215
Pays-Bas	201	217
Norvège	201	230

Les Français se reposent plus de 5 mois par an

Week-ends : 104 jours
Vacances : 25 jours
Jours fériés : 10 jours
Absentéisme : 16 jours (en moyenne)
Ponts : 5 jours (en moyenne)
TOTAL : 160 jours = 5 mois + 3 jours

Source : Conseil d'Europe et documentation.

les syndicats et les cérémonies militaires et acquiert le droit d'aller s'entasser — et se tuer, parfois — sur toutes les routes de France et de Navarre.

Au cours de la campagne électorale de 1981, les socialistes avaient presque tout misé sur les charmes des 35 heures et de la cinquième semaine de congés payés. A un peuple étourdi, ignorant les réalités économiques, ils promettaient à la fois des vacances supplémentaires, une diminution de l'effort quotidien, le maintien du salaire et, de surcroît, en prime en quelque sorte, la réduction du chômage.

Après un long débat, M. Mitterrand devait trancher: «Il ne peut être question d'offrir un échange entre réduction de travail et réduction de revenu. Pas un travailleur ne doit craindre pour son pouvoir d'achat du fait de la réduction de la durée du travail.»

C'était, en deux phrases, sceller le destin des 35 heures car échaudé par les 39 heures qui avaient coûté très cher (entre 17 et 45 milliards suivant les chiffrages) pour une très faible création d'emplois (une vingtaine de mille), il était bien évident qu'avant longtemps le patronat refuserait d'aller plus loin.

La France est bien placée au hit-parade de l'absentéisme

Norvège : 29 jours
Suède : 28 jours
Finlande : 24 jours
Autriche : 19 jours
Italie : 18 jours
Pay-Bas : 16,5 jours
R.F.A. : 16 jours
France : 15,5 jours
G.-B. : 14,5
Suisse : 13,5
Belgique et Danemark : 12 jours
U.S.A. : 7,5 jours
Japon : 4 jours

D'autant plus que les 39 heures accordées à tous étaient prétexte à de ridicules dérapages. Toujours au nom de «l'irréversibilité des avantages acquis», ceux, qui déjà travaillaient 39 heures, ou moins, entendaient bien travailler moins encore. Depuis quand les plus favorisés ne bénéficieraient-ils pas d'un avantage accordé aux moins favorisés?

[Par exemple,] aujourd'hui, l'agent de police français réglant la circulation travaille 1 419 heures par an. Son collègue italien fait 1 499 heures, l'Anglais 1 659, l'Américain 1 731, l'Allemand 1 779 et le Japonais 2 075. Mais ce qui compte ce sont les statistiques globales plus que les cas particuliers. Ainsi importe-t-il de savoir que si 56% des ouvriers et 74% des employés travaillaient 40 heures par semaine en janvier 1981, ils ne sont plus aujourd'hui que 10% et 5%.

Ce n'est pas un hasard si presque toutes les courbes de productivité se cassent en 1981–1982.

Le déficit des échanges de biens manufacturés entre la France et l'Allemagne était de 23 milliards en 1980. Il passe à 31 en 1981 à 47 en 1982. Le déficit de l'équipement professionnel double entre 1980 et 1982, plus mauvaise année, il est vrai, de la gestion socialiste.

Plus le temps est réduit plus le taux de chômage est élevé

	Durée du travail annuelle (en h)	Taux de chômage en %
Japon	2 100	2,7
U.S.A.	1 870	7,8
G.-B.	1 750	11,8
R.F.A.	1 690	8,4
France	1 650	9,8
Pays-Bas	1 640	14,6
Italie	1 630	13,3
Belgique	1 510	13,7

Source: Conseil de l'Europe - Strasbourg.
Nombre de chômeurs observé (données brutes) en % de la population
active sauf pour les Etats-Unis et le Japon (données CVS).

Exemple d'une multinationale dont la maison mère est en France

	Travail effectif	Congés payés
U.S.A.	1 778 heures	19,5 jours
R.F.A.	1 540 heures	35 jours
France	1 446 heures	38 jours

Que l'on regarde la courbe de la production totale de la mécanique. En 1977, la France était à l'indice 100, le Japon à l'indice 95. En 1986, nous nous retrouvons à l'indice 95 et le Japon à l'indice 180. Et ce qui est vrai pour le Japon l'est, avec des nuances, pour tous nos grands concurrents industriels.

Semaine de 39 heures et cinquième semaine de vacances n'expliquent pas tout. Il serait sot de le croire, malhonnête de le faire croire.

Mais il n'est pas possible de gagner plus en travaillant moins et, surtout, pas possible, dans ce grand match économique entre les nations qui a remplacé la guerre, mais qui a des conséquences aussi redoutables que la guerre, de gagner contre des nations qui travaillent davantage et souvent de façon plus rationnelle.

Un certain nombre de mythes se sont effondrés. Ainsi celui d'après lequel la diminution du temps de travail entraînerait une diminution systématique du chômage. Or c'est au Japon et c'est aux Etats-Unis que le chômage est le plus bas, ou qu'il est en baisse sensible.

C'est au contraire dans une économie à croissance faible, lorsqu'il y a une baisse brutale du temps de travail, que l'on enregistre une baisse des effectifs. C'est vrai pour 1983 notamment: 1,80% de moins pour le temps de travail, 0,90 de moins pour les effectifs.

Nous sommes un peuple dont les politiciens qui souhaitent tout, sauf être égaux, ne cessent de dire qu'il souffre de profondes inégalités.

Inégalité devant la naissance, l'éducation, le service militaire, le patronat, le logement, les moyens de transport, que sais-je.

C'est également au nom de l'égalité que ceux qui travaillent beaucoup paient un maximum d'impôts: à partir d'un certain seuil jusqu'à 70% si l'on ajoute aux 65% de la dernière tranche, ces prélèvements exceptionnels qu'expliquent, sans tout à fait les justifier, l'inclémence du ciel ou les gaspillages des dirigeants. Ainsi, dans une société aux valeurs bouleversées, est-il sûrement plus avouable, et sans doute plus honorable, de gagner sa vie sur les champs de course ou au loto qu'en travaillant!

Ainsi l'une des plus grandes (et des moins souvent reconnues) des inégalités françaises est-elle l'inégalité devant le travail. Entre ceux qui travaillent beaucoup et ceux qui se «la coulent douce», entre ceux qui font des journées de dix heures, journées pour les femmes, toujours prolongées par les tâches ménagères et les adeptes de la semaine des quatre dimanches le fossé est immense. Fossé qui n'est pas prêt, sans doute, d'être comblé puisque cela ne se pourrait faire sans révolution intellectuelle et morale.

Mais ne nous étonnons pas de la sanction qui frappera un peuple aux actifs de moins en moins nombreux et de moins en moins actifs.

Elle viendra à l'âge de la retraite. Et même avant, lorsqu'il faudra modifier de fond en comble des systèmes de sécurité sociale collective qui ne peuvent vivre de l'air du temps mais du travail de tous.

13 jours et demi de repos dans les banques en mai

Jours de travail	Jours de repos	Jours de travail	Jours de repos
	Après-midi du mardi 30 avril, veille de jour férié		Après-midi du mercredi 15 mai, veille de jour férié
	Mercredi 1er mai, fête du Travail		Jeudi 16 mai, Ascension
Jeudi 2 mai		Vendredi 17 mai	
Vendredi 3 mai			
	Week-end: samedi 4 mai dimanche 5 mai		Week-end: samedi 18 mai dimanche 19 mai
Lundi 6 mai		Lundi 20 mai	
	Après-midi du mardi 7 mai, veille de jour férié	Mardi 21 mai	
		Mercredi 22 mai	
		Jeudi 23 mai	
	Mercredi 8 mai, fête de la Victoire	Vendredi 24 mai	
Jeudi 9 mai			Week-end: samedi 25 mai
Vendredi 10 mai			dimanche 26 mai lundi 27 mai, Pentecôte
	Week-end: samedi 11 mai dimanche 12 mai	Mardi 28 mai	
		Mercredi 29 mai	
		Jeudi 30 mai	
Lundi 13 mai		Vendredi 31 mai	
Mardi 14 mai			

MINI-GLOSSAIRE

s'affaisser baisser

biens *m.pl.* produits de l'économie; possessions

chiffrage *m.* les statistiques

combler remplir

consacrer passer

se la couler douce (*fam.*) ne pas trop travailler

dépasser aller plus loin

échaudé par déçu par

effectifs *m.pl.* chiffres

éleveur, élevage *m.* agriculteur qui s'occupe des animaux; son travail

enregistrer noter, mémoriser

s'entasser se réunir

étourdi irréfléchi, qui agit sans réflexion

de fond en comble complètement

gaspillage *m.* dépense inutile

gestion *f.* administration

graphique *m.* image qui explique une situation

inclémence *f.* manque de pitié

maintien *m.* la garde

miser sur compter sur

particulier individuel

en prime en plus

routier *m.* chauffeur de camion

sanction *f.* punition

sauter à l'esprit venir rapidement à la pensée

sceller fermer, mettre fin à

de surcroît d'ailleurs

trancher décider d'une manière catégorique

volant *m.* qui sert à guider un véhicule

EXPLORATIONS

D'APRES L'AUTEUR

Indiquez si ces propos sont vrais ou faux selon l'auteur. Corrigez les propos qui sont faux.

1. Les dessins et les croquis sont plus explicites que des discours ou des articles.
2. Les Français travaillent de plus en plus.
3. Au mois de mai on travaille un jour sur trois.
4. La semaine des 39 heures a été un grand succès.
5. L'agent de police français travaille 1 419 heures par semaine.
6. Les Français sont moins souvent absents au travail que les Italiens.
7. Les Français travaillent 26 jours de plus que les Américains.
8. Au nom de l'égalité, ceux qui travaillent le plus et gagnent le plus, doivent payer plus d'impôts.
9. Le taux de chômage diminue avec une augmentation dans le nombre d'heures du travail annuel.
10. Les Etats-Unis ont les meilleurs chiffres de productivité.
11. Les Américains ne sont pas souvent absents du travail.

EXPRESSIONS UTILES: QUESTIONNER ET DEMANDER

Formulez une phrase pour chaque expression.

avertir: informer qqn de qqch afin qu'il prenne garde
  Mais la sanction, **avertit** Henri Amouroux, nous frappera tous.

avoir beau + *inf*: bien que, quoique + subj.
  A gauche, certaines personnes, plus stables que d'autres, **avaient beau dire** que la France ne pouvait accepter que la diminution du travail ne soit pas compensée par une diminution du salaire.

interroger sur: questionner qqn avec l'idée qu'il réponde
  J'ai interrogé un syndicaliste japonais **sur** l'absentéisme.

remettre en question: soumettre à une discussion
  La cour d'appel **a remis en question** la décision de n'observer que les fêtes catholiques.

requérir (*litt.*): solliciter, réclamer
  des manifestants qui **requièrent** la présence des policiers

A VOTRE AVIS

Commentez ces propos à deux:

1. Dans l'ensemble, le monde est juste. A long terme, nous sommes récompensés de nos efforts.
2. La politique gouverne le cours des affaires mondiales. Il est peut-être plus important d'être aimé, de se faire des amis parmi les responsables d'une entreprise, plutôt que de se tuer à travailler de longues heures. Les promotions se font autant, sinon plus, sur un terrain de golf que dans un bureau.
3. Il faut vivre non seulement pour le présent, mais aussi pour l'avenir. Travailler dur est une façon de se préparer à un meilleur avenir.
4. Le bonheur se trouve dans la réussite académique, professionnelle ou financière. Le travail assidu est nécessaire à la réussite.
5. Les Américains sont des drogués du travail. Ils ont tendance à tout faire à l'excès. Ils ne savent pas se détendre.
6. Ce qui compte, c'est le bonheur personnel, les fêtes et le temps libre.
7. Dieu nous a donné la terre et tout ce qui s'y trouve. C'est à nous de la cultiver ainsi que nos talents. La paresse est contre la volonté divine.
8. La règle dans la vie, c'est *carpe diem*, «saisir le jour», vivre au jour le jour.

TABLE RONDE

Prenez les positions indiquées en montant une table ronde au sujet de la paresse et du travail. Chaque personne ou groupe présentera d'abord son avis. Par la suite, les membres de la table ronde se poseront des questions lors d'une discussion menée par l'animatrice.

Voici les rôles:

1. Animatrice
2. Un socialiste qui est pour six semaines de vacances, et qui s'inquiète du sort de l'ouvrier.
3. Une économiste conservatrice. Elle critique la politique des socialistes, qui est un désastre économique pour la France.
4. Une jeune délaissée par ses parents. Elle ne voit presque jamais son père, P.–D.G. d'une grande entreprise, ni sa mère, ministre à la condition féminine.

5. Un psychologue. Les valeurs personnelles et le besoin d'intimité nous dictent la nécessité du repos.

6. Une grande bourgeoise protestante, capitaliste et assez riche. Dieu nous a donné la terre et tout ce qui s'y trouve pour nous enrichir. C'est notre responsabilité de développer nos talents, aussi bien que les ressources naturelles de la terre.

7. Un bon vivant de la haute société, qui est suffisamment riche pour ne pas être obligé de gagner sa vie.

8. Femme d'affaires, propriétaire d'une boutique, qui travaille de longues journées.

9. Etudiante. Sa devise, c'est *carpe diem,* «saisir le jour»; elle est contre un excès de travail, et pour le bonheur qui se trouve en faisant la fête.

10. Un prêtre catholique qui défend le travail et le repos. Dieu nous a donné six jours de la semaine pour travailler et le septième pour nous reposer. Il faut respecter les fêtes religieuses qui sont un temps sacré.

11. Policier ou pompier. Le stress du boulot exige des semaines courtes et de plus longues vacances.

DEBAT

1. L'idéal, c'est de jouir pleinement de chaque instant. La meilleure façon de le faire est de fêter autant d'événements et de jours que possible. C'est affirmer le côté humain de la vie. «Paresse» est un mot inventé par des matérialistes qui veulent s'enrichir, plutôt que profiter de la vie.

2. Les Américains sont des drogués du travail; les Français savent bien vivre.

MANIPULER LA VIE?

A   La Recherche scientifique

B   La Fécondation artificielle

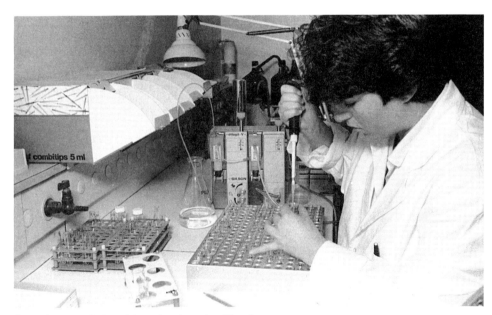

Faut-il fixer des limites à la recherche scientifique?

9_A

La Recherche scientifique

Récemment, des équipes de **chercheurs** (scientifiques) ont découvert que certains organismes peuvent modifier leur patrimoine héréditaire pour s'adapter à l'environnement. Selon la théorie darwinienne, les êtres vivants évoluent selon le **hasard** (par chance) et se reproduisent sous la pression de la sélection naturelle. Mais d'après des travaux récents, certaines bactéries seraient capables de modifier un défaut héréditaire pour survivre. Peut-être que, dans l'évolution des espèces, le besoin s'avère être plus important que le hasard.

MISE EN TRAIN

Est-ce le déterminisme ou le hasard qui gouverne l'évolution des espèces? Se peut-il que Darwin se trompe?

AVANT DE LIRE

Souvent le premier ou le dernier paragraphe résume un essai. En vous basant sur le dernier paragraphe, indiquez l'argument de l'essai.

ET SI DARWIN S'ETAIT TROMPE?

Des bactéries qui choisissent elles-mêmes leurs mutations? Rien de plus hérétique ne pouvait être imaginé depuis la publication, en 1872, de la bible des biologistes, *De l'origine des espèces...*, écrite par Charles Darwin. Mais deux équipes de chercheurs américains viennent de montrer que certains organismes sont capables de modifier leur propre patrimoine héréditaire pour s'adapter à l'environnement. Un phénomène en contradiction totale avec la sacro-sainte théorie darwinienne, qui veut que tous les êtres vivants évoluent en respectant une double loi: leurs caractéristiques génétiques apparaissent au hasard et se perpétuent sous la pression de la sélection naturelle. Autrement dit, les girafes n'ont pas allongé leur cou à force d'essayer de brouter les feuilles haut perchées dans les arbres. Certaines sont nées, sous l'effet de mutations aveugles, avec une nuque anormalement longue, qui leur a permis de survivre et de s'imposer dans la savane, alors que leurs congénères à la tête plus «près des épaules» ont fini par disparaître, faute de pouvoir se nourrir aussi facilement.

Simple et efficace, cette vision de la genèse s'était imposée jusque-là auprès de la quasi-totalité des scientifiques, bien que personne n'ait jamais pu en apporter des preuves incontestables. Mais voici qu'un grain de sable s'insinue dans le bel édifice: les êtres vivants ne s'adaptent pas toujours à l'aveuglette, si l'on en croit les travaux publiés dans la revue *Nature* par une équipe de biologistes de la Harvard Medical School, aux Etats-Unis. Le Dr John Cairn et ses collaborateurs ont ainsi cultivé des bactéries victimes d'un défaut héréditaire: une erreur dans le gène qui permet normalement de digérer une forme de sucre, le lactose, dont elles ne peuvent donc plus se nourrir. Placées dans des éprouvettes où la seule pitance disponible était justement du lactose, certaines ont réussi à corriger l'erreur en se reproduisant, donnant naissance à de nouvelles lignées sans aucun handicap génétique!

Une autre expérience consistait à cultiver des bactéries qui, pour pouvoir synthétiser le fameux sucre, devaient, cette fois, débarrasser leur patrimoine héréditaire d'un morceau de gène parasite. Le même miracle s'est reproduit, sans qu'on puisse l'attribuer au hasard: seules les colonies de bactéries confrontées au défi «le lactose ou la mort» ont réussi à s'adapter. Ce crime de lèse-darwinisme n'est pas isolé: un autre biologiste, de l'université du Connecticut, a abouti à des résultats similaires, qui seront prochainement publiés dans *Ge-*

netics. Le Dr Barry Hall a en effet constaté que des bactéries pouvaient, face à un danger de mort, effectuer non pas une, mais deux mutations consécutives — une acrobatie biologique statistiquement considérée comme impossible.

Et si Lamarck avait eu raison? Ce savant français du XIXe siècle soutenait l'hypothèse des caractères acquis: le cou de la girafe serait allongé de génération en génération, l'animal étant poussé par la nécessité de brouter toujours plus haut — tout comme les bactéries s'adaptent à leur nourriture. «L'heure n'est pas encore venue de jeter Darwin aux orties», tempère cependant John Cairn, en soulignant qu'il existe un fossé entre la bactérie, formée d'une seule cellule, et le plus simple des animaux, qui se reproduit de façon totalement différente. Le chercheur envisage même une hypothèse qui respecterait le rôle du hasard: au moment de se diviser, les microbes produisent des erreurs fréquentes dans la copie de leur matériel héréditaire. Parmi elles, des corrections spontanées du défaut génétique. Ces bonnes erreurs seraient sélectionnées par un mécanisme chimique — encore à découvrir — qui accélérerait ainsi les mutations utiles.

Hasard et nécessité: le mystère de la vie balance depuis plus d'un siècle entre les deux piliers du dogme évolutionniste. Reste une question: et Dieu, dans tout ça?

MINI-GLOSSAIRE

à l'aveuglette aveuglément

brouter manger des herbes (se dit des moutons, des chèvres, etc.)

cellule *f.* l'organisme vivant le plus simple

défi *m.* obstacle

éprouvette *f.* où l'on fait des expériences scientifiques

fossé *m.* un écart

jeter aux orties rejeter

nuque *f.* partie postérieure du cou

savane *f.* une prairie en Afrique

EXPLORATIONS

D'APRES L'AUTEUR

Indiquez si ces propos sont vrais ou faux dans le contexte de l'article.

1. L'une des caractéristiques des êtres vivants est que leurs traits génétiques se perpétuent.
2. Les girafes ont le cou allongé à force d'essayer de brouter les feuilles dans les arbres.
3. On cultive des bactéries pour synthétiser du sucre, par exemple.
4. Les bactéries ne peuvent pas effectuer deux mutations consécutives.
5. A l'université d'Utah, on fait des manipulations génétiques sur des êtres humains.
6. Les maladies héréditaires viennent souvent de gènes en bonne santé.
7. Le «train» d'ADN est formé de six wagons.
8. La manipulation génétique est plus facile chez l'être humain que chez les animaux.

EXPRESSIONS UTILES

Résumer l'article oralement ou par écrit en utilisant les verbes ci-dessous.

modifier: *cf.* la modification; changer une chose, sans en changer la nature

s'adapter à: se mettre en harmonie avec

évoluer: passer par une série de transformations

s'imposer: être indispensable, être impossible à rejeter

survivre: continuer à vivre

débarrasser: enlever ce qui gêne

effectuer: exécuter

se diviser: se séparer

produire: causer, faire

se reproduire: se multiplier, proliférer

se perpétuer: durer

aboutir à: se terminer dans

A VOTRE AVIS

Commentez ces propos:

1. Je pense que la théorie de l'évolution explique le développement des espèces.
2. Dieu a créé les espèces. La complexité des êtres vivants indique la présence d'une intelligence supérieure (Dieu) derrière ce développement.
3. Dieu a créé les espèces dont la plupart ont évolué au cours du temps. Cependant cela ne justifie pas le grand fossé entre les singes et les hommes.
4. La science et les scientifiques jouent un très grand rôle dans notre vie. Les changements dans notre vie quotidienne résultent souvent de découvertes scientifiques telles que l'informatique.
5. Nous sommes trop ignorants en science. Dans notre pays, de plus en plus d'étrangers reçoivent des diplômes scientifiques.
6. Les femmes sont aussi bonnes dans les sciences que les hommes, mais elles en ont peur.
7. En principe, les sciences ne sont pas plus difficiles à comprendre que d'autres matières.
8. On devrait obliger les étudiants d'université à faire plus de sciences.

ETUDES DE CAS

Nous sommes en l'an 2025. Vous êtes membre d'un comité de citoyens formé pour discuter des changements relativement récents dans la société. Que pensez-vous des implications sociales, politiques, juridiques, religieuses ou humaines du déterminisme dans l'évolution génétique? Peut-on contrôler, et même changer le comportement humain par des moyens déterministes? Est-ce une bonne idée de le faire? Que pensez-vous des cas ci-dessous? Sont-ils à encourager?

1. Pour gagner des prix, la société sélectionne des enfants avec du talent, pour les entraîner et pour les faire travailler pratiquement toute la journée. Une société a-t-elle le droit d'agir de la sorte que ce soit pour gagner les Jeux olympiques, pour découvrir l'espace, pour vaincre le cancer, le sida, ou pour devenir le pays le plus riche du monde?

2. Les parents, voulant la réussite de leurs enfants, augmentent les leçons particulières (sports, musique, langues, etc.) et limitent les heures de récréation de leurs enfants.

3. Les écoles augmentent le nombre d'heures de devoirs pour tous—quelque soit le niveau d'intelligence des enfants.

4. Le gouvernement décide de résoudre le problème de la pauvreté et prend les décisions suivantes:

   a. Il élimine l'assistance sociale, sauf pour des cas graves tels que des personnes sérieusement handicapées, physiquement ou mentalement. De plus, l'aide aux femmes célibataires avec enfants, ou aux filles-mères est pratiquement éliminée.

   b. L'aide aux chômeurs est réduite, mais un emploi est créé pour chaque habitant.

   c. Les individus qui se droguent ne reçoivent aucune assistance.

   d. Dans toutes les écoles, les élèves doivent réussir à des examens difficiles pour passer dans la classe supérieure. Du coup, les mauvaises écoles s'améliorent.

   e. Les instituteurs et les professeurs qui ne peuvent pas former des élèves sachant bien lire et écrire ne sont pas payés.

   f. On ferme une grande partie des maisons de retraite, les remplaçant par des centres sportifs. L'état physique des gens du troisième âge (les plus de 60 ans) s'améliore.

   g. On favorise la réhabilitation dans les prisons, et le travail de la part des prisonniers.

   h. On ne vendra qu'à des prix extrêmement élevés:

      les boissons alcoolisées

      les cigarettes et les cigares

      les bonbons et les sucreries

      les produits alimentaires malsains

   i. La peine de mort est décrétée pour les vendeurs de drogues.

5. Les églises exigent beaucoup plus d'heures de culte religieux: le conditionnement mène à la foi.

DEBAT

1. C'est **surtout** l'intelligence et l'hérédité qui déterminent sa performance, non pas le milieu.

2. Les doutes des scientifiques à l'égard de la théorie darwinienne de l'évolution indiquent que l'origine et le développement de la vie sont plus mystérieux qu'on ne pensait. Il est fort probable que Dieu se trouve derrière ces phénomènes.

9B

La Fécondation artificielle

Le cas de la fécondation in vitro **soulève** (pose) un problème particulièrement délicat: a-t-on le droit de décider du **sort** (l'avenir) des embryons congelés? Pour cette question, comme pour tous les graves problèmes sociaux, moraux ou intellectuels, les avis sont loin d'être unanimes. Les gens débattent toujours le pour et le contre.

D'abord on examine comment les choses se présentent, ce que les chiffres traduisent. Dans un souci d'objectivité, on s'interroge sur le sort, le statut des embryons. On **pose les premiers jalons** (prépare) d'une enquête en s'appliquant à examiner des motivations très variées. On essaie de prévoir la **volonté commune** (le désir général) concernant les embryons. **Il convient** peut-être **de** (il vaut mieux) réserver tout jugement, parce que ce problème juridique épineux fait passer des **nuits blanches** (nuits sans sommeil) aux juges et risque de créer un imbroglio total.

D'un côté, de nombreux aspects constructifs se présentent. Certains parents **en mal d'** (sans) enfant **préconisent** (recommandent fortement), voire **réclament**, et **revendiquent** (insistent sur) leur droit à un enfant. **Vu** (considérant) le **taux** (pourcentage) de réussites, ces parents pensent que puisque les techniques de fécondation sont

mises au point (perfectionnées), rien ne devrait s'opposer à leur désir d'enfant.

Mais de nombreuses critiques de la fécondation in vitro s'élèvent également. Les avis opposés regroupent différents raisonnements. Certains dénoncent le coût de l'opération. D'autres font obstacle à la Fiv au nom de convictions religieuses.

Bref, la fécondation in vitro a provoqué un **tollé** (une forte protestation) — les esprits se sont échauffés.

MISE EN TRAIN

A-t-on le droit de congeler et puis de garder des embryons humains? Vous y opposez-vous, du point de vue juridique ou religieux? Accepteriez-vous de donner naissance à un bébé éprouvette?

AVANT DE LIRE

Parcourez rapidement cet article. Puis, répondez à ces questions sur la structure logique du texte. Quel problème cet article pose-t-il? Comment y a-t-on répondu jusqu'ici? Logiquement, quelles autres réponses se présentent?

TROUVEZ LE MOT JUSTE: VERBES

Expliquer ce qu'est la fécondation in vitro. Utiliser les verbes ci-dessous dans votre explication.

prélever: prendre une partie d'un ensemble

provenir de: venir de, avoir son origine dans

féconder: rendre fertile ou enceinte

implanter: introduire et faire se développer

congeler: soumettre un produit au froid pour le conserver

mijoter: faire cuire lentement

prévoir: imaginer à l'avance comme probable

livrer: donner

TEMPETE IN VITRO

Figés dans des éprouvettes plus fines que des aiguilles à tricoter, plongés dans des cuves d'azote liquide à 196° C au-dessous de zéro, près de 10 000 embryons attendent le dégel: très exactement 9 350, recensés en France, au 1er janvier 1989, par le Groupe d'études de la fécondation (Gef). Ce sont les réservistes de la fécondation in vitro (Fiv). Comme leurs frères d'active, ils proviennent d'un ovule (ou ovocyte) de leur mère, fécondé par un spermatozoïde, dans l'intimité d'une éprouvette, hors de toute relation sexuelle. Puis ils ont été placés, pendant 48 heures, dans une étuve, à la température du corps (37° C), où ils se sont développés jusqu'au stade de quatre cellules.

Au cours d'une Fiv, on implante trois ou quatre embryons frais dans l'utérus de la mère. Les autres, dits «surnuméraires», sont congelés en vue d'une seconde implantation, pour le cas où la première aurait échoué. On les retire alors du congélateur, comme n'importe quel produit surgelé. C'est le cas pour deux tiers d'entre eux. Mais que deviendront les autres? Dans l'attente d'une loi qui doit être déposée au cours de cette session parlementaire, leur sort n'est pas officiellement fixé. Pas plus que ne sont résolus tous les autres problèmes éthiques soulevés par la procréation médicalement assistée (PMA). Pendant ce temps, le ministère de la Santé, assez embarrassé, a décidé de limiter le nombre des centres de Fiv, provoquant ainsi un tollé parmi les professionnels — tandis que les milieux religieux et intellectuels débattent à l'infini de principes philosophiques, comme jadis, à Byzance, du sexe des anges.

Pharmacienne dans une ville du Sud-Ouest, Marie F., trente-six ans, après un échec, vient de se faire implanter trois embryons conservés par congélation. Son expérience ne lui inspire guère d'états d'âme: «Les embryons, dit-elle, ne sont que des amas de cellules. S'il me fallait décider du sort de nouveaux embryons congelés, je n'aimerais pas qu'on les détruise. J'en ferais don à une femme stérile. En espérant que l'un d'eux devienne un être aimé.» Les choses ne se présentent pas toujours si simplement. Aux Etats-Unis, les juges de Maryville (Tennessee) passent des nuits blanches sur ce problème juridique infernal: un mari refuse obstinément que son ex-épouse se fasse implanter des embryons congelés avant leur divorce. Qui en est propriétaire? En Australie, un tribunal a délibéré indéfiniment avant de décider la destruction d'embryons congelés dont les parents avaient trouvé la mort dans un accident d'avion. On en revient toujours à la même question: que faire des embryons? Et combien de temps les conserver?

Biologiquement, rien ne s'oppose à ce qu'ils bouleversent l'ordre normal des générations, en produisant des bébés qui naîtront dans vingt ou trente ans, alors que leurs jumeaux, provenant d'ovocytes fécondés en même temps qu'eux, seront devenus des adultes. On atteint vite les frontières de la science-fiction. L'un des pionniers australiens de la reproduction artificielle, Alan Trounson, suggérait récemment la satellisation d'embryons humains congelés dans des capsules spatiales, pour préserver l'espèce en cas d'holocauste nucléaire.

Dans la logique de sa condamnation de l'avortement, l'Eglise catholique a tout aussi fermement rejeté la Fiv. Elle refuse donc, *a fortiori*, la congélation des embryons et leur quelconque utilisation. Mais le clergé est loin d'être unanime. L'Université catholique de Lille, comme celles de Louvain, en Belgique, et de Nimègue, aux Pays-Bas, continue de pratiquer des Fiv. En outre, le père Patrick Verspieren, membre du Comité consultatif national d'éthique, fermement opposé au don d'embryons congelés et à leur utilisation pour la recherche, préconise de «les décongeler et de laisser s'éteindre leur vie» : l'euthanasie embryonnaire, en quelque sorte. Chez les laïques, un groupe d'intellectuels dénonce la «biopolitique,» qui, disent-ils, «vient de naître avec la discrétion des événements dont on ne mesure la nocivité que trop tard». C'est pourquoi ils réclament des «Etats généraux de la biomédecine.» L'un des signataires de cet appel, la sociologue Laurence Gavarini, s'insurge contre la congélation et le stockage des embryons: «Des techniques mises au point pour la reproduction des vaches, dans un souci de productivité, et appliquées à la fécondation humaine, afin d'en améliorer les performances.» «Pour l'instant, ajoute-t-elle, on n'a pas assez de recul pour apprécier toutes les conséquences de ces techniques. Mais vous vous imaginez disant à votre enfant qu'il est issu d'un embryon congelé?»

Au chapitre «Procréation médicalement assistée», il prévoit la conservation des embryons congelés pendant cinq ans. Avant le terme de ce délai, ceux-ci seraient à la disposition des parents: dans le dessein, essentiellement, de satisfaire leur désir d'enfant.

Mais trois autres destinées possibles guetteraient les embryons excédentaires: les parents pourraient en faire don à un autre couple stérile — la forme la plus précoce de l'adoption — ou encore demander leur destruction, ou enfin les livrer à la recherche, avec les risques de manipulation génétique que cela comporte.

Il n'est donc pas surprenant que les esprits s'échauffent. Avec des motivations très variées, qui amalgament souvent des convictions religieuses, des théories scientifiques, des arrière-pensées financières. D'où l'urgence d'un vaste débat d'opinion, avant ou pendant l'examen du projet de loi sur les sciences de la vie.

MINI-GLOSSAIRE

des amas objets divers

avortement *m.* arrêt volontaire d'une grossesse

azote *m.* *nitrogen*

congeler devenir solide à cause du froid; **congélateur** *m.* l'appareil qui le fait; **congélation** *f.* le processus; *cf.* décongeler; le dégel

cuve *f.* un grand récipient

décéder mourir

dégel *m.* l'acte de fondre, devenir liquide

déposer une loi proposer un changement légal aux législateurs

dessein *m.* le projet

en outre en plus

éprouvette *f.* récipient en verre pour les expériences scientifiques

espèce *f.* la race

état *m.* **d'âme** de l'émotion

être issu de venir de

faire don à donner

figer congeler

géniteur *m.* parent

guetter attendre

s'insurger contre protester vivement

in vitro expérimentation biologique faite en dehors de l'organisme (dans une éprouvette)

jadis avant, autrefois

jumeaux *m.*, **jumelles** *f.* deux enfants nés en même temps de la même mère

laisser s'éteindre leur vie les laisser mourir

nocivité *f.* ce qui fait du mal

ovule *m.* cellule femelle destinée à être fécondée

préconiser recommander vivement

provenir de venir de

réclamer demander en insistant

au stade de à la phase de

surnuméraire de trop

EXPLORATIONS

D'APRES L'AUTEUR

Vrai ou faux? Reformulez les phrases qui ne sont pas justes.

1. Récemment, en France, plus de 9 350 embryons attendaient le dégel.
2. L'intimité d'une éprouvette accroît les rapports sexuels.
3. Une Fiv, c'est l'implantation d'embryons dans l'utérus de la mère.
4. La procréation ne pose aucun problème éthique.
5. Les embryons sont congelés dans de l'azote.
6. In vitro, en fait, c'est encore de la science-fiction.
7. On a le droit de préserver des embryons congelés aussi longtemps que possible.

8. L'augmentation de la demande de bébés éprouvettes ne cesse de choquer les Français.

9. Un jumeau congelé pourra désormais être dégelé des dizaines d'années après son frère ou sa sœur.

10. Le Parlement a déjà adopté la loi sur l'expérimentation humaine.

11. Certaines personnes protestent contre la conservation des embryons congelés au nom de la religion.

EXPRESSIONS UTILES

Formulez des phrases en utilisant les expressions ci-dessous.

au cours de: pendant, durant
Au cours d'une Fiv, on implante trois embryons dans la mère.

autant de (+ nom): le même nombre de
Les photos des glorieux bébés sont épinglées aux murs comme **autant de** victoires.

issu de: né de
Vous vous imaginez disant à votre enfant qu'il est **issu d'**un embryon congelé?

à peu près: approximativement, plus ou moins
Soit, **à peu près**, 10% des 6 450 garçons et filles conçus.

d'où: de là, marque le résultat
d'où l'urgence d'un vaste débat d'opinion

à la sauvette: *cf.* se sauver; à la hâte, pour ne pas attirer l'attention
Il serait fâcheux que le texte soit voté **à la sauvette**.

hors de: à l'extérieur de
Ils proviennent d'un ovule de leur mère, **hors de** toute relation sexuelle.

dans l'attente de: en attendant
Dans l'attente d'une loi, leur sort n'est pas fixé.

être en mal de qqch: souffrir de son absence
Il y a de plus en plus de couples **en mal d'**enfants qui demandent des bébés-éprouvette.

sans doute: (+ inv. au début d'une phrase) selon toutes les apparences, probablement
Sans doute était-il nécessaire de faire obstacle à l'amateurisme.

dans un souci de: dans l'espoir de
Des techniques sont apliquées à la fécondation humaine, **dans un souci de** productivité.

A VOTRE AVIS

Commentez ces propos en groupes de deux ou trois.

1. Il est bizarre de séparer l'acte sexuel et la procréation.

2. Je trouve que si un couple stérile désire un enfant, il n'a qu'à adopter un des millions d'enfants abandonnés du tiers monde.

3. Dépenser des sommes inimaginables pour aider une naissance et en même temps accepter la mise à mort d'un fœtus de quatre ou cinq mois, c'est ridicule. Une société qui tolère et l'avortement et la fécondation in vitro est illogique.

4. Je trouve qu'il faut d'abord décider si la fécondation in vitro pose un problème moral.

5. Les embryons ne sont que des amas de cellules. Ce ne sont pas des êtres humains.

6. C'est une bonne idée de mettre des embryons congelés dans une capsule spatiale et de l'envoyer dans l'espace. En cas d'holocauste nucléaire, l'espèce serait sauvée.

7. La fécondation in vitro rappelle les techniques mises au point pour la reproduction de vaches dans un souci de productivité. Il ne faut pas séparer l'amour et la procréation.

8. Je refuserais de dire à mon enfant qu'il a été fécondé in vitro, si c'était le cas.

9. Il faut interdire la recherche génétique sur tout embryon congelé.

10. Les femmes ont le droit d'avoir un enfant si elles le veulent. La stérilité empêche cette liberté. Donc, on devrait permettre la procréation médicalement assistée.

11. Il ne faut pas oublier le côté économique. L'Etat devrait consacrer ses ressources à des cas moins risqués et moins chers: aider les pauvres, garantir un niveau minimum de soins médicaux à tout le monde. La Fiv coûte trop cher pour être financée par l'Etat.

12. Si une femme peut payer une Fiv, elle devra pouvoir se le permettre. Dans notre société capitaliste, l'argent détermine en grande partie les privilèges.

ETUDES DE CAS: LA LOI, LA MORALE ET LA GENETIQUE

On vous demande de donner votre avis sur les rapports entre la loi, la morale et la génétique. Admettons que vous soyez juge, législateur ou médecin-professeur. A votre avis, quel jugement devrait-on prendre concernant les cas ci-dessous, et pourquoi? Discutez ces cas en groupes de trois ou quatre, et puis communiquez vos décisions à la classe.

1. Un couple de millionnaires s'est fait tuer dans un accident de voiture. Ils ont laissé un œuf congelé au laboratoire. Cet œuf devrait-il hériter des biens de ses parents? Un autre frère demande d'hériter de toute la fortune.
2. Un couple divorce. Ils ont laissé trois douzaines d'œufs congelés au laboratoire. La femme les réclame, et l'ancien mari aussi pour sa maîtresse stérile. A qui les donner?
3. Un couple demande au médecin de tuer tous les œufs femelles et de ne garder que les œufs mâles (tous les œufs sont les leurs).
4. Un couple hyper-intelligent demande de tester les capacités intellectuelles de différents œufs et de ne garder que les génies.
5. Vous êtes une femme d'affaires. Vous vendez le sperme d'hommes qui ont gagné le prix Nobel.
6. Vous êtes le juge. Une mère porteuse change d'avis et veut garder son bébé après avoir promis de céder le bébé au père naturel pour une somme d'argent, mettons dix mille dollars.
7. Une association de femmes stériles porte plainte devant le tribunal. Elle demande de rendre l'avortement illégal, pour avoir des bébés à adopter.

DEBAT

1. Si la médecine est capable de pratiquer la fécondation in vitro, rien ne s'y oppose. Un individu a le droit d'utiliser tous les moyens à sa disposition pour donner naissance à un enfant. On a le droit de créer, de préserver ou de tuer les produits de son corps, tels les embryons. C'est l'individu qui devrait décider dans de telles situations, et non pas l'Etat, l'église ou le tribunal.
2. La science et la morale. Pour augmenter les connaissances humaines, la science devrait pouvoir faire des recherches «pures» — en dehors de toute considération politique ou éthique. On n'est pas responsable de l'usage que les institutions ou les individus feront plus tard des découvertes. Einstein n'était pas responsable de la bombe atomique, ni Nietzsche des actes de Hitler, ni les biologistes de la mise à mort de spermes congelés.

MAUX MODERNES

A   **La Circulation**

B   **L'Environnement et l'effet de serre**

C   **Les Déchets nucléaires**

Les Heures de pointe, signe d'une vie de moins en moins naturelle

10A

La Circulation

La circulation pose un problème grave aux grandes villes, et surtout aux villes telles que Paris, qui n'a pas été conçu pour une telle affluence. Le problème résulte surtout de plusieurs facteurs. De nombreux **banlieusards** (habitants de la banlieue), qui habitent des cités-dortoirs de l'est parisien, **se déplacent** (circulent) aux **heures de pointe** (aux heures chargées) pour travailler dans les **gratte-ciel** (grands bâtiments) à l'ouest. Un **réseau** de **voies rapides** (autoroutes) **contournent** (entourent) la ville (le périphérique) ou la traversent. Un système informatique détecte les **ralentissements** (*cf.* lent, ralentir) et **règle** (contrôle) la circulation par des **panneaux** lumineux (des signes) indiquant un changement de vitesse. Un tel système peut **raccourcir** (rendre plus court) le temps du **parcours** (du trajet) et empêcher les **embouteillages** (les bouchons) de se former. Mais il y a une telle **cohue** (une foule) sur les **chaussées** (les routes) que si une **bagnole** (une voiture) **tombe en panne** (a des difficultés mécaniques) aux heures de pointe, en très peu de temps tout s'arrête. Une solution serait l'autorisation de **vignettes** (de permis) spéciales pour les habitants des centres-villes, ou bien selon les **numéros d'immatriculation** (ce qui identifie les voitures).

Le **métro** (un train intraurbain à Paris) et le **RER** (un train rapide reliant Paris à la banlieue) répondent mieux à ce problème de **déplacements** (voyageurs). En plus, ils économisent de l'**essence** (du carburant pour la voiture). Mais les **rames** (trains) sont **bondées** (très pleines) et une **grève** (un arrêt de travail) provoque la panique. Les **grévistes** (*m.f.*, personnes qui font la grève) se disent dans leur bon droit. En attendant une solution définitive, Paris se déclare «thrombose».

MISE EN TRAIN

Que faire devant les embouteillages de la circulation moderne? Réagir de façon autoritaire? Interdire ou faire payer l'emploi de l'auto dans les centres-villes? Obliger les entreprises de faire construire leurs bureaux près des quartiers habités? Avez-vous d'autres solutions innovatrices à proposer?

TROUVEZ LE MOT JUSTE: LES SIGLES

Les sigles (une suite d'initiales servant d'abréviation) s'emploient plus souvent en français qu'en anglais. Ils se rapportent par exemple à des moyens de transport, tels les équivalents ci-dessous.

le RER — le Réseau Express Régional (trains rapides reliant Paris et la banlieue)

la RATP — la Régie Autonome des Transports Parisiens, entreprise publique gérant le métro, le RER et la SNCF dans la région parisienne

la SNCF — la Société Nationale des Chemins de Fer français (des trains interurbains)

le TGV (*invar.*) — le Train à Grande Vitesse

D'autres sigles se rapportent à différents aspects de la vie quotidienne, commerciale ou politique.

le SMIC — le Salaire Minimum Interprofessionnel de Croissance (le plus bas salaire autorisé par la loi)

la TVA — la Taxe à la Valeur Ajoutée (une taxe de consommation d'environ 18%)

le PS — le parti socialiste

l'ONU —l'Organisation des Nations Unies (*UN*)

PARIS THROMBOSE

Toujours plus de bureaux à l'ouest, de logements à l'est. Les transports ne suivent pas. Alors, quand ils s'arrêtent...

En 1977, Valéry Giscard d'Estaing, alors président de la République, savourait, sous le ciel d'émail de la toute nouvelle station Auber, la grande conquête de son septennat. Le RER. «Cinquante millions d'heures gagnées sur la fatigue. Cinquante millions d'heures sauvées pour la culture et la vie familiale.» En ce temps-là, les 72 kilomètres de voies express régionales de la ligne A reliaient enfin Saint-Germain-en-Laye à Marne-la-Vallée. Et les cités-dortoirs de l'Est parisien aux gratte-ciel de l'Ouest. «Surtout, explique Jean-Pierre Orfeuil, chercheur à l'Inrets (Institut national de recherche sur les transports et leur sécurité), ce maillage de transports rapides rendait accessibles, loin du Paris cossu, le pavillon de banlieue pas cher, les places de crèche pour les enfants.» Le rêve, encore. La RATP s'offrait son TGV à elle, et ses graves ingénieurs planchaient sur des cadences infernales: quatre minutes d'intervalle entre chaque train aux heures de pointe! Aujourd'hui, on vient d'atteindre les deux minutes, grâce aux prouesses informatiques du système Sacem de gestion des rames. Cela ne suffit pourtant pas. Cela n'a jamais suffi. En 1984, le trafic avait déjà augmenté de moitié, et le bétail humain meuglait de rage dans les fourgons bleus du RER. Comme dans les années 60, avant l'avènement de ce supermétro. Aujourd'hui, entre Châtelet et Auber, deux correspondances majeures, on s'entasse, chaque matin, à quatre par mètre carré. Cinquante mille personnes passent chaque heure dans un train prévu pour 40 000. Elles seront 73 000 dans dix ans. La ligne la plus chargée du monde charrie chaque jour près de 1 million de passagers, mais elle ne résout rien. Elle n'est que la corde raide qui sauve l'Ile-de-France de l'engloutissement dans un océan convulsif: 19 millions de déplacements chaque jour dans l'ensemble de la région.

Une grève, et c'est la thrombose. Car l'automobile a, elle aussi, perdu la partie. Dès 8 heures, 1 million de voitures se tamponnent aux portes de Paris. «Tout ça, c'est le résultat d'un dévergondage de l'aménagement urbain», grommelle un haut fonctionnaire. Michel Rocard, lui, s'est étranglé de rage en prenant connaissance d'un rapport confidentiel sur la question. Tout a vraiment commencé en 1985. Quand la suppression des formalités d'agrément indispensables à la construction de bureaux a provoqué une nouvelle ruée des promoteurs vers la banlieue ouest. Dans le même temps, les salariés migraient, de plus en plus nombreux, dans l'autre sens, vers l'est, fuyant les loyers exorbitants de Paris intra-muros et de sa banlieue occidentale. Conséquence: six emplois sur dix d'un côté, six habitants sur dix de l'autre. La jonction a lieu entre 8 et 9 heures, par le RER ou dans les embouteillages.

«Ce qui manque, c'est une volonté politique, fulmine Jean-Louis Guichenu, secrétaire général du Gart (Groupement des autorités responsables des transports). Haro sur le STP, le Syndicat des transports parisiens, composé de fonctionnaires irresponsables, qui gère tout ce qui bouge en Ile-de-France. Aux élus locaux de prendre les transports en charge. Les réalisations y gagneraient en efficacité.»

Pour l'instant, c'est la pagaille. En juin dernier, une voiture est tombée en panne près de Versailles à 17 heures. A 17 h 30, le périphérique était bouché. A 18 heures, on ne circulait plus au Bourget. «Le moindre incident paralyse Paris, point de passage obligatoire de la circulation», explique-t-on à la direction de l'équipement de l'Ile-de-France. «Une situation proche de l'intolérable», assure l'un de ses responsables, Thierry Mallet. Soixante-dix millions d'heures perdues chaque année dans les bouchons, dont le coût pour la communauté est estimé à 5 milliards de francs. La baisse du prix de l'essence, la déficience des transports collectifs expliquent le phénomène, autant que l'augmentation — 3% par an — du parc automobile des Français. Vingt-cinq millions de véhicules! Même la notion d'heure de pointe disparaît. A Paris, centre des déplacements professionnels, les creux de 10 heures et de 16 heures se comblent lentement. La thrombose dure toute la journée et entre même dans les mœurs. On quitte son bureau plus tard pour éviter la cohue. Résultat: l'heure de pointe se déplace d'un quart d'heure par an depuis 1985. Si l'automobiliste devient mouton, autant gérer la route comme un transport en commun.

Le rythme des feux rouges change en fonction du trafic, évalué par des renifleurs électroniques. Un vrai bonheur. Dans les zones équipées, le temps de parcours des automobiles est raccourci d'un quart, tout comme le nombre des arrêts. Bientôt, un programme génial, Sage, détectera les risques d'embouteillages avant leur formation. En cas de saturation totale, l'ordinateur pourra même résorber le bouchon par le simple jeu des feux rouges.

Tout cet arsenal ne suffira pas. Prosaïque, Jacques Chirac, maire de Paris, exige plus de policiers aux carrefours. Et les Cassandres du conseil municipal des transports tremblent devant leurs propres prévisions. Une progression de 7% du trafic dans dix ans! La catastrophe. Seule solution: réserver Paris aux privilégiés, par le jeu subtil du stationnement payant. «Un élément essentiel pour préserver l'équilibre de la circulation», assure Bernard James, à la direction de la voirie. Car, horreur! une voiture sur deux stationnée intramuros appartient à un banlieusard. A Manhattan, les non-résidents paient une surtaxe de 14% sur le prix de leur parking. A Singapour, l'accès de tous les centres-villes est assujetti à l'acquittement d'une vignette spéciale. Dans le centre d'Athènes, on a tenté d'accorder les droits de circulation selon les numéros d'immatriculation. Cafouillage total.

Et si la congestion se muait en art de vivre? A l'instar des grandes métropoles du tiers monde, les vieux centres-villes d'Europe l'intègrent, mine de rien, à leur folklore, à défaut d'avoir prévu à temps les investissements nécessaires. A ce titre, Paris n'a rien à envier à Londres. A deux pas de Buckingham Palace, on circule, à l'heure du thé, à la même vitesse qu'à l'époque des calèches de la reine Victoria: 11 miles à l'heure. Rome aussi s'engluait dans son trafic. Faute de transports en commun adéquats, la Ville éternelle a tranché. *Exeunt automobilae!* Un ostracisme à l'égard des banlieusards. Les Romains de souche disposent d'autorisations spéciales. En quelques mois, les précieux laissez-passer se sont multipliés, et Rome est à nouveau envahie. Il ne faut pas rêver.

MINI-GLOSSAIRE

acquittement *m.*   le paiement

aménagement *m.*   arrangement, organisation

assujetti à   soumis à

avènement *m.*   *cf.* venir; l'arrivée

bétail *m.*   les bêtes

boucher   stopper

bouchon *m.*   ce qui ferme une bouteille de vin; arrêt de la circulation

cafouillage *m.* (*fam.*)   le désordre

calèche *f.*   un wagon

correspondance *f.*   changement de train

cossu   riche

crèche *f.*   garderie pour bébés

creux *m.*   période moins active

dévergondage *m.*   une débauche; une conduite fantaisiste

les droits   la permission

émail *m.*   couvert, gris

s'étrangler   gêner la respiration

exeunt automobilae!   finies les autos!

fourgon *m.*   wagon

fulminer   s'exploser

gérer   administrer

grommeler   murmurer, grogner

haro sur (*litt.*)   à bas

à l'instar de (*litt.*)   à l'exemple de

maillage *m.*   réseau

meugler   faire un bruit de vache, bœuf

mine de rien   sans en avoir l'air

se muer en   se changer en

c'est la pagaille   c'est le désordre

parc automobile *m.*   un parking

pavillon *m.*   une maison

plancher sur (*fam.*)   travailler sur

renifleur *m.*   le détecteur

ruée *f.*   mouvement rapide d'un grand nombre de personnes

septennat *m.*   durée de sept ans; ici, la présidence de France

de souche   d'origine

voie *f.*   route

voirie *f.*   administration qui s'occupe des voies (routes)

D'APRES L'AUTEUR

Indiquez si ces propos sont vrais ou faux dans le contexte de l'article.

1. Tous les matins, en banlieue, c'est la guérilla sociale.
2. Le RER est un réseau de voies rapides dans le sous-sol parisien.
3. Avec le RER on a perdu 50 millions d'heures en fatigue.
4. Le Sacem a résolu les problèmes du RER.
5. Il suffit d'une grève et c'est la thrombose.
6. Le système des transports, en France, est très politisé.
7. Le moindre incident paralyse Paris, car il n'y a point de passage obligatoire de la circulation.
8. On perd au moins 70 millions d'heures dans les bouchons.
9. On ne peut pas gérer les routes comme transport en commun.
10. Un ostracisme à l'égard des banlieusards résoudra les problèmes.

EXPRESSIONS UTILES: VERBES

Décrivez la circulation de Paris aux heures de pointe à l'aide de ces expressions.

s'entasser: *cf.* le tas; se mettre en tas

meugler de rage: faire un bruit fort semblable à celui d'une vache

se déplacer: changer de place

charrier: entraîner, emporter

se tamponner: se heurter violemment

recracher: rejeter qqch de la bouche

s'engluer: être pris dans une matière gluante, collante

IMPROVISONS!

1. Votre voiture (une voiture cabossée, *fam.*, et très ancienne) tombe en panne sur le périphérique de Paris à 17 heures. Le conducteur d'une Mercédès neuve derrière vous sort de sa voiture et commence à vous engueuler.

2. Vous êtes une femme avec quatre enfants à la maison et enceinte d'un cinquième, qui habitez à l'est de Paris et travaillez à l'ouest. Chaque jour vous quittez la maison à 7 heures et vous rentrez à 20 heures après quatre heures de trajets. Exténuée, un soir vous demandez une place assise à un jeune homme. Il vous la refuse. Que lui dites-vous?

3. Jouez le rôle d'une jeune femme de dix-huit ans qui prend le métro pour aller à ses cours à l'université de Paris-Nanterre. Les wagons sont bondés. Un inconnu profite de la situation en vous faisant des caresses et en vous murmurant des paroles d'amour. Est-ce que vous acceptez ou refusez ses avances?

4. Vous êtes un touriste étranger à Paris. En faisant la correspondance à Châtelet, vous remarquez tout à coup que quelqu'un vient de prendre votre portefeuille. Un jeune mal lavé s'enfuit au même moment. C'est probablement le pickpocket. Parlez avec le pickpocket et essayez de récupérer votre portefeuille.

5. Une vieille femme cardiaque à côté de vous est coincée au fond du wagon du métro. Soudain, elle prend panique et commence à hurler. Essayez de la calmer en lui parlant gentiment.

6. Vous achetez un billet de train pour aller à Ecouen (qui se trouve au nord de Paris) voir un musée de la Renaissance avec un ami. Vous attendez le train sur le quai. Tout d'un coup, le haut-parleur annonce qu'à cause d'une grève, il n'y aura plus de trains ce jour-là. Vous retournez au guichet, mais on refuse de vous rembourser le billet, disant qu'il n'y a jamais de remboursements, pour aucune raison. Essayez de persuader l'employé au guichet de vous rendre votre argent. Faute de mieux, insultez-le et la bureaucratie française.

7. Vous avez un accrochage (petit accident de voiture) avec un homme costaud dans une camionnette. Il sort de sa camionnette et commence à vous engueuler. Défendez-vous et répondez-lui!

DEBAT

Faut-il bannir l'usage des voitures dans les centres-villes?

10B

L'Environnement et l'effet de serre

Les sept pays les plus riches du monde viennent de déclarer la guerre au gaz carbonique (CO_2), qui provoque un **bouleversement** (révolution) climatique, géographique et économique en détruisant la couche d'ozone, ce qui provoque un **effet de serre** (le réchauffement de la terre). La communauté scientifique se mobilise enfin pour essayer de limiter ce phénomène. Ce réchauffement, qui dépasse toutes les **prévisions** (les prédictions), est dû surtout aux pays industrialisés, qui émettent du gaz carbonique provenant des énergies fossiles (le pétrole, le charbon, le gaz naturel), des rejets du chauffage et de la voiture.

Toute cette pollution risque de modifier le climat. Dans le nord, les pays seraient couverts de **pâturages** (prairies), les terres agricoles seraient **vouées à** (condamnées à) la **sécheresse** (*cf.* sec), les côtes aux **inondations** (débordements d'eaux). Pour lutter contre la pollution due au gaz carbonique et la destruction de la couche d'ozone, il faut limiter l'émanation des combustibles polluants, réduire la consommation d'énergie, utiliser l'énergie nucléaire ou solaire et faire replanter des forêts. Mais le **tiers monde** (le monde en voie de développement) n'a pas les moyens de partager cette lutte, ce qui sera absolument essentiel à l'avenir pour limiter les perturbations mondiales de l'effet de serre.

217

Trouvez-vous qu'on devrait accorder beaucoup plus d'importance à l'environnement et à la préservation de la nature? Qui devrait en payer le coût? Les grandes entreprises directement responsables? Les pays qui sont de grands producteurs de CO_2? Les pays qui détruisent leurs forêts? A l'avenir, vaudrait-il mieux être moins riche, mais avoir un environnement moins pollué?

AVANT DE LIRE: LE SYSTEME METRIQUE

Le monde scientifique (et francophone, bien sûr!) utilisent le système métrique pour exprimer des quantités. N'oubliez pas qu'en français la virgule fonctionne comme un point et vice-versa en exprimant des chiffres. Donc:

> mille: 1.000 ou 1 000
> un et demi: 1,5

Notez les équivalents approximatifs:

Volume:

> un litre = 1,05 *quarts*

Poids:

> un kilo = 2,204 *pounds*
>
> une tonne = 1.000 kilos ou 2.204 *pounds*

Longueur:

> un centimètre = 0,4 *inch*
>
> un mètre = 40 *inches*
>
> un kilomètre = 0,6 *mile*

Température:

> 1 degré centigrade (Celsius, en sciences) =
> 1,8 degrés Fahrenheit

Donnez la valeur approximative de ces mesures dans le système anglais:

0,7 degré centigrade:

0,18 degré centigrade:

1 à 4 degrés centigrade:

3 litres:

20 litres:

2 kilos:

5 kilos:

2 tonnes:

90 millions de tonnes:

20 à 100 centimètres:

1 mètre 65 centimètres:

1 mètre 75 centimètres:

15 mètres:

1.000 mètres:

TROUVEZ LE MOT JUSTE: RACINES

Souvent on peut déchiffrer le sens d'un mot d'après sa racine. Devinez le sens de ces mots selon leurs racines. Pour chaque mot proposez un exemple, un synonyme, un antonyme ou bien une définition.

le chauffage (chaud):

s'échauffer (chaud):

le réchauffement (chaud):

chiffrer (le chiffre):

la couche (coucher):

la montée (monter):

en bordure de (le bord):

la sécheresse (sec):

estivale (été):

la fonte (fondre):

ALERTE AU GAZ

Le groupe des Sept a déclaré la guerre au gaz carbonique, accusé de provoquer le réchauffement de la Terre. Il y a urgence. Même l'océan a une poussée de fièvre depuis 1982. Ce phénomène peut provoquer un bouleversement climatique, géographique et économique complet de la planète. La mobilisation doit être mondiale, mais il y a le tiers monde...

Enfin! Les sept pays les plus riches du monde viennent de déclarer la guerre au gaz carbonique, qui, en s'amassant dans l'atmosphère, provoque un effet de serre, et donc un réchauffement de la terre. Il était temps! Depuis peu, les experts en climatologie sont de plus en plus nombreux à juger que ce réchauffement se fait déjà sentir.

Les preuves s'accumulent: augmentation de 0,7 degré centigrade de la moyenne mondiale depuis 1880, présence des quatre années les plus chaudes du siècle au cours de la décennie 80, incidents climatiques multipliés depuis l'été dernier. Mais, surtout, voilà les récentes découvertes de deux équipes océanographiques; elles montrent que l'océan connaît, lui aussi, une poussée de fièvre: depuis 1982, la température moyenne des océans s'est élevée de 0,18 degré centigrade par an et le niveau des eaux de 2 millimètres. Ne vous y trompez pas, ces chiffres sont considérables. Ils pulvérisent toutes les prévisions.

Au cours de ces derniers mois, à l'occasion de maints colloques, la communauté scientifique internationale n'a cessé d'instruire le procès du gaz carbonique. Ce procès, le voici.

L'acte d'accusation.

En empêchant les rayons infrarouges émis par le sol de la planète de se disperser dans l'espace, le CO_2 provoque le réchauffement de l'atmosphère. C'est l'effet de serre. Les simulations climatiques établies par ordinateur s'affinent de mois en mois. Elles prévoient toutes un réchauffement de la Terre, mais pas de même ampleur: entre 1 et 4 degrés centigrades d'ici à 2030, avec des pointes de 10 degrés aux pôles. A noter que ces estimations marquent une baisse de 1 degré centigrade sur les précédentes. L'évaporation et les précipitations suivront le mouvement.

Portrait du criminel.

En 1850, le CO_2 faisait encore peu parler de lui. L'homme ne rejetait «que» 90 millions de tonnes de carbone par an. (C'est l'unité adoptée par les experts pour mesurer le CO_2. Une tonne de carbone équivaut à 3,7 tonnes de CO_2.) Aujourd'hui, ce sont 5,5 milliards de tonnes qui sont dispersées par l'homme chaque année dans le ciel. Et encore faut-il y rajouter les 0,4 à 2,5 milliards de tonnes — suivant les estimations — liées à la déforestation.

Du coup, la teneur en CO_2 de l'air a grimpé de 28% depuis un siècle et risque de doubler d'ici à 2030.

Qui accuser? La combustion des énergies fossiles, bien sûr. La production d'électricité non nucléaire est ainsi à l'origine de 27% du CO_2; et les 400 millions de voitures en circulation, de 10%. Le reste — qui n'est pas rien — provient essentiellement du chauffage.

Les Etats-Unis restent encore le plus gros émetteur, avec 1,2 milliard de tonnes de carbone pour leur seul compte, mais ils pourraient être rapidement dépassés par l'URSS, et, plus tard, par la Chine. Alors que les rejets augmentent lentement dans les pays industrialisés, qui comptent pour les deux tiers des émissions, ils explosent dans le reste du monde.

Les comparses.

A la vérité, le CO_2 est à la tête d'un véritable gang, qui compte 39 membres. Parmi les plus redoutables: les fréons, ou CFC, déjà accusés de détruire la couche d'ozone et dont chaque molécule est 10 000 fois plus redoutable que celle de CO_2; le méthane, produit essentiellement par les rizières, les termites et la digestion des ruminants; l'oxyde nitreux, émis par les engrais et la combustion des énergies fossiles; et l'ozone, produit par la pollution à basse altitude.

Les futures victimes.

Il y a d'abord tous les hommes qui vivent en bord de mer. Par simple dilatation, les océans vont monter de 20 à 100 centimètres. Pour certains pays, c'est une catastrophe: 18% du Bangladesh pourrait disparaître sous l'eau, obligeant ainsi 17 millions d'habitants à abandonner leurs foyers. Même la côte est des Etats-Unis est menacée. Pour la protéger, les Américains devraient, selon les experts, investir 100 milliards de dollars. Sans parler des milliers d'îles appelées à rejoindre l'Atlantide sous l'eau. Egalement aux prèmières loges, les Pays-Bas prévoient d'ores et déjà de surélever de 20 centimètres leurs digues. La levée des eaux se traduirait aussi par la salinisation des terres arables et des nappes phréatiques en bordure de mer.

Autre victime: le climat. La différence de température entre l'équateur et les pôles détermine les grands mouvements de masses d'air et règle la distribution actuelle de la pluie et de la chaleur sur la terre. Une hausse de la température modifierait donc considérablement la distribution des climats. On observerait donc une migration des zones climatiques vers les pôles, une concentration des pluies autour de l'équateur et, au nord du parallèle passant par Lille, une accentuation de la sécheresse estivale dans les zones tempérées, une multiplication des cyclones et la fonte de la banquise arctique.

Ce chamboulement entraînera des répercussions considérables sur les systèmes sociaux économiques et naturels de la planète. En première ligne: le paysage agricole. Il sera profondément bouleversé. Pas forcément en mal. A priori, l'élévation conjointe du gaz carbonique et de la température est plutôt une bénédiction pour les plantes. En France, on se prépare à étudier le comportement d'arbres fruitiers plantés à proximité de CO_2 s'échappant du sol, dans le Massif central. Mais voilà: bien souvent, le futur réchauffement s'accompagnera de sécheresses, mais aussi d'inondations. Dans ce cas, l'agriculture a tout à y perdre. Soixante-dix scientifiques viennent d'esquisser un panorama agricole du siècle prochain. La ceinture à blé de l'Amérique du Nord est menacée de désertification, tandis qu'à l'inverse la production de blé de l'URSS centrale pourrait bien bondir de moitié. L'Union soviétique exportant son blé aux Etats-Unis, c'est le monde à l'envers! L'Islande peut espérer se couvrir de verts pâturages, tandis que le Japon croulerait sous une production double de riz. A côté de cela, la France ressemble à un havre de tranquillité, avec comme principal bouleversement l'invasion du nord du pays par la vigne.

Malheureusement, ce sont les pays déjà malades de leur agriculture qui sont promis au pire. La Chine, l'Inde, le Brésil, une grande partie de l'Afrique, mais aussi l'Australie seront davantage encore voués aux sécheresses, aux inondations, aux cyclones et à l'érosion des terres arables.

[Dans cette croisade contre le CO_2, l'homme possède] deux alliés: l'océan et la forêt. Tous deux sont capables d'éponger le CO_2 de l'atmosphère. Déjà, l'océan est supposé dissoudre 45% du gaz carbonique émis dans l'atmosphère grâce aux algues et autres micro-organismes. Mais pourra-t-il suivre encore longtemps le train d'enfer imposé par l'homme?

En revanche, avec la forêt, davantage d'espoir est permis. Un arbre qui pousse absorbe du CO_2. Il suffit donc de planter à tour de bras. Mais voilà, l'absorption de la totalité du CO_2 émis sur terre réclamerait le doublement de la surface de la végétation actuelle. Ainsi, pour effacer sa propre ardoise, la France devrait reboiser les quatre cinquièmes de son territoire. Impensable.

Qu'attend-on pour sonner la mobilisation mondiale?

Pour être efficace, la lutte contre le CO_2 ne peut se résumer aux seuls efforts de l'Occident. Or les pays du tiers monde rechignent à prendre des engagements qui pourraient pénaliser leur développement. La Chine, par exemple, ne compte sûrement pas renoncer à puiser dans ses impressionnantes réserves en charbon pour réparer les bêtises faites par l'Occident. «Les pays développés peuvent utiliser leur richesse accumulée pour gérer l'environnement. Le tiers monde n'en a pas les moyens», déclarait Liu Ming Pu, délégué de la Chine à la conférence de Londres sur l'atmosphère. «Or l'implication des pays en voie de développement dans cette lutte contre le CO_2 est absolument nécessaire, car le monde industrialisé ne contribue plus qu'à 40% des gaz à effet de serre; et ce taux ne fait que décliner», avertit William K. Reilly, de l'EPA. Pour sortir de cette impasse, certains, comme les pays scandinaves, suggèrent la création d'un fonds d'entraide géré par le Programme des Nations unies pour l'environnement (PNUE), et alimenté par une taxe sur le CO_2 prélevée dans les pays riches. Ces derniers paraissent enfin vouloir se mobiliser: la déclaration de guerre au CO_2 signée par les Sept à Paris a quelque chance d'être un événement historique; à moins qu'il ne s'agisse là que d'un air de bravoure destiné aux médias; la planète le saura vite.

MINI-GLOSSAIRE

a priori   au premier abord

arable   qui peut être labouré (terre)

chamboulement *m.* (*fam.*)   bouleversement

coup (*m.*) **de fouet**   impulsion vigoureuse

décennie *f.*   dix ans

digue *f.*   longue construction pour contenir les eaux

esquisser   décrire rapidement

fonds *m.*   capital (argent)

friche *f.*   terre non cultivée

le gaz (*m.*) **carbonique** CO_2

havre *m.*   un port

maraîcher *m.*   jardinier qui cultive des légumes

le Massif central   région montagneuse du centre de la France

nappes (*f.*) **phréatiques**   couches d'eau

noyer   immerger de liquide, inonder

prélever   ramasser

aux premières loges   à la meilleure place pour être témoin

procès *m.*   la critique (*fig.*)

rechigner à   témoigner de la mauvaise volonté pour

rizière *f.*   terrain où l'on cultive le riz

ruminant *m.*   un animal qui remâche ce qu'il mange (tel une vache)

taux *m.*   le pourcentage

D'APRES L'AUTEUR

Complétez ces propos selon le sens de l'article.

1. Le gaz carbonique est accusé de:
   a. provoquer le refroidissement de la terre.
   b. provoquer le réchauffement de la terre.
   c. provoquer la pollution de la terre.
2. Les preuves montrent un accroissement en degrés centigrade de la température terrestre de:
   a. 7 degrés centigrade.
   b. 0,07 degré centigrade.
   c. 0,7 degré centigrade.
3. La communauté scientifique attendra:
   a. plus de preuves.
   b. une explosion.
   c. un refroidissement.
4. Le réchauffement de la terre est provoqué par:
   a. l'ADN.
   b. le CO_2.
   c. le soleil.
5. Les hommes dissipent des tonnes de CO_2:
   a. 5,5 millions par an.
   b. 5,5 milliards par an.
   c. 10 000 par an.
6. Il faut accuser:
   a. un excès de production d'électricité.
   b. la mauvaise hygiène des gens.
   c. la dégénération du climat occidental.
7. L'URSS émet presque autant de carbone que:
   a. la France.
   b. les Etats-Unis.
   c. la ville de Mexico.
8. Ce qui va arriver:
   a. le rétrécissement de certains pays.
   b. de nouvelles maladies pulmonaires.
   c. la disparition d'un ciel bleu.
9. Géologiquement, on va observer:
   a. des sécheresses et des inondations.
   b. des tremblements de terre.
   c. des bénéfices pour l'agriculture.

10. L'homme va pouvoir se défendre avec l'aide:
    a. de l'armée.
    b. de l'océan et la forêt.
    c. des changements climatiques.
11. Certains pays sont épargnés des dégâts dus aux CO_2 et n'ont pas à s'inquiéter:
    a. le tiers monde.
    b. la Chine.
    c. aucun.
12. En tant qu'individus, l'acte le plus efficace dans cette lutte sera de:
    a. baisser le thermostat.
    b. planter des arbres.
    c. jeter nos bombes à aérosol.
13. La meilleure solution sera:
    a. d'aller moins souvent à la plage.
    b. de faire pression sur nos gouvernements pour qu'ils fassent un accord avec le tiers monde.
    c. d'envoyer Jane Fonda dans le monde entier.

EXPRESSIONS UTILES: NIVEAUX DE LANGUE — LITTERAIRE

Utilisez chaque expression ci-dessous dans une phrase.

maints: de nombreux

le colloque: débat entre plusieurs personnes sur des questions théoriques
  Au cours de ces derniers mois, à l'occasion de **maints colloques**, la communauté scientifique internationale a fait le procès du gaz carbonique.

conjoint (*adj.*): joint avec, uni; des problèmes conjoints
  L'élévation **conjointe** du gaz carbonique et de la température est plutôt une bénédiction pour les plantes.

d'ores et déjà: dès maintenant
  Les Pays-Bas prévoient **d'ores et déjà** de surélever de 20 centimètres leurs digues.

dès à présent: à partir de maintenant
  Il faut **dès à présent** sélectionner de nouvelles plantes.

d'ici là: entre-temps
  D'ici là, la terre aura eu le temps de s'échauffer.

A VOTRE AVIS

Commentez les propos suivants en groupes de trois ou quatre, puis avec toute la classe. Lesquels de ces propos vous semblent probables?

1. La température de l'air et de l'océan monte.
2. Il faut attendre d'autres preuves de ce phénomène.
3. La terre connaîtra un tragique bouleversement climatique.
4. Chaque gouvernement devrait dicter une politique sévère limitant l'usage de la voiture.
5. On devrait obliger tout le monde à consommer moins de chauffage en exigeant qu'on chauffe son habitation à un maximum de 60 degrés Fahrenheit.
6. Il faut interdire la climatisation, qui consomme de l'électricité et surtout des gaz fréons, qui détruisent la couche d'ozone (chaque molécule est 10 000 fois plus dangereuse que celle de CO_2).
7. Il est essentiel d'arrêter la déforestation de la terre (le Brésil et d'autres pays tropicaux en sont largement responsables).
8. Les pays industrialisés devraient assumer le coût des changements, puisque dans le passé ils ont surtout contribué à la production de CO_2, et actuellement ils ont plus de ressources que le tiers monde.
9. Je n'ai pas peur de la montée des eaux: l'humanité n'a qu'à s'installer à l'intérieur de son pays.
10. Quant à l'agriculture, nous devrions développer des plantes plus adaptées à des climats chauds et secs.

ETUDES DE CAS

Nous sommes en l'an 2010. Un comité international de scientifiques se réunit pour juger les cas suivants. Vous êtes membre du comité. Comment jugeriez-vous chacun des cas suivants? Formez des groupes de trois ou quatre, et puis par la suite informez la classe de vos décisions.

1. Les Etats-Unis ne sont plus le plus gros émetteur de CO_2 — c'est la Chine. Elle proteste qu'elle a la plus grande population, et qu'elle est encore relativement pauvre. Elle doit irréversiblement produire beaucoup de pollution pour se rattraper technologiquement. Si le comité n'est pas d'accord, elle lancera une bombe sur les Etats-Unis, le pays le plus riche de la terre.

2. Seuls les Pays-Bas ont échappé aux grandes inondations. Toutes les îles sur la côte est des Etats-Unis sont sous l'eau, de même qu'une grande partie de Bangladesh et de l'Egypte. Les pays inondés demandent des fonds et surtout de l'aide technique aux Pays-Bas. Ils refusent d'en donner.

3. On cultive maintenant le nord du Canada, l'Islande et la Sibérie. Le Canada est maintenant presqu'aussi riche que les Etats-Unis. On demande au Canada d'envoyer une partie de son énorme récolte aux nombreux pays africains où l'on meurt de faim.

4. On exige à tous les pays de tripler leur production d'énergie nucléaire pour réduire le CO_2. Seuls les Etats-Unis refusent de le faire.

5. L'Australie est devenue un pays pauvre et désertique. Elle demande d'appartenir à la Grande-Bretagne comme colonie pour pouvoir survivre économiquement, mais la Grande-Bretagne le lui refuse. Que faire?

6. Dans l'état de Maine il fait maintenant beaucoup moins froid. On y cultive le maïs et beaucoup de légumes et de fruits. Les habitants demandent d'abattre les forêts (qui appartiennent à l'Etat) de sorte qu'ils puissent planter plus de cultures. Mais le gouvernement le leur refuse, disant que la planète a besoin d'autant de forêts que possible. Prenez une décision.

7. Les villes de Boston, de New York, de Philadelphie, de Norfolk, de Charleston, de Savannah... et de Washington même demandent une aide gigantesque au reste du pays — une aide que le pays est financièrement incapable de fournir. Le reste du pays leur répond qu'on n'a qu'à abandonner toutes les villes en bordure de mer sur la côte est. Il est fou de lutter contre la mer.

8. Le Canada a intenté un procès contre les Etats-Unis à cause d'un trou dans la couche d'ozone près du pôle nord. Ce trou, disent les Canadiens, est le résultat des CFC émanant de climatiseurs, de réfrigérateurs et de bombes à aérosol. Or, ce sont les Etats-Unis qui ont produit les CFC, mais c'est le Canada qui en souffre, surtout par un nombre élevé de cas de cancer. Le Canada exige que les Etats-Unis le remboursent du coût des soins médicaux dûs à cet épidémie de cancers.

DEBAT

L'effet de serre présente un risque énorme pour l'avenir. Nous devrions consacrer autant de ressources que possible à réduire la production de CO_2. Il faut augmenter l'énergie nucléaire, limiter la déforestation, réduire la consommation d'essence pour automobiles et développer des sources alternatives d'énergie (le soleil ou le vent, par exemple).

10c

Les Déchets nucléaires

Il y a quelques années, la France a proposé de faire recycler les **déchets** (ce qu'on jette) nucléaires provenant de France et de beaucoup de pays étrangers. Pour faire entrer les **devises** (monnaie) étrangères, la France a décidé de faire construire une **usine de retraitement** (où l'on recycle les restes). Misant sur l'avenir de l'énergie nucléaire et sur la rareté de l'uranium, elle a proposé de faire construire un **chantier** (lieu de travail collectif) de **surgénérateurs réacteurs** (*nuclear reactors*) qui se nourrissaient du plutonium obtenu grâce au retraitement.

Puisque les **enjeux** (les risques) sont énormes, le promoteur a **banni** (interdit) toute critique. Malheureusement, cette usine a accumulé retards, **surcoûts** (coûts excessifs) et problèmes techniques. Donc, elle a le plus grand mal à honorer ses contrats. On parle même de **mettre au rebut** (se débarrasser de) les **cuves** (grands récipients). Décidément, cette usine de retraitement de déchets nucléaires est devenue la **poubelle** (récipient à ordures) la plus chère du monde. Le grand problème du nucléaire reste irrésolu: que faire des déchets? Peut-être faut-il examiner plus soigneusement l'énergie solaire.

Comment se débarrasser des déchets nucléaires? Faute d'une bonne solution, ne vaudrait-il pas mieux bannir l'énergie nucléaire?

AVANT DE LIRE

Pratiquez la lecture en vitesse! Dégagez les idées de l'article en lisant aussi rapidement que possible le dernier paragraphe, puis le premier paragraphe, et puis la première phrase des autres paragraphes. Deux conseils: a. lisez des groupes de mots plutôt que de vous arrêter à chaque mot; b. déplacez les yeux verticalement plutôt qu'horizontalement.

TROUVEZ LE MOT JUSTE: RACINES

Déchiffrez le sens de ces mots d'après leurs racines.

mondial (monde):

retraiter, retraitement (traiter):

le surgénérateur (générer):

les tuyauteries (tuyau):

le démarrage (démarrer):

le cisaillage, cisailler (les ciseaux):

cheminer (le chemin):

un stockage (le stock):

le chauffage, le réchauffement (chaud):

la couche (coucher):

estival (été):

en bordure de (le bord):

la teneur (tenir):

la fonte (fondre):

La Hague: la poubelle la plus chère du monde

La France a choisi, il y a vingt ans, de devenir leader du retraitement des déchets nucléaires. Depuis, la donne a changé. Et l'usine a le plus grand mal à honorer ses contrats.

Rien ne va plus à la Hague. Jean Syrota, PDG de la Cogema (Compagnie générale des matières nucléaires), a beau annoncer le démarrage prochain de l'usine UP 3, le plus grand chantier d'Europe accumule retards, surcoûts, problèmes techniques. Les clients étrangers s'impatientent. EDF traîne les pieds.

Une première unité, UP 2-400, fonctionne à la Hague depuis de longues années. Elle a déjà retraité 2 500 tonnes de combustible irradié. Mais la Cogema a décidé une extension colossale du complexe. Huit ans après le lancement officiel du projet, UP 3, le deuxième centre de retraitement, n'a toujours pas ouvert ses portes. En attendant, des tonnes de scories radioactives s'entassent à la pointe nord du Cotentin.

L'usine n'a pas encore commencé à tourner que déjà se pose la question de son devenir. Les enjeux sont énormes, financièrement et technologiquement. Certains experts soupçonnent son promoteur, la Cogema, de s'enfermer dans l'un de ces projets à la française d'où l'on bannit toute critique au nom du prestige et de l'indépendance nationale.

Pourquoi? Dans les années 70, quand l'industrie nucléaire voyait l'avenir en rose, les pouvoirs politiques, poussés par le CEA, pensaient que l'uranium deviendrait une matière rare. Le futur appartiendrait aux surgénérateurs, réacteurs qui se nourrissent du plutonium obtenu grâce au retraitement.

Qu'est-ce que le retraitement? Une opération délicate qui consiste à tenter de tirer parti des combustibles irradiés dans les centrales atomiques en séparant l'uranium et le plutonium des produits de fission, véritables poisons. Une alchimie complexe, à la fois corrosive et radioactive, qui doit s'effectuer dans des enceintes hermétiques. Tous les pays en possession de la bombe H dominent cette technique. La France est, avec la Grande-Bretagne, le seul pays au monde qui ait choisi de se doter d'une industrie civile du retraitement.

A l'époque, on a vu grand. Très grand. EDF prévoit la construction de plusieurs surgénérateurs, tandis que la Cogema, propulsée leader mondial du retraitement, passe du laboratoire à l'usine. Aujourd'hui, catastrophe! Pas de pénurie d'uranium à l'horizon, et Superphénix, le surgénérateur français, beaucoup trop coûteux, trop complexe, n'aura pas de sitôt de petit frère...

Mais, dans l'euphorie, la Cogema veut faire coup double. Outre EDF, son client naturel, elle décide que le retraitement sera une spécialité française et offre ses services aux compagnies étrangères d'électricité. Une aubaine. Face à des opinions publiques plutôt réfractaires au nucléaire, et au problème des déchets empoisonnés dont on ne sait que faire, les «électriciens» voient là une solution immédiate. Coûteuse, certes, car les contrats sont léonins. Mais qu'importe! Beaucoup s'empressent de signer ces textes, qui transforment peu à peu la Hague en poubelle atomique du monde. Au total, la Cogema s'est engagée à retraiter, d'ici à l'an 2000, 7 000 tonnes de combustibles. Un tiers vient du Japon, un tiers de la République fédérale d'Allemagne et le dernier tiers se partage entre la Suisse, la Belgique, les Pays-Bas et la Suède. Les contrats en poche, restait à construire deux nouveaux centres, UP 3 pour les étrangers, UP 2-800 pour EDF.

Le 19 mai 1981, quelques jours après l'élection de François Mitterrand, André Giraud, ministre de l'Industrie de Valéry Giscard d'Estaing, toujours en place, signe le décret d'autorisation qui va ouvrir le chantier. Depuis, donc, on bâtit. L'usine UP 3, d'abord. Il faut bien faire entrer les devises. Les travaux sont impressionnants. On a coulé sur le site plus de 200 000 mètres cubes de béton, installé 633 kilomètres de tuyauteries. Il y a dix-huit mois, les responsables de la Hague criaient victoire et annonçaient le démarrage d'UP 3 pour avril dernier. Ils se trompaient. «Globalement, reconnaît Jean-Louis Ricaud, directeur général de la SGN, la société d'ingénierie qui mène le chantier, c'est plus compliqué que prévu.» Une phrase laconique qui cache mal la complexité des problèmes.

Une usine de retraitement, c'est une succession d'ateliers où s'effectuent, une à une, différentes opérations. Le premier, baptisé T 1, est essentiel. C'est là que l'on cisaille les crayons d'uranium extraits du réacteur et que l'on dissout leur contenu dans des bains d'acide nitrique bouillant. Et c'est également là que la SGN bute. Impossible de réaliser les cuves des deux dissolveurs où ces opérations s'effectuent automatiquement. Le métal choisi, le zirconium, est mal connu. 1987: les cuves arrivent à la Hague. Hasard: l'une d'elles tombe. On s'aperçoit qu'elle est fissurée. Du coup, on décide de vérifier la seconde: fissurée également. Elles sont mises au rebut. Les nouveaux modèles présentent, eux aussi, des défauts rédhibitoires. En septembre 1988, l'atelier qui les fabrique est arrêté. Il faut tout repenser. En attendant, l'atelier T 1 reste bel et bien bloqué.

Des délais qui ne conviennent pas à la Cogema. Comme il faut aller vite, elle a décidé de court-circuiter l'atelier défectueux. En reliant le reste d'UP 3 — qui est prêt — à l'atelier de cisaillage d'UP 2-400, l'unité déjà en service. Un tour de passe-passe qui devrait permettre de faire démarrer l'ensemble en novembre prochain.

Une solution de fortune pour satisfaire les clients étrangers, qui trouvent le temps long, donc cher. Officiellement, UP 3 coûte 27,6 milliards de francs, soit 24% de plus que prévu. Officieusement, on parle d'un surcoût allant de 3 à 10 milliards de francs, voire davantage. Difficile d'être précis.

Les Américains ont cessé toute opération de retraitement après une decision du président Jimmy Carter. Les Suédois veulent, eux, enfouir leur combustible non retraité dans des stockages profonds. Si les Britanniques, les Japonais et, peut-être, les Allemands se lancent dans l'aventure, le reste du monde réfléchit. La France, leader mondial du retraitement, a-t-elle eu raison de choisir une voie solitaire, coûteuse et difficile, s'engageant à long terme dans ces opérations que la Cogema estime être le seul mode de gestion sûr des déchets nucléaires? Que deviendra la Hague si EDF abandonne partiellement le retraitement? En cette période d'étiage du nucléaire, l'affaire mériterait sans doute d'être débattue publiquement.

MINI-GLOSSAIRE

atelier *m.* section d'une usine

aubaine *f.* un avantage inespéré

béton *m.* *concrete*

bouillant à 100 degrés centigrade

buter se heurter à un obstacle

certes certainement

cisailler tailler, couper

couler verser

faire coup double faire deux choses à la fois

décret *m.* décision gouvernemental

démarrage *m.* mis en opération

devise *f.* monnaie étrangère

la donne la situation

se doter de s'équiper de

s'effectuer se faire

s'empresser de se dépêcher de

étiage *m.* réduction

globalement dans l'ensemble

impressionnant à admirer

irradier émettre des rayons lumineux

léonin *cf.* le lion; très grand

officieusement sans garantie d'autorité

prévoir imaginer à l'avance

rédhibitoire très grave, irréparable

des scories des déchets

tirer parti de profiter de

un tour de passe-passe une tromperie habile

tuyauterie *f.* ensemble de tuyaux qu'installe un plombier

voire et même

D'APRES L'AUTEUR

Vrai ou faux? Reformulez les propos qui ne sont pas justes.

1. La Cogema est en progrès continuel.
2. Les usines d'UP 3 ne sont pas concernées avec les scories radioactives.
3. L'uranium est devenu une matière première rare.
4. Le retraitement est une opération qui consiste à tenter de tirer parti des combustibles irradiés dans les centrales atomiques.
5. On peut séparer l'uranium et le plutonium en plein air sans risques.
6. La Hague est la poubelle atomique du monde.
7. T 1 est une opération de retraitement.
8. Le zirconium est de l'acide citrique.
9. La Cogema cherche de nouveaux contrats en Allemagne.
10. Ronald Reagan a décidé que toute opération de retraitement devrait cesser.

EN ROUTE

A VOTRE AVIS

Commentez ces propos en groupes de trois ou quatre. Puis rapportez vos conclusions à la classe.

1. C'est une bonne idée de faire retraiter les déchets radioactifs.
2. Nous aurons peut-être besoin d'uranium et de plutonium à l'avenir (ils sont nécessaires à la production de l'énergie nucléaire).
3. Nos besoins d'énergie nucléaire vont augmenter à l'avenir.
4. Chaque pays devrait être obligé de faire retraiter ses propres déchets nucléaires.
5. La France a commis une erreur en cherchant à retraiter les déchets nucléaires du monde.
6. L'énergie nucléaire est moins nocive à la planète que d'autres formes d'énergie, telles que le pétrole ou le charbon.

Des expertes et experts se sont réunis pour discuter du problème des retards dans l'usine française de retraitement de déchets nucléaires. Prenez les points de vue ci-dessous.

1. Animatrice
2. P.D.G. de la Cogema (la Compagnie qui s'occupe du retraitement des déchets nucléaires). Elle se défend contre les critiques.
3. Ingénieur de la Cogema qui explique les difficultés d'ordre technique
4. Membre du gouvernement socialiste qui critique les coûts énormes
5. Représentants des compagnies d'énergie nucléaire du Japon, de l'Allemagne, de la Suisse, de la Belgique, des Pays-Bas et de la Suède. Ils ont signé des contrats et versé des fonds. Donc, il faut que la France fasse retraiter les déchets nucléaires le plus tôt possible!
6. Membre du parti vert (écologiste). Les déchets nucléaires — même retraités — vont détruire l'environnement.
7. Habitante du village la Hague. Les dangers de pollution radioactive comptent plus que l'argent que ce procédé aurait pu rapporter.
8. Physicien nucléaire. L'avenir appartiendra aux surgénérateurs, réacteurs qui se nourrissent du plutonium obtenu grâce au retraitement.
9. Biologiste. La France n'a pas besoin de devenir la poubelle nucléaire du monde. De plus en plus d'espèces meurent chaque année. Pourquoi ne pas tout faire pour préserver celles qui existent toujours en France?

DEBAT

Prenez position pour ou contre l'énergie nucléaire.

UNE AUTRE DIMENSION

A   La Perception extra-sensorielle

B   L'Astrologie et les religions

C   Les Extra-Terrestres

Paris, Forum des Halles avec l'église Sainte-Eustache: D'autres dimensions qui s'ajoutent à la réalité spirituelle?

La Perception extra-sensorielle

Est-ce que le sixième sens existe — la télépathie, ou la communication à travers l'espace ou le temps qui n'a besoin ni de soutien visuel ni de paroles? Certaines amoureuses (et amoureux) disent que oui. Ce sont surtout les femmes qui en parlent, puisque d'après les auteurs de cet article, ce sont elles qui **privilégient** (considèrent comme privilégiées) les émotions et la communication. Avoir le sixième sens amoureux, c'est **éprouver** (ressentir) des intuitions **fulgurantes** (brillantes) qui dépassent la compréhension, c'est avoir les sens **aiguisés** (très vifs) et **être** très **sensible à** (*sensitive to*) l'être aimé. C'est **deviner** (connaître par supposition) les pensées de l'autre, être si **émue** (*cf.* l'émotion) devant l'autre que l'on **se procure** (reçoit) des sensations de **partage** (d'appartenir à l'autre), voire de fusion avec l'autre, de se fondre dans l'autre. Chez certaines femmes, ce sens fonctionne en permanence, et elles ont du mal à **gérer** (contrôler) le phénomène; elles **se rendent compte de** (réalisent) l'**épreuve** (le malheur) qu'elles s'imposent si elles prévoient une catastrophe, par exemple. Mais elles se trouvent incapables d'agir ou de remédier à la situation. Elles ont des difficultés à prendre chaque intuition au sérieux — évidemment! Finalement, si cela tourne mal, ces télépathiques éprouvent un sentiment **de vertige** (de confusion) et restent souvent traumatisées par ce qui leur arrive.

Est-ce que la perception extra-sensorielle existe? Avez-vous parfois l'impression d'être clairvoyant? De pouvoir communiquer avec quelqu'un sans paroles? Ou bien de pressentir à l'avance ce qui va se passer?

AVANT DE LIRE: CONTEXTE

Cet article a paru dans une revue destinée à de jeunes femmes professionnelles et surtout célibataires — *Marie-Claire.* Comment est-ce que ce contexte détermine votre interprétation de l'article? A votre avis, le sixième sens amoureux existe-t-il aussi souvent chez les femmes mariées? Chez les mères de famille? Chez les hommes? Est-ce à encourager? A décourager?

TROUVEZ LE MOT JUSTE: RACINES

Devinez le sens de ces mots d'après leurs racines. Proposez des paraphrases.

clairvoyant (clair + voir):

la médiumnité (médium):

être porteur de (porter):

pressentir (pre = à l'avance; + sentir):

prévoir (pré + voir):

se dédoubler (double):

l'ambulancier (ambulance):

saisissante (saisir):

les retrouvailles (trouver):

génial (le génie):

la voyante (voir):

LE SIXIEME SENS AMOUREUX

C'est lorsqu'on est amoureux qu'on sent le plus facilement ces sortes d'intuitions fulgurantes qui dépassent la compréhension et peuvent sur le moment surprendre, voire inquiéter. Ces instants de clairvoyance, essentiellement féminins, sont comme un sixième sens. Ainsi, Hélène, Amélie et les autres ont senti à l'avance et sans raisons précises comment leur vie amoureuse allait être bouleversée. Et elles ne se sont pas trompées.

Intuition, empathie, télépathie? Ou ce que Jung appelait «coïncidence significative»? Sans être médium, beaucoup d'entre nous connaissent, à certains moments de la vie, des états où les sens semblent aiguisés plus qu'à l'habitude et où nous devenons clairvoyants. Les phénomènes de médiumnité sont surtout féminins car les femmes privilégient la communication, les émotions, alors que les hommes, impliqués dans la passion de l'action, apprennent au contraire très tôt à les bloquer. Et ils sont surtout sensibles dans les rapports amoureux. Il faut que quelque chose en l'autre provoque cette réceptivité psychique. Il y a des passions dans lesquelles l'être aimé reste opaque, d'autres dans lesquelles une certaine partie de cet autre, à des moments privilégiés, devient étonnamment accessible.

Hélène a quarante ans. Elle a aimé Hervé de cette manière: «Ce sixième sens fonctionne en moi en permanence, dès que j'ai une relation forte avec quelqu'un, que cette relation soit amicale ou amoureuse.

«Avec Hervé, il y avait quelque chose de plus. Ce qui me troublait particulièrement, c'est que mon amour me faisait deviner ce qui allait se passer de pénible. Mais en même temps, une fois dans cette situation, j'étais incapable d'agir intelligemment.

«Rien à faire. A la douleur de cette trahison s'ajoutait l'épreuve de la vivre deux fois — par anticipation puis réellement. En plus, c'était très pénible de me rendre compte que je voyais clair, et que ça ne changeait rien.

«J'ai aussi eu de très belles intuitions avec Hervé. C'étaient toujours des intuitions de paroles. On se retrouvait ensemble dans le silence et, quand on commençait à parler, on parlait en même temps de la même chose. J'étais toujours très émue par ça.

«Et puis il y a eu la nuit où il est tombé malade. Brusquement, j'ai eu envie de l'appeler. Je me suis bagarrée contre cette envie. Il n'y avait aucune raison que je lui téléphone en pleine nuit. Finalement, j'ai appelé. A l'hôtel où il résidait, on m'a répondu: "Mais oui, une ambulance est venue le chercher et le ramène à Paris." Je me suis dit qu'il ferait tout pour me prévenir, j'en étais absolument certaine. Je me suis postée près de chez moi à l'angle de l'avenue René-Coty et de l'avenue Reille. Une ambulance s'est arrêtée. Hervé voulait faire déposer par les ambulanciers un mot chez moi pour m'avertir.»

Hélène connaissait intimement Hervé. Quelque chose en eux était si proche qu'elle pensait en quelque sorte avec lui. Cette relation avait un côté «frères siamois» qui lui donnait un charme magique. Quand nous tombons amoureuses, nous rêvons toutes de la fusion avec l'autre, du paradis perdu où rien ne séparait les êtres. En même temps, cette fusion, dans la réalité, se révèle insupportable.

En nous fondant dans l'autre, nous ne parvenons plus à être nous-mêmes. Et les hommes supportent plus difficilement que les femmes cette fusion qui ramène à la première relation, celle de la mère et du bébé.

Chez les femmes, cette fusion avec la mère n'est jamais complètement interrompue. Nous construisons notre identité de femme par identification avec elle. Les garçons, eux, construisent leur identité d'homme par identification avec le père, c'est-à-dire en passant par la séparation d'avec la mère. A l'âge adulte, fusionner à nouveau avec quelqu'un menace l'identité virile.

Une autre sorte d'intuition se manifeste dans le rêve prémonitoire. C'est ce qui est arrivé à Nadège, qui a quarante-huit ans:

«Il y a dix ans de cela, j'ai vécu un grand amour avec Jean-Pierre. Une nuit, j'ai rêvé que j'allais le voir chez lui. Sa maison avait un drôle de petit escalier en colimaçon. Dans le rêve, il y avait le même escalier. Je montais. Un inconnu se tenait devant la porte de Jean-Pierre. Cet homme me disait: "Ne pleure pas, ne crie pas, ton amour est mort." Je poussais quand même la porte et je trouvais Jean-Pierre, vêtu d'une grande chemise blanche, étendu sur le lit, mort. Ce rêve m'a fait une impression saisissante. Le lendemain, je n'ai cessé d'y penser.

«Deux jours plus tard, je vais voir Jean-Pierre, comme d'habitude. Je frappe à la porte, ça ne répond pas. Je trouve ça bizarre, car, d'habitude, quand nous avions rendez-vous chez lui, il se mettait à la fenêtre pour me guetter. Je vais chercher un voisin. J'étais complètement angoissée. Je n'avais pas les clefs. Le voisin a enfoncé la porte. Jean-Pierre était là. Il portait une chemise blanche, il était étendu mort comme dans mon rêve. J'ai vraiment cru que j'étais à nouveau dans le rêve, mais c'était bien la réalité et en même temps le pire cauchemar que j'aie jamais fait. Jean-Pierre avait été terrassé par une crise cardiaque. J'ai cru que j'allais crever sur place.

«Dix ans après, je suis encore traumatisée par cette affaire. Dès le moindre cauchemar, je me réveille pour ne pas continuer. Résultat, je suis devenue à moitié insomniaque. Je suis en chagrin d'amour depuis dix ans.»

Dans l'histoire de Nadège comme dans la précédente, le plus douloureux, ce sont les reproches qu'on peut se faire, de n'avoir pas pris une intuition au sérieux et qu'elle se soit vérifiée. Pourtant, si l'on agissait sans cesse selon ses idées noires, on ne vivrait plus...

Le sixième sens amoureux ne nous annonce pas que des horreurs. Il est aussi porteur de bonnes nouvelles: c'est ce que raconte Caroline, qui a vingt-huit ans.

«Il y a deux ou trois ans, j'ai eu pendant six mois une liaison avec un homme que je connaissais depuis toujours. C'était un amour d'enfance. Quand nous avons vécu notre histoire, c'était très étrange. J'avais l'impression de faire l'amour avec un frère. Toute mon enfance remontait.

«Après six mois de vie commune, nous nous sommes séparés. Pendant six autres mois, nous ne nous sommes pas vus. Puis, un jour, il a appelé, en me disant qu'il avait envie de me revoir. Moi, j'ai pensé: "Pourquoi pas." Nous avons dîné ensemble. Nous avons aussi bien bu. Et puis j'ai invité David à prendre un dernier verre chez moi.

«Pendant toute cette soirée, nous nous sommes reconquis. C'était une nouvelle cour, une nouvelle séduction. C'était formidable! En l'invitant à la maison, je savais ce que je faisais. Je me suis dit: "Ce soir, je tombe enceinte." Au restaurant, nous avions parlé de notre vie mutuelle, d'avoir un enfant, mais sans oser nous avouer que nous avions envie d'en faire un ensemble.

«David a passé la nuit avec moi. Le lendemain, nous avons recommencé à vivre ensemble. Au bout d'un mois et demi, je me suis aperçue que j'étais effectivement enceinte. J'avais conçu la nuit des retrouvailles. C'était génial parce que, au moment où nous faisions l'amour, je savais que cet enfant était en train d'être conçu. J'en étais absolument certaine. Le jour où j'ai fait le test, David était fou de joie! Par contre, ce que je n'avais pas prévu, c'est que j'aurais des jumeaux!

«David est de plus en plus amoureux. Il me dit toujours en me taquinant que je suis la plus belle et la plus coquine des intuitives. Parfois aussi, il m'appelle la voyante aux jumeaux. Et maintenant, j'ai une autre intuition: c'est que toute cette histoire est partie pour durer...»

Dans ces deux affaires, l'intuition a remplacé les paroles: il s'agit d'une communication avec l'autre tellement forte qu'elle se passe de mots.

Caroline et David n'ont pas eu besoin de mots pour se dire qu'ils voulaient faire un enfant ensemble. Cette communication non verbale, ce rapport archaïque à l'autre, c'est le rêve des amoureux pour qui tout passe par le regard ou simplement... par l'atmosphère. Ce que, à une autre époque, on appelait les «vibrations»...

Jeanne, trente-sept ans, ne redoute pas ce genre d'intuition. Au contraire, elle les appelle, les cultive: «Je ne sais pas ce que c'est, mais je sais ce que ça fait. C'est l'impression d'avoir à l'intérieur de soi quelque chose qui tremble et qui vous remplit. C'est comme ça que je reconnais qu'il va m'arriver quelque chose de très agréable. Avoir une intuition amoureuse, c'est découvrir, par exemple, que quelqu'un est amoureux de vous, alors que rien, apparemment, ne le laisse supposer. On a l'impression que le plancher s'ouvre, que les murs vous tombent dessus. C'est comme une catastrophe agréable!

«Il y a toute une mythologie amoureuse là-dessus. On est imprégné de ça, c'est la tradition romantique du déjà-vu. On rencontre quelqu'un pour la première fois et on a l'impression de l'avoir déjà vécu dans une vie antérieure... On est tout d'un coup investi d'une forme de divination. Comme une transmission de pensée incarnée.

«Car on peut deviner les pensées de l'autre mais, en même temps, ça passe par des choses beaucoup plus physiques, des respirations, des silences. C'est la situation amoureuse qui veut ça. En tout cas, ça n'arrive que dans une relation forte. Je me souviens d'un homme qui, un jour, étant en face de moi, m'a dit qu'il avait l'impression d'avoir des yeux autour de la tête. Il voyait en face de lui, et il avait l'impression absolue de voir ce que je voyais, moi qui étais en face de lui. Donc, il avait presque des yeux sur 180 degrés.

«Un jour où je me promenais dans la rue, une phrase m'a traversé la tête. Cette phrase, c'était: "Jérôme, je vous aime." Ça continuait à me trotter dans la tête. Je me suis dit: "Tu es cinglée", parce que je ne connaissais personne du nom de Jérôme. Mais cette phrase a continué à me squatter l'esprit pendant plusieurs heures. La semaine suivante, je suis allée dans une agence immobilière pour acheter un appartement. J'ai eu pour le type de l'agence un coup de foudre partagé. Après, évidemment, j'ai appris, qu'il s'appelait Jérôme...»

Ces perceptions paranormales, il n'est pas étonnant qu'elles se développent dans l'état amoureux puisque justement, à ce moment-là, on n'est pas dans un état normal. Alors, les conventions, les habitudes, les défenses peuvent céder. Ce bouleversement de l'être nous met en contact avec des zones très anciennes de nous-mêmes, zones habituellement oubliées. On ne peut pas être extra-lucide tout le temps. Les voyantes le savent, la médiumnité est quelque chose d'épuisant, de déstabilisant, de déséquilibrant. Amoureuse, on est capable des pires folies. Les digues de la raison, du bon sens cèdent. C'est ça, précisément, qui est irrésistible...

MINI-GLOSSAIRE

aiguiser   rendre plus vif

cinglé (*fam.*)   un peu fou

en colimaçon   en spirale

conçu   *cf.* conception

coquin   un peu malicieux

crise cardiaque *f.*   attaque de cœur

deviner   connaître par intuition

digue *f.*   une barrière pour repousser la mer

enfoncer   briser, pousser

épreuve *f.*   la difficulté, une situation pénible

épuisant   très fatiguant

se fondre   s'unir par fusion

impliquer   mêler

des jumeaux   deux enfants nés ensemble de la même mère

porteur de   *cf.* porter

prémonitoire *cf.*   prémonition

retrouvailles *f.pl.*   fait de se voir à nouveau

sensible   capable de sentiments profonds

me squatter l'esprit (*fam.*)   me préoccuper

taquiner   contrarier qqn dans les petites choses

trahison *f.*   l'acte de manquer au devoir de fidélité

me trotter dans la tête (*fam.*) me préoccuper

D'APRES L'AUTEUR

Indiquez si ces propos sont vrais ou faux dans le contexte de l'article.

1. La télépathie, c'est de l'intuition ou un sentiment de communion avec un autre.
2. Les phénomènes de médiumnité sont surtout masculins.
3. Hélène a avoué à Hervé son sixième sens.
4. Pour certains hommes être amoureux, c'est avoir le vertige.
5. Les femmes ont souvent des pressentiments mais n'agissent pas toujours.
6. Les amoureux rêvent de communication non verbale, d'un rapport de fusion avec l'autre.
7. Avoir une intuition amoureuse, c'est découvrir, par exemple, que quelqu'un est amoureux de vous.
8. La tradition romantique du déjà-vu est loin d'être une transmission de pensée incarnée.
9. Quand on est amoureux, on est dans un état anormal.

EXPRESSIONS UTILES:
NIVEAUX DE LANGUE — VERBES FAMILIERS

Formulez une phrase pour chacune des expressions verbales ci-dessous.

filer: s'en aller
Je me suis levée, **j'ai filé** dans une cabine téléphonique et j'ai appelé.

crever: mourir
J'ai cru que j'allais **crever** sur place.

s'étaler: tomber (se dit d'une personne)
Un jour, un homme **s'est étalé** à mes pieds.

débarquer: arriver chez quelqu'un à l'improviste
Quand **j'ai débarqué** chez lui à l'improviste, il m'attendait.

se bagarrer contre: se battre
Je me suis bagarré contre cette envie de l'appeler.

SCENETTE

Jouez les rôles des télépathiques du texte — Hélène et Hervé, Nadège et Jean-Pierre (vous communiquez par-delà de la mort), Caroline et David, et Jeanne et Jérôme. Imaginez leurs conversations (à deux, choisissez un couple à jouer; ou bien racontez votre histoire à la classe, qui vous posera des questions par la suite).

A VOTRE AVIS

Commentez ces propos à deux ou à trois.

1. Les phénomènes tels que la communication extra-sensorielle sont surtout féminins, car les femmes privilégient la communication.
2. Les hommes aiment l'action et donc cachent leurs émotions.
3. Si l'on est amoureux, il est possible de lire les pensées de l'être aimé.
4. Ce n'est pas une bonne idée de pratiquer la clairvoyance, même si l'on est capable de le faire.
5. Pour les hommes, fusionner avec quelqu'un, c'est menacer leur identité virile.
6. Malgré tout, je veux à tout prix une fusion télépathique avec un grand amour.

DEBAT

Soutenez ou critiquez la télépathie.

Pour: La télépathie existe; elle est désirable et à encourager. Elle constitue un lien entre des êtres dans un rapport intime dont nous n'avons pas l'habitude. Notre civilisation est devenue trop objective et froide. D'ailleurs, elle constitue un argument pour la prière et toute foi religieuse.

Contre: La télépathie est généralement pratiquée par des médiums, des tsiganes et des êtres sans instruction. C'est de la superstition pure. Même si elle existe, c'est une très mauvaise idée de la pratiquer, puisqu'elle est contre une attitude scientifique et raisonnée. Elle n'encourage pas l'intimité, puisque l'intimité se base sur des paroles et des actes, non pas sur des intuitions. Il faut se fier à ce qui est concret et évident, ou bien nous risquons de devenir fous.

11B

L'Astrologie et les religions

Plus de la moitié de la planète croit à la réincarnation. Se réincarner fait partie des croyances bouddhistes (du bouddhisme), hindouistes (de l'hindouisme), aussi bien que du mouvement *New Age,* venu d'Amérique. Celui-ci condamne le rationalisme et le matérialisme occidentaux. Les *New Agers* s'intéressent à leur **âme** (être spirituel). **Assoiffés de** (*cf.* la soif) religiosité, ils refusent les dogmes officiels pour **piocher** (chercher) dans toutes les traditions spirituelles et ésotériques. Leur sagesse préconise le zen, les tarots, les thérapies psychocorporelles, la musique subliminale, l'initiation au vaudou haïtien — bref, c'est le grand bazar de la spiritualité. En France, beaucoup d'astrologues (enseignants et pratiquants de l'astrologie) s'intéressent à l'astrologie karmique, un mélange de croyances astrologiques et bouddhistes. Qui avez-vous été dans votre passé lointain? Quel destin vous sera réservé dans l'avenir? Consultez votre horoscope karmique et vous le saurez!

Evidemment, l'auteur ne croit pas trop à l'astrologie karmique; cependant elle constate un phénomène intéressant. Tout le monde voudrait être immortel et aimerait bien penser que si l'on a raté sa vie, on a droit à une nouvelle chance. Mais l'intérêt dans l'astrologie karmique révèle probablement une soif de religion. Il y a ceux qui se plongent dans des rêves mystiques, mais aussi ceux qui assainissent (cf. sain, la santé) le monde, qui cherchent la stabilité et l'équilibre. Faire le bien, c'est **compatir aux** (avoir de la compassion pour) souffrances de l'humanité, mener des combats **désintéressés** (altruistes) dans un **but** (une intention) humanitaire. Chercher Dieu, c'est transmettre la **foi** (la croyance religieuse) et **poursuivre** (continuer) une **quête** (une recherche) spirituelle.

MISE EN TRAIN

Croyez-vous avoir déjà existé? Croyez-vous à la réincarnation (ce qui est bien différent de la vie après la mort)? Etes-vous d'accord que «70% des Américains y croient»? Pourquoi pensez-vous que les Français s'y intéressent? Est-ce que cela indique la nécessité de la religion ou d'une dimension spirituelle dans sa vie?

AVANT DE LIRE

Lisez la première page de cet article en vitesse. Essayez de dégager la suite des idées et la structure de l'argument.

TROUVEZ LE MOT JUSTE

Trouvez un synonyme ou une définition sous B qui expliquerait chacun des verbes sous A.

A	B
canaliser	abandonner
délaisser	choisir parmi d'autres
encombrer	manipuler
manier	concentrer
trier	gêner
classer	diviser en catégories
abuser de	endurer
supporter	commencer
démarrer	déconcerter
désarçonner	user avec excès

DECOUVREZ VOTRE VIE ANTERIEURE

La moitié de la planète croit en la réincarnation et voilà que l'Occident s'y met. Venu tout droit du bouddhisme, via la Californie, nous arrive le karma. Vous voulez savoir ce que vous étiez avant et ce que vous serez dans une vie future?

Depuis le début des années 80, les Américains ont attrapé un nouveau virus. Le *New Age,* mouvement hétéroclite venu de la côte ouest, condamne le rationalisme et le matérialisme occidentaux. A l'aube du IIIᵉ millénaire, il exhorte ses adeptes à s'intéresser un peu plus à leur âme. Du coup, on déboulonne les vieilles idoles du début de la décennie: fric, forme et plan de carrière. Exit l'aérobic, place au mystique. Enterrés les *golden boys*: Bouddha, Vishnu, les lamas tibétains ou les chamanes indiens sont les nouvelles superstars. Assoiffés de religiosité, les *New Agers* refusent cependant les dogmes officiels et préfèrent piocher dans toutes les traditions spirituelles, y compris ésotériques, pour se fabriquer une petite sagesse en kit. Zen, tarots de Marseille, thérapies psychocorporelles, musique subliminale, initiation au vaudou haïtien: le *New Age,* c'est le grand bazar de la spiritualité. Un vaste self-service où chacun vient faire son *shopping*. Parmi les rayons les plus visités: celui des vies antérieures. La réincarnation est en promotion. 70% des Américaines y croient dur comme fer. «Revivre nos vies antérieures», «Mourir pour renaître», «Nous sommes tous immortels», et surtout les spectaculaires témoignages de l'actrice Shirley Mac-Laine, grande prêtresse du *New Age* et réincarnation prosélyte, sont des best-sellers des deux côtés de l'Atlantique.

Plus de la moitié de la planète croit à la réincarnation: 500 millions d'hindouistes, 250 millions de bouddhistes — le réincarné le plus célèbre est le dalaï-lama, 602 ans aux dernières jonquilles — les Indiens d'Amérique, les Esquimaux, les Druzes libanais, et aussi un grand nombre d'Africains. Là-bas, certaines tribus coupent la dernière phalange du petit doigt gauche de leurs morts: charmante coutume qui permet de reconnaître le cher disparu s'il a la bonne idée de se repointer dans les parages.

Dans le bouddhisme, la réincarnation s'explique par la loi du karma. Notre vie présente serait le résultat de nos vies passées et la préparation de nos vies futures. Ces existences successives permettent à l'homme de réparer ses erreurs antérieures, de progresser toujours sur la voie du Bien. On se réincarne tant que l'on n'a pas accompli ce cheminement, liquidé son karma. Ensuite, on est un pur esprit, baignant dans la béatitude, en osmose avec le cosmos.

La théorie de la réincarnation fascine l'Occident. C'est vrai, le mythe de l'éternel retour est plus affriolant que celui du paradis chrétien. Avec lui, si on a raté sa vie, on a droit à une session de rattrapage. C'est réconfortant. C'est en général ce qu'on retient chez nous du karma bouddhiste. Et si les hindous prétendent qu'on peut se réincarner dans n'importe quel être, humain ou animal, les Occidentaux, eux, sont peu friands de destins pâlichons. A lire les récits de réincarnation, à écouter les témoignages des initiés, c'est fou ce qu'on trouve de chevaliers teutoniques, de nobles guillotinés (l'effet Bicentenaire?) ou de dignitaires aztèques. Le cheikh arabe est assez prisé, le sage chinois itou, mais l'esclave africain beaucoup moins. La mythique Atlantide, elle, devait être bondée comme le métro aux heures de pointe : tout le monde y a vécu. Quant aux fameuses expériences de paramnésie (en français: l'impression de déjà-vu, déjà vécu), on les éprouve au pied d'une pyramide inca, rarement à Bécon-les-Bruyères.

Si le désir d'explorer la fabuleuse épopée de vos vies antérieures vous titille, sachez qu'il existe de nombreuses techniques. Parmi les plus radicales, l'acupuncture spirituelle (Linda Evans, dans «Dynastie», la pratique couramment): le corps transpercé d'aiguilles, on libère des énergies et on voit défiler des images de ses vies passées. On peut aussi choisir les méthodes de régression, fondées sur la relaxation. Shirley MacLaine vous organise un petit voyage dans l'au-delà pour 350 dollars. Mais pourquoi ne pas commencer par l'astrologie karmique, beaucoup plus *soft*. Sur les 40 000 astrologues déclarés en France, ils sont environ 10% à s'y intéresser de très près. Inités par des maîtres orientaux, les tenants de cette méthode associent à l'astrologie classique la tradition des Nœuds lunaires hindous: le Sud correspond à l'acquis dans les vies antérieures, le Nord fournit des indications sur les buts que nous devons atteindre dans cette vie-ci. Pour en savoir plus, l'astrologue établit le thème astral personnel de son consultant. Et si les résultats sont convaincants, rien ne vous empêche de tenter le grand saut dans le passé. Si beaucoup de voyageurs ont joué le Grand Bleu dans l'Atlantide, nombreux aussi sont ceux qui ont fini sur un bûcher cathare. A vos risques et périls.

Sous quel axe du dragon êtes-vous nés?

La Nœud Nord en Bélier (Nœud Sud en Balance)

Du	8 juillet	1930	au	28 décembre	1931
Du	27 janvier	1949	au	26 juillet	1950
Du	20 août	1967	au	19 avril	1969
Du	7 avril	1986	au	2 décembre	1987

Sous quel axe du dragon êtes-vous nés? (Continued)

Le Nœud Nord en Taureau (Nœud Sud en Scorpion)

Du	29 décembre	1928	au	7 juillet	1930
Du	3 août	1947	au	26 janvier	1949
Du	20 février	1966	au	19 août	1967
Du	12 septembre	1984	au	6 avril	1986

Le Nœud Nord en Gémeaux (Nœud Sud en Sagittaire)

Du	17 avril	1927	au	28 décembre	1928
Du	5 janvier	1946	au	2 août	1947
Du	26 août	1964	au	19 février	1966
Du	17 mars	1983	au	11 septembre	1984

Le Nœud Nord en Cancer (Nœud Sud en Capricorne)

Du	27 octobre	1925	au	16 avril	1927
Du	12 mai	1944	au	4 janvier	1946
Du	24 décembre	1962	au	25 août	1964
Du	25 septembre	1981	au	16 mars	1983

Le Nœud Nord en Lion (Nœud Sud en Verseau)

Du	24 avril	1924	au	26 octobre	1925
Du	22 novembre	1942	au	11 mai	1944
Du	11 juin	1961	au	23 décembre	1962
Du	13 janvier	1980	au	24 septembre	1981

Le Nœud Nord en Vierge (Nœud Sud en Poissons)

Du	24 août	1922	au	23 avril	1924
Du	25 mai	1941	au	21 novembre	1942
Du	16 décembre	1959	au	10 juin	1961
Du	6 juillet	1978	au	12 janvier	1980

Le Nœud Nord en Balance (Nœud Sud en Bélier)

Du	8 février	1921	au	23 août	1922
Du	13 septembre	1939	au	24 mai	1941
Du	17 juin	1958	au	15 décembre	1959
Du	8 janvier	1977	au	5 juillet	1978

Le Nœud Nord en Scorpion (Nœud Sud en Taureau)

Du	16 août	1919	au	7 février	1921
Du	4 mars	1938	au	12 septembre	1939
Du	5 octobre	1956	au	16 juin	1958
Du	11 juillet	1975	au	7 janvier	1977

Sous quel axe du dragon êtes-vous nés? (Continued)

Le Nœud Nord en Sagittaire (Nœud Sud en Gémeaux)

Du	15 septembre	1936	au	3 mars	1938
Du	3 avril	1955	au	4 octobre	1956
Du	28 octobre	1973	au	10 juillet	1975

Le Nœud Nord en Capricorne (Nœud Sud en Cancer)

Du	9 mars	1935	au	14 septembre	1936
Du	10 octobre	1953	au	2 avril	1955
Du	28 avril	1972	au	27 octobre	1973

Le Nœud Nord en Verseau (Nœud Sud en Lion)

Du	25 juin	1933	au	8 mars	1935
Du	29 mars	1952	au	9 octobre	1953
Du	3 novembre	1970	au	27 avril	1972

Le Nœud Nord en Poissons (Nœud Sud en Vierge)

Du	29 décembre	1931	au	24 juin	1933
Du	27 juillet	1950	au	28 mars	1952
Du	20 avril	1969	au	2 novembre	1970

* Ces positions sont données en zodiaque habituel, c'est-à-dire tropical en non sidéral.

Le Nœud Nord et le Nœud Sud de la Lune ou votre Axe du Dragon

Le Nœud Sud (ou queue du Dragon) symbolise ce qui a été accumulé et acquis (le bon comme le mauvais) dans vos vies antérieures. Parfois, dans la première partie de votre vie, vous vous sentirez encore attirés par vos habitudes passées, puis les événements du destin essayeront de vous le faire comprendre. Vous vous rapprocherez alors de votre karma indiqué par le Nœud Nord.

Le Nœud Nord (ou tête du Dragon) indique ce vers quoi nous devons tendre dans cette vie-ci. Il est là pour nous faire saisir ce que nous n'avons pas voulu comprendre dans les vies précédentes. Attention, les mauvais élèves redoubleront leur classe! Ils se réincarneront dans une existence qui les mettra en face des mêmes problèmes.

Lors de votre naissance, l'axe du Dragon (ou Nœuds Nord et Sud) relie toujours deux signes opposés. Par exemple, si votre Nœud Nord se situe en Taureau, le Nœud Sud sera automatiquement dans le Scorpion (signe diamétralement opposé au Taureau dans le cercle du zodiaque).

Astronomiquement, cet axe est défini par les points où l'orbite de la Lune autour de la Terre croise le trajet apparent du Soleil (l'écliptique). On prend toujours comme référence de base la position du Nœud Nord à la naissance. Chacun des Nœuds aura fait le tour des 12 signes du zodiaque en 18 ans environ.

Chaque Nœud traverse un signe (en reculant) tous les 18 mois.

Le Nœud Nord en Bélier (Nœud Sud en Balance)

<u>Votre vie antérieure.</u> Vous n'aviez pas appris à vous affirmer. Vous étiez un élément d'un groupe ou même d'une tribu. Vous aviez besion d'être menés. Vous avez été trop influençables. Vous avez eu une vie sociale assez facile, évitant soigneusement les trop grandes responsabilités et sacrifant vos ambitions personnelles au profit des autres.

<u>Votre acquis.</u> Vous garderez de vos vies précédentes un sens inné de la diplomatie. Vous n'avez aucune difficulté à communiquer avec le monde extérieur, à calmer les conflits, à être sociables.

<u>Votre but.</u> Il va falloir exister par vous-mêmes, vous battre, vous assumer. Votre Nœud Nord en Bélier vous mettra devant des circonstances exigeant de vous un caractère plus combatif. Ce Nœud Nord vous façonnera une personnalité forte. Vous serez amenés à diriger. La possibilité de jouer un rôle sur le plan social vous sera donnée.

<u>Mon conseil.</u> Il vous faudra trouver l'équilibre entre votre côté sociable et votre force combative. En effet, cette position astrale donne un indice de forte agressivité qu'il faudra contrôler afin d'éviter un climat de heurts perpétuels avec l'environnement, surtout sur le plan affectif.

Le Nœud Nord en Taureau (Nœud Sud en Scorpion)

<u>Votre vie antérieure.</u> Vous exerciez peut-être quelque profession trouble ou secrète, dans la sorcellerie, l'espionnage ou encore les trafics financiers douteux. Vous aviez un pouvoir important sur les autres. Vous en avez un peu abusé, pour ne pas dire trop. La manipulation psychologique n'avait pas de secret pour vous.

<u>Votre acquis.</u> De ce Nœud Sud en Scorpion, vous garderez un savoir inné sur le côté malhonnête et pervers de l'humanité. Vous hériterez de la puissance et du magnétisme de ce signe. Vous garderez, du sentiment passionnel du Scorpion, un peu de jalousie.

<u>Votre but.</u> Durant cette vie-ci, vous vous trouverez du côté de ceux qui assainissent le monde. Maintenant, vous allez chercher la stabilité, l'équilibre, apprendre la modération. Au départ, vous aurez peut-être des difficultés sur le plan affectif, car vous étiez habitués à vivre des passions déchirantes, mais la seconde partie de votre vie vous apportera la patience et la force tranquille du Taureau.

<u>Mon conseil.</u> Plus vous essaierez de mettre votre puissance et

votre magnétisme au service d'un but constructif et juste, plus la chance viendra à vous. Vous devrez éviter tout rapport de force dans le couple et canaliser votre combativité vers un but professionnel.

Le Nœud Nord en Gémeaux (Nœud Sud en Sagittaire)

<u>Votre vie antérieure.</u> Vous avez sans doute vécu dans une certaine aisance matérielle et cultivé les préoccupations philosophiques ou spirituelles. Plongés dans vos rêves mystiques, vous partiez à la découverte des pays de ce globe, sans but précis, si ce n'est celui d'apprendre et de voir. Vous étiez une sorte de philosophe solitaire.

<u>Votre acquis.</u> Un certain amour de la solitude peut subsister ainsi que le goût pour les voyages et la connaissance spirituelle.

<u>Votre but.</u> Pour cette vie-ci, vous développerez votre univers émotionnel, et votre programme sera le dialogue, la participation sociale. Vous devrez transmettre la foi qui vous a été donnée par le Sagittaire. Vous avez appris, maintenant vous allez enseigner (par la parole ou l'écriture).

<u>Mon conseil.</u> Malgré le besoin de communiquer, il faudra éviter la dispersion. Dans la vie affective, il vous faudra quelqu'un de libéral. Vous ne supporterez pas d'être étouffés! Finir ce que vous entreprendrez devra être votre défi.

Le Nœud Nord en Cancer (Nœud Sud en Capricorne)

<u>Votre vie antérieure.</u> Vous avez été un peu méprisants pour les autres. Sûrs de votre pouvoir et de votre savoir, vous faisiez preuve d'une autorité quelque peu dénuée de compassion. Vous étiez peut-être un personnage politique influent. C'était votre vie professionnelle qui comptait avant tout. Vous saviez diriger, mais vous n'aimiez surtout pas être critiqués. L'échec vous mortifiait.

<u>Votre acquis.</u> Vous avez à aller jusqu'au bout de vos ambitions, qu'elles soient d'ordre sentimental ou professionnel. Vous saurez être efficaces et garder la tête froide en cas de conflit. Vous garderez un côté fiable et sécurisant pour vos proches car vous avez acquis un sens inné des responsabilités.

<u>Votre but.</u> Dans cette vie-ci, vous devrez apprendre l'émotion, le service, la modestie et surtout... reconnaître vos torts! Vous devrez ouvrir votre sensibilité aux autres. L'attachement à construire et maintenir un foyer heureux sera votre karma de cette vie, par opposition au Capricorne, ambitieux et délaissant un peu trop la notion de famille.

<u>Mon conseil.</u> Cultivez vos émotions, essayez de sentir le monde extérieur. Sachez accepter l'échec. Ouvrez-vous aux autres et donnez-leur la tendresse et la chaleur qu'ils méritent plutôt que de chercher à vous faire valoir par votre réussite professionnelle.

Le Nœud Nord en Lion (Nœud Sud en Verseau)

Votre vie antérieure. Vous avez été très humanistes. Vous étiez entourés de nombreux amis et votre générosité était reconnue. Vous ne cherchiez pas à vous faire valoir, à vous affirmer. Par contre, vous étiez des originaux! Vous avez peut-être été inventeurs ou scientifiques. En amour, vous étiez très indépendants et aviez peur de vous attacher.

Votre acquis. Vous avez gardé le sens de l'originalité, une très grande générosité. Vous aimerez toujours votre liberté.

Votre but. Dans cette vie-ci, vous allez gouverner, diriger. Vous devrez développer votre force et chercherez la reconnaissance de votre personnalité, de votre travail. Parfois, vous rencontrerez l'amour à travers une relation déjà vécue dans une autre vie, afin de continuer et de parfaire ce rapport.

Mon conseil. Vous aurez un certain pouvoir sur les autres. N'en abusez pas! Le plus dur sera d'établir un juste équilibre entre vie privée et vie publique.

Le Nœud Nord en Vierge (Nœud Sud en Poissons)

Votre vie antérieure. Vous avez beaucoup souffert et avez même été persécutés. Peut-être étiez-vous Jeanne d'Arc! Vous avez connu la prison ou vous avez été exilés. Vos idées religieuses étaient mal perçues. Votre vie affective vous faisait souvent jouer le rôle de médecin de l'âme.

Votre acquis. Vous garderez une aptitude profonde à compatir aux souffrances de l'humanité. Vos vies antérieures vous ont donné l'intuition, la foi et l'amour. Par contre, vous aurez tendance à être encombrés par vos émotions, vos sentiments, vos états d'âme.

Votre but. Dans cette vie-ci, vous devrez apprendre à avoir les idées claires, à vous contrôler. Vous développerez l'organisation, la maîtrise des détails et de vos émotions. Il faudra cultiver le sang-froid. Dans votre vie affective, il se peut que vous soyez trop critiques ou trop retenus.

Mon conseil. Il vous faudra trouver le juste milieu entre l'idéalisme et le cartésianisme. Vous essayerez de ne pas confondre complaisance et compassion. Apprenez également à vous fixer un but clair et précis.

Le Nœud Nord en Balance (Nœud Sud en Bélier)

Votre vie antérieure. Vous étiez de fortes personnalités! Vous meniez les autres avec énergie et on vous craignait pour votre autorité. Vous avez dirigé un groupe, un parti ou même un pays. Vos aptitudes sportives et vos qualités combatives faisaient de vous des personnages respectés.

Votre acquis. Vous garderez le sens du combat, un côté franc et agressif. On pourra compter sur vous pour démarrer quelque chose plus que pour le finir. Vous serez enthousiastes quoi qu'il arrive et partirez en chantant vers de nouvelles aventures, si votre prince charmant ou votre belle vous quitte!

Votre but. Vous allez apprendre la coopération dans le travail et le respect des engagements dans le couple. Pour cela, vous aurez sûrement un destin rempli d'obligations sociales que vous trouverez un peu lourdes. Aujourd'hui, il vous faudra apprendre à être tolérants et à faire fonctionner votre intelligence plutôt que vos pulsions.

Mon conseil. Apprenez à partager, à donner. Essayez de chercher l'harmonie entre vous et les autres. Reconnaissez leur liberté et soyez diplomates.

Le Nœud Nord en Scorpion (Nœud Sud en Taureau)

Votre vie antérieure. Vous étiez assoiffés de sécurité, accrochés aux biens matériels et à votre famille. Vous avez amplement profité de toutes les joies physiques et terrestres de ce monde. Peut-être étiez-vous des bourgeois du XVIIIe. Vous avez voulu ignorer les mondes occultes ou tout ce qui touche au spirituel.

Votre acquis. Vous garderez le sens des responsabilités et un côté terre à terre. Dans votre métier, vous aurez une force de travail que beaucoup vous envieront. Vous aurez un désir de stabilité dans votre vie affective, mais resterez un peu possessifs.

Votre but. Cette vie-ci essayera de vous désarçonner sur le plan matériel. Vous devrez affronter le changement pour progresser et faire lâcher prise à votre instinct de possession. Il se peut que vous viviez des luttes passionnelles dans votre vie amoureuse. Le destin vous amènera à jouir des choses et des êtres sans vouloir les posséder.

Mon conseil. Afin de vous épargner douleurs ou chagrins d'amour éventuels, il serait bon de cultiver la générosité et de savoir partir sans vous retourner. C'est dans cet esprit que vous trouverez enfin le bonheur.

Le Nœud Nord en Sagittaire (Nœud Sud en Gémeaux)

Votre vie antérieure. Vous étiez brillants et habiles à retourner votre veste! Il ne fallait pas vous demander de vous engager à fond dans une voie, car vous preniez la première bifurcation. Vous étiez libertins au XVIIe, acceptant l'amour de plusieurs personnes et promettant le mariage à chacune, avant de vous défiler au dernier moment. En bref, vous vous êtes beaucoup éparpillés durant vos vies précédentes.

Votre acquis. Vous avez accumulé des connaissances sur les gens les plus divers. Vous avez le don d'apprendre dans les domaines les plus variés. Vous savez vous adapter et communiquer.

Votre but. C'est justement de vous fixer un but! Le destin vous forcera à vous engager, que ce soit pour un être ou une cause. Vous n'aurez plus le droit à l'hésitation. Vous serez forcés de tenir vos promesses, surtout sur le plan sentimental. Vous serez sans doute amenés à voyager dans des contrées lointaines.

Mon conseil. Il serait dommage de ne pas utiliser vos dons pour la communication. Faites-le dans un sens positif, dans le but d'apprendre aux autres.

Le Nœud Nord en Capricorne (Nœud Sud en Cancer)

Votre vie antérieure. Vous étiez bien à l'abri des tempêtes du monde extérieur. Sans doute étiez-vous les petits protégés d'un sultan bon et généreux, ou tout simplement les enfants d'un papa protecteur et à l'abri du besoin. Vous étiez émotifs, gourmands et ingénus. Très attachés à la famille et au foyer.

Votre acquis. Vous conserverez une grande sensibilité, une émotion vive pour les sentiments d'amour et de paix. Vous serez tendres et charmeurs. Vous serez aussi trop accrochés au passé.

Votre but. Votre programme pour cette vie-ci: la maturité. Vous devez développer le courage d'entreprendre et de ne pas trop dépendre des autres. La vie vous donnera l'occasion d'être ambitieux et adultes. Elle vous apprendra également à ne pas être trop tournés vers le passé. Vous devrez lutter contre la mélancolie et l'hypersensibilité.

Mon conseil. Il vous faut vaincre vos peurs intérieures et vous lancer dans le monde extérieur tout en étant lucides. Pour les femmes le fait d'être mère inversera votre tendance à être une femme enfant.

Le Nœud Nord en Verseau (Nœud Sud en Lion)

Votre vie antérieure. Vous avez vécu dans un milieu assez snob rappelant un peu les précieuses ridicules ou Trissotin au XVIIe siècle. Méprisants, vous saviez manipuler votre entourage. Une cour de flatteurs vous précédait. Vous aviez un certain rang et le désir de briller vous aveuglait. Vous étiez parfois généreux, mais c'était en fait un acte orgueilleux destiné à mieux vous mettre en valeur.

Votre acquis. Vous garderez une volonté forte et le don de manier l'argent et le pouvoir. Vous aimerez briller. Vous conserverez des goûts de luxe.

Votre but. Vous devrez servir une cause juste, mener des combats désintéressés, dans un but humanitaire. Au lieu de dominer les autres, vous les aiderez. Vous serez amenés à travailler en groupe ou en association. Vous apprendrez la tolérance dans votre couple.

Mon conseil. Si vous essayez de vous octroyer plus de droits dans votre couple, vous aurez un mariage difficile. Méditez bien sur l'égalité des droits, que ce soit pour le mariage ou un contrat d'affaires. Plus vous essayerez de profiter d'une situation de façon égoïste, moins vous y parviendrez.

Le Nœud Nord en Poissons (Nœud Sud en Vierge)

Votre vie antérieure. Vous avez été obsédés par le détail pratique, l'ordre, la méthode, le rationnel. La raison dominait votre cœur dans les liaisons amoureuses. Peut-être avez-vous passé votre vie à trier, classer, compter. Vous étiez sans doute incarnés dans l'époque de Descartes, ou encore assistants de Pythagore! En bref, vous étiez les champions du théorème du carré de l'hypoténuse, mais vous avez un peu négligé le côté cœur.

Votre acquis. Vous garderez un sens de l'intelligence pratique bien utile à certains. Votre esprit critique sera aiguisé et vous garderez votre don de l'organisation.

Votre but. Cette vie-ci vous obligera à faire sauter les barrières intellectuelles et à explorer les limites de l'inconnu. Vous devrez sans doute développer vos capacités émotionnelles. Vous vous ouvrirez au monde de l'impalpable et découvrirez les joies de l'imprévu! Dans votre couple, vous serez soumis aux lois du cœur et non de la raison.

Mon conseil. L'expérience d'une quête spirituelle de l'amour ne s'apprend pas dans les livres en soulignant les phrases importantes!

MINI-GLOSSAIRE

accrocher fortement attacher

acquis *m.* le savoir qu'on a

affectif émotionnel

astral *cf.* l'astre; concernant l'astrologie

l'au-delà *m.* le monde supraterrestre

Balance septième signe du zodiaque

Bélier mouton mâle; signe du zodiaque

bûcher *m.* où on brûle qqch

cathare secte chrétienne hérétique au Moyen Age qui a été persécutée

complaisance *f.* amabilité, volonté de plaire

contrée *f.* pays

déboulonner démonter

défi *m.* difficulté à surmonter

défiler passer

dénué de sans

désarçonner déconcerter

don *m.* *cf.* donner; talent

douteux incertain

entourage *m.* personnes proches de vous

entreprendre prendre l'initiative

éparpiller disperser

espionnage *m.* chercher les secrets de ses ennemis

étouffer suffoquer

se fabriquer se faire

façonner former, faire

faire sauter détruire

fait *m.* la réalité

fiable digne de confiance

forme *f.* la santé, le corps

fric *m* (*fam.*) l'argent

Gémeaux troisième signe du zodiaque

hétéroclite mélangé

heurt *m.* choc

imprévu *m.* l'inattendu

influent important

inverser changer radicalement

itou (*fam.*) aussi

jouir de prendre plaisir à

le juste milieu le bon compromis

en kit (*idiom.*) tout fait

lâcher prise abandonner

libertin libéral, sensualiste

méprisant critique

nœud *m.* endroit où se croisent plusieurs grandes lignes

s'octroyer se donner

pâlichon (*fam.*) un peu pâle

dans les parages dans les environs

parfaire compléter

perçu (*inf.* percevoir) reçu

phalange *f.* partie de doigt

Poissons douzième signe du zodiaque

sur le plan du point de vue

en promotion en réclame, en solde

pulsion *f.* tendance instinctive

rang *m.* position

reconnaissance *f.* l'acceptation

redoubler répéter

se repointer (*fam.*) retourner

retenu timide, froid

retourner sa veste changer brusquement d'opinion

sang-froid *m.* l'objectivité

sécurisant réconfortant

une session de rattrapage session destinée à des élèves en retard dans leurs études

Taureau *m.* bœuf; signe du zodiaque

titiller exciter

Verseau onzième signe du zodiaque

Vierge sixième signe du zodiaque

y compris et aussi, *including*

EXPLORATIONS

D'APRES L'AUTEUR

Indiquez si ces propos sont vrais ou faux dans le contexte de l'article.

1. Les Américains ne sont plus aux ordres du rationalisme ou du matérialisme.
2. Ce qui compte aux USA pour tous les Américains, c'est le fric et la forme.
3. Les *New Agers* piochent leurs idées dans toutes les traditions spirituelles.
4. Soixante-dix pour-cent des Américains croient à la réincarnation.
5. La loi du karma explique la réincarnation pour les pratiquants du zen.
6. Si l'on croit en la réincarnation on croit en une osmose entre le cosmos et l'esprit.
7. L'expérience de paramnésie, c'est l'impression du déjà-vu.
8. L'acupuncture spirituelle est recommandée et sûre.
9. On peut se pencher sur l'astrologie classique pour connaître ses vies antérieures.
10. Cependant, un risque demeure: finir sur un bûcher cathare.

EXPRESSIONS UTILES: DESCRIPTION

Formulez une phrase pour chacun de ces adjectifs.

inné: naturel
Vous garderez un sens **inné** de la diplomatie.

friand de: avide, qui recherche particulièrement et aime
Les Occidentaux sont peu **friands de** destins moroses.

affriolant: qui plaît énormément, séduisant
Le mythe de l'éternel retour est plus **affriolant** que celui du paradis chrétien.

gourmand: qui aime la bonne nourriture
Vous étiez émotifs, **gourmands** et ingénus.

méprisant: arrogant
Méprisants, vous saviez manipuler votre entourage.

aiguisé: vif, pénétrant, tranchant
Votre esprit critique sera **aiguisé**.

A VOTRE AVIS

Commentez ces propos par groupes de deux ou trois.

1. Notre société est maintenant moins matérialiste qu'au début des années 80.
2. Je suis attiré par:
   a. le zen.
   b. l'astrologie
   c. l'acuponcture
   d. le vaudou haïtien.
3. Non, toutes les activités ci-dessus relèvent plutôt du diable ou de la superstition pure.
4. J'aime l'idée hindoue de pouvoir renaître en tant que n'importe quel être humain ou animal.
5. J'ai déjà éprouvé le sentiment de déjà-vu (ce qui implique peut-être une vie antérieure).

IMPROVISONS!

Consultez le tableau indiquant votre date de naissance et votre signe astrologique. Ensuite décrivez la personne que vous avez été dans une vie antérieure. A quelle époque avez-vous vécu? Quelle sorte de vie avez-vous menée? Choisissez une vraie personnalité historique, ou bien inventez un personnage correspondant à l'astrologie karmique. Présentez-vous à un ou à deux autres étudiants et posez-vous des questions pour faire connaissance.

DEBAT

Avons-nous déjà existé dans une (ou plusieurs) vie(s) antérieure(s)?

Pour: La réincarnation est une croyance intéressante. Elle pourrait expliquer le coup de foudre, une antipathie fortuite et inexplicable pour quelqu'un, ou bien notre caractère essentiel.

Contre: Cette croyance relève de la superstition et du primitivisme. Elle caractérise les civilisations tournées vers le passé, non pas vers l'avenir. D'ailleurs, elle s'appuie sur le déterminisme. Il vaut mieux se fier à l'optimisme, au rationalisme, ou bien au progrès scientifique.

11c

Les Extra-Terrestres

Sommes-nous seuls dans l'univers? Les extra-terrestres existent-ils? Depuis trente ans, un astrophysicien et informaticien (spécialiste en informatique) pense que oui et essaie de le prouver. Il mène des recherches sur ordinateur. Il a vu quelquefois passer sur son **écran** (surface qui projette des images) des objets étrangers qui étaient peut-être des **Ovni** (**O**bjet **v**olant **n**on **i**dentifié — une soucoupe volante). Est-ce que ces Ovni représentent des êtres **évolués** (développés) d'une autre dimension de notre univers?

MISE EN TRAIN

Les Ovni font-ils obstacle aux croyances religieuses?

AVANT DE LIRE

Un «Ovni», qu'est-ce que c'est? Parcourez rapidement l'article et essayez d'en dégager toutes les explications possibles.

FAUT-IL CROIRE AUX EXTRA-TERRESTRES?

Ses ouvrages font autorité dans le monde entier. Pour l'astrophysicien français Jacques Vallée, qui servit de modèle à François Truffaut dans «Rencontres du troisième type», il n'y a pas de doute: les Ovni existent. Quant à leur attribuer une origine extra-terrestre, c'est une autre histoire... sur laquelle il lève ici un coin de voile. Passionnant.

Astrophysicien de formation, Jacques Vallée est aujourd'hui informaticien dans la *Silicon Valley*, USA. Son intérêt pour les Ovni est né il y a une trentaine d'années, le jour où, jeune astrophysicien de l'Observatoire de Paris, alors qu'il était en train d'étudier le tracé de l'orbite des satellites artificiels sur son ordinateur, il a vu passer sur son écran un objet étrange qui ne correspondait à rien de connu.

Martine Castello et Annick Lacroix — Jacques Vallée, à votre avis, les Ovni existent-ils ou s'agit-il d'hallucinations?

Jacques Vallée — La part d'hallucinations pures semble extrêmement mince. Pourtant 90% de ce que l'on appelle Ovni est tout à fait explicable par des causes naturelles, météorologiques ou astronomiques, il n'en demeure pas moins 10% des cas qui résistent à toute explication logique.

M.C. et A.L. — Qui résistent comment?

J.V. — On retrouve au sol des traces physiques de ces prétendus atterrissages d'Ovni: souvent de larges anneaux — l'herbe ne repousse plus là où le [témoin raconte avoir vu] l'objet se poser. On enregistre aussi à cet endroit des modifications du champ magné-

tique. Par ailleurs, les radars militaires font apparaître des tracés inconnus. Les témoins, quant à eux, portent des traces physiques (une cécité partielle, des conjonctivites, des brûlures sur le corps, des troubles du sommeil). A long terme, on note aussi des modifications du comportement.

M.C. et A.L. — Vous en avez rencontré?

J.V. — Beaucoup. J'ai aussi refait plusieurs enquêtes, j'ai eu accès à beaucoup de dossiers, notamment à ceux de l'*US Air Force.*

M.C. et A.L. — Il y a donc effectivement des recherches officielles menées sur le sujet?

J.V. — Aux USA surtout, en URSS et en France, les militaires se sont intéressés à ces objets. Mais dans le cadre qui est le leur: la défense du territoire. A partir du moment où ils se sont aperçus que les Ovni ne représentent pas de danger, ils se sont contentés d'enregistrer les cas signalés sans pousser plus loin l'investigation.

M.C. et A.L. — Ils ne croient pas aux extra-terrestres?

J.V. — Ils ne savent pas. L'explication classique, c'est effectivement que les Ovni véhiculent des extra-terrestres.

C'est ce que je croyais il y a vingt ans. Aujourd'hui, je suis persuadé que cette hypothèse ne tient pas la route.

M.C. et A.L. — Mais alors de quoi s'agit-il?

J.V. — Tout d'abord, je pense que ce phénomène qu'on appelle Ovni a toujours existé. Il n'y a pas, en effet, de différence entre la description que font les témoins d'un Ovni aujourd'hui et celle que l'on faisait au Moyen Age des elfes, farfadets, ou fées des légendes, ou dans des civilisations plus anciennes encore, des dieux. C'est vrai pour toutes les époques et toutes les cultures. Leur comportement est le même, les circonstances qui entourent leurs apparitions aussi.

M.C. et A.L. — Les dieux ou les elfes n'apparaissent pas sur des engins spatiaux!

J.V. — Les dieux apparaissaient et s'évanouissaient soudainement. Leur venue s'accompagnait de phénomènes lumineux étranges et plus généralement d'un bouleversement provisoire des lois physiques, avec des phénomènes paranormaux: messages télépathiques, guérisons miraculeuses... Des événements que l'on constate aussi avec les Ovni. Tout porte donc à croire que nous sommes face à un seul phénomène qui, au fil des âges, a reçu des explications différentes.

M.C. et A.L. — Est-ce que ça ne voudrait pas dire, justement, que depuis la nuit des temps les hommes reçoivent la visite d'extra-terrestres?

J.V. — L'hypothèse des extra-terrestres et de leurs engins spatiaux semble trop courte pour rendre compte de l'ensemble d'un tel phénomène, à la fois physique et psychique. Prenons l'aspect physique: les Ovni ont une réalité matérielle, c'est indéniable (on a vu qu'ils laissent des traces tangibles au sol). On a retrouvé aussi des fragments «d'engins»; les extra-terrestres — comme les elfes jadis — ont fait parfois des «cadeaux» aux humains: du pain, des objets divers. Comment expliquer alors que tous ces objets témoins soient tous composés d'éléments bien terrestres et parfaitement connus?

M.C. et A.L. — C'est à vous de nous le dire!

J.V. — Imaginons que les Ovni ne proviennent pas d'autres planètes de l'univers, mais d'autres dimensions. L'hypothèse n'est pas absurde. Selon les dernières théories des astrophysiciens — notamment la théorie dite «des cordes» — l'univers pourrait avoir onze dimensions.

M.C. et A.L. — Qu'entendez-vous par là?

J.V. — Nous vivons dans un univers à quatre dimensions (les trois dimensions de l'espace: hauteur, largeur, longueur, plus celle du temps). Il en existerait d'autres. Ou si vous voulez, il y aurait des univers parallèles au nôtre où les notions d'espace et de temps seraient différentes, de même que la réalité physique.

M.C. et A.L. — Est-ce qu'il pourrait s'agir de ces «mondes spirituels», invisibles pour nous, dont nous parlent les différentes religions et qui sont censés coexister avec le nôtre?

J.V. — Peut-être, d'une certaine façon. En tout cas, dans l'hypothèse de ces univers parallèles, les Ovni seraient la forme matérielle que prennent ces autres dimensions en passant dans la nôtre. Reste l'aspect psychique du phénomène. C'est certainement le plus important.

M.C. et A.L. — Pour quelle raison?

J.V. — Parce que, quel que soit le nom qu'on lui donne — apparitions, elfes ou Ovni — il est clair qu'il influence depuis toujours nos croyances et plus généralement l'évolution de l'humanité.

M.C. et A.L. — Et vous en déduisez?

J.V. — Qu'en ces autres dimensions de l'espace-temps pourrait bien exister une forme d'intelligence étrangère, d'une complexité extraordinaire, un système spirituel qui agirait sur nous, humains, qui nous guiderait.

M.C. et A.L. — Nous voilà de nouveau condamnés à croire sans comprendre!

J.V. — Pourquoi? Si l'ensemble de la communauté scientifique voulait bien commencer par reconnaître la réalité du phénomène Ovni, ce serait un premier pas vers son étude. Nous n'avons que trop attendu. Ce type de recherche est devenu aujourd'hui une nécessité.

M.C. et A.L. — Et si l'on trouvait finalement Dieu au bout? Qui sait?

MINI-GLOSSAIRE

anneau *m.*   cercle

atterrissage *m.*   se poser sur terre (avions)

cadre *m.*   la limite

cécité *f.*   l'aveuglement

censé   supposé

comportement *m.*   manière d'agir

conjonctivite *f.*   infection des yeux

déduire   conclure

engin *m.*   véhicule

enregistrer   noter

s'évanouir   disparaître sans laisser de traces

farfadet *m.*   un esprit magique

fée *f.*   créature imaginaire féminine aux pouvoirs surnaturels

au fil des âges   pendant l'histoire

de formation   d'instruction, d'apprentissage

guérison *f.*   *cf.* guérir; redevenir sain

herbe *f.*   le gazon, la pelouse

paranormal   psychique ou surnaturel

prétendu (*inf.* **prétendre**)   supposé

provisoire   temporaire

repousser   croître de nouveau (se dit des plantes)

témoin *m.*   personne qui a vu quelque chose

la théorie des cordes   une théorie récente de l'univers en physique

Complétez selon l'article.

1. Pour Jacques Vallée, les Ovni sont:
   a. inexplicables.
   b. 90% des fois véritables.
   c. des conditions météorologiques seulement.
2. Les traces que laissent souvent les Ovni sont:
   a. des pas.
   b. des anneaux.
   c. des empreintes digitales.
3. Les Ovni modifient leur environnement:
   a. biologiquement.
   b. en ce qui concerne le champ magnétique.
   c. météorologiquement.
4. Pour l'*US Air Force*, les Ovni représentent:
   a. une attraction.
   b. un danger.
   c. aucun danger.
5. L'explication classique des Ovni est:
   a. que l'on a des visions.
   b. qu'ils véhiculent effectivement des extra-terrestres.
6. Les soi-disant extra-terrestres s'adaptent à notre univers:
   a. au climat.
   b. à la pesanteur et à l'atmosphère.
   c. à notre alimentation.
7. Les Ovni datent:
   a. du siècle dernier.
   b. du Moyen Age.
   c. du temps des dieux.
8. Les Ovni ont une réalité matérielle, car ils nous touchent:
   a. physiquement et psychiquement.
   b. intellectuellement.
   c. profondément.
9. L'univers, selon les dernières théories des astrophysiciens, pourrait avoir:
   a. plus de cent orbites.
   b. onze dimensions.
   c. cinq dimensions.

10. Les Ovni nous guident:
    a. spirituellement.
    b. dans nos actions.
    c. c'est une supposition.
11. Des recherches officielles sur les Ovni se font:
    a. au Japon.
    b. au Canada.
    c. aux USA et en France.
12. Selon cet article les Ovni proviennent:
    a. de la planète Mars.
    b. d'une autre dimension de cette planète.
    c. d'un autre univers.
13. Les Ovni pourraient nous aider à trouver:
    a. Dieu.
    b. le diable.
14. L'auteur de cet article:
    a. écrit des contes de fées.
    b. est astrophysicien de formation.
    c. travaille pour le CIA.

EXPRESSIONS UTILES

Utilisez chaque expression dans une phrase.

à partir de + une expression de temps: dès, depuis
   A partir du moment où ils se sont aperçus que les Ovni ne repré-
   sentaient pas de danger, ils se sont contentés d'enregistrer les cas
   signalés.

à long terme: qui doit se réaliser dans longtemps
   A long terme, on note aussi des modifications du comportement.

quant à: en ce qui concerne
   Les témoins, **quant à** eux, portent des traces physiques.

effectivement: en effet, en réalité
   Il y a donc, **effectivement,** des recherches officielles menées sur le
   sujet.

notamment: particulièrement, spécialement
   J'ai eu accès à beaucoup de dossiers, **notamment** à ceux de l'*US Air
   Force.*

JEU DU «NI OUI NI NON»

Posez des questions à un camarade sur les Ovni. Vous gagnerez des points en lui faisant répondre par «oui» ou par «non». Il en gagnera en évitant de les prononcer. Divisez la classe en deux équipes pour ce jeu ou bien en groupes de deux personnes.

IMPROVISONS!

Par hasard, vous vous trouvez dans les situations suivantes où un extra-terrestre vous aborde. Que lui dites-vous? Inventez des échanges avec cet extra-terrestre. Il parle français, bien sûr!

1. Un soir, vous roulez en voiture sur une rue déserte à la campagne. Tout d'un coup, une lumière éclatante vous aveugle et une voix s'élève, «Arrêtez-vous! Mettez-vous à genoux!» Comment réagissez-vous?

2. Vous prenez le métro. Seulement deux personnes se trouvent dans le wagon. Soudain, le train s'arrête, la lumière s'éteint, et un petit homme entouré d'une phosphorescence pourpre paraît et vous demande de rentrer chez vous et d'être votre ami. Répondez-lui.

3. Vous êtes à l'aéroport dans l'avion et sur le point de partir en voyage. Mais au moment où l'avion commence à décoller, le pilote et tous les passagers entendent une voix de stentor s'écrier: «Vous allez maintenant suivre mes ordres! Nous allons partir pour la onzième dimension!» On vous choisit comme représentant du groupe. Essayez de persuader l'extra-terrestre de ne pas vous kidnapper.

4. Pendant les vacances de Noël, vous restez seul dans votre foyer d'étudiants. Une petite personne ravissante (mais orange) paraît sur l'écran de votre ordinateur. Elle sort de l'écran, s'installe à côté de vous et commence à vous murmurer des paroles d'amour. Que lui répondez-vous?

5. Du haut d'un gratte-ciel, vous apercevez un géant ailé qui passe invisiblement par les fenêtres. Il veut vous enlever dans son monde à lui. Essayez de lui résister par la voix de la raison! Il a des pouvoirs surnaturels.

Commentez ces propos.

1. Les Ovni résultent d'hallucinations.
2. Les Ovni s'expliquent par des causes naturelles, météorologiques ou astronomiques.
3. Nous devrions défendre militairement notre territoire contre la menace des Ovni.
4. Il est probable que les Ovni ont contacté les principaux gouvernements de notre planète.
5. Les extra-terrestres qui ont visité la terre viennent d'une autre planète de notre système solaire telle que Mars ou Vénus.
6. Ils viennent d'un autre système solaire ou d'une autre dimension.
7. Les Ovni font partie du surnaturel, de l'expression d'une dimension spirituelle provoquant des messages télépathiques, des guérisons miraculeuses et d'autres bouleversements des lois physiques au cours des âges.
8. Les Ovni ont aussi une existence physique et matérielle.
9. Les Ovni font partie de mondes spirituels qui nous sont invisibles. Ce sont les mêmes mondes spirituels dont parlent la Bible et d'autres textes religieux.
10. Les extra-terrestres nous espionnent et contrôlent nos actions.
11. L'existence des extra-terrestres prouvent/nient l'existence de Dieu.
12. Nous devrions faire plus de recherches sur l'existence des Ovni.

DEBAT

Les extra-terrestres existent-ils?

OÙ IRA LA FRANCE?

A La Démographie

B Les Changements culturels

Vers une identité globale: Famille d'origine africaine à Paris

12A

La Démographie

Le grand **défi** (obstacle) que doivent affronter les habitants de l'Occident, d'ici le vingt et unième siècle, c'est la disproportion croissante entre les pays industrialisés, où il y a une **dénatalité** (moins de naissances) de la population (l'Europe ne représentera bientôt qu'un habitant du monde sur vingt) et le **tiers monde** (le monde en voie de développement), où il y a un rajeunissement. Ce problème démographique en posera d'autres, tels que des tensions sociales ou le financement des **retraites** (l'arrêt de travail à soixante ans) entre autres.

MISE EN TRAIN

L'augmentation de la population du tiers monde pose-t-elle un problème? Faut-il s'inquiéter d'une dénatalité dans l'Occident?

AVANT DE LIRE

Sur quelles suppositions, les prévisions de l'augmentation de la population se basent-elles?

la carte
qui fait peur

*En 2020, les Européens ne seront plus que 5% de la
population*

C'est le grand défi que les Occidentaux doivent affronter d'ici la
fin du XXe siècle. La démographie est un problème majeur. Alors
que le cinq milliardième habitant de la terre est enregistré fin 88 dans
un pays du tiers monde, les nations industrialisées connaissent un
vieillissement rapide. Bientôt les Européens ne seront plus que un sur
vingt dans le monde. Resteront-ils indépendants et riches? Rien n'est
moins sûr. Chaque seconde, 150 nouveau-nés voient le jour, et c'est
esentiellement dans les pays pauvres où le nombre de jeunes, qui ne
cesse d'augmenter, annonce des tensions sociales inéluctables. Bien
que la France, qui aura quelques 61 millions d'habitants en 2020,
résiste mieux à la dénatalité que ses partenaires occidentaux, le
problème du financement des retraites se pose avec une acuité
accrue. Pourtant, plusieurs observateurs refusent de désespérer: les
baby-boomers de l'après-guerre accoucheront, assure-t-il, d'un *papy-
boom* étincelant. (Les chiffres de la carte sont à multiplier par mille
afin de les lire en millions.)

EXPLORATIONS

D'APRES L'AUTEUR

Après avoir bien regardé «la Carte qui fait peur» indiquant l'augmentation de la population d'ici l'an 2020, répondez aux questions suivantes:

1. Dans quels pays est-ce que le nombre d'habitants va surtout augmenter? Par quelle proportion?
2. Quelles conclusions en tirez-vous?
3. Quelles mesures les pays développés devraient-ils prendre à votre avis? Lutter contre «la dénatalité», comme la France? Réduire le nombre de naissances dans certains pays? Lesquels? Et comment?
4. Quelles implications en déduisez-vous? Pour l'environnement? Le chômage? L'assistance sociale? Les matières premières? Le niveau de vie? Les enjeux politiques?

EN ROUTE

A VOTRE AVIS

Discutez ces propos dans le contexte de l'article.

1. Pour lutter contre la dénatalité dans notre pays, il faut rendre illégal l'avortement.
2. Les pays industrialisés devraient procurer gratuitement des moyens contraceptifs aux pays pauvres.
3. C'est une bonne idée de stériliser certaines personnes, dans tout pays, par exemple celles:

    qui ont déjà donné naissance à plus de trois enfants.

    qui habitent des pays où la population augmente rapidement.

    qui ont déjà abandonné un enfant.

    qui sont incapables, financièrement ou psychologiquement, de s'occuper de leurs enfants.
4. Les pays du tiers monde vont dominer les pays du monde industrialisé. C'est inévitable. A notre tour, nous risquons d'être colonisés par eux.

DEBAT

«Le déclin de l'Occident», dont parlait Spengler, est pour un avenir très proche et résultera d'une démographie galopante dans le tiers monde. Critiquez ou défendez ce propos.

12B

Les Changements culturels

D'ici l'an 2008, il y aura de grands changements dans trois domaines de la société: la démographie (avec le développement de mégalopoles et les migrations), l'évolution des formes de travail (l'accroissement du chômage) et les transformations imposées à la nature.

D'abord, l'Europe et la plupart des pays nordiques vont perdre des habitants, car il y aura un **effondrement** (une chute) de la **natalité** (le taux de naissance) dans le monde industrialisé, **y compris** (également) l'Amérique du Nord et le Japon, qui va attirer une migration des pays pauvres. Il y aura des problèmes qui vont agiter les pays surpeuplés du tiers monde, car ils vont **s'acheminer** (suivre le chemin) vers des populations records. Une plus grande diversité des populations européennes sera inévitable.

Quant au travail à plein temps, il sera **périmé** (obsolète). Ceci favorisera une meilleure **répartition** (distribution) des revenus, et la mutation nécessaire des écoles françaises qui continuaient à transmettre un savoir **figé** (rigide), n'ayant pas, jusqu'ici, su communiquer une bonne méthode pour apprendre à apprendre. Pour de plus en plus d'exclus dans le monde du travail, le chômage sera endémique.

La nature subira aussi des transformations. Pour sauvegarder la nature, on laissera des champs et des **prés** (des prairies) **en friche** (non cultivés). Il y aura de plus en plus de mégalopoles et de crises en raison des besoins en **sources énergétiques** (comme le pétrole, le gaz, etc.). La plupart des habitants de la terre seront éloignés de la nature.

Evidemment, ce ne sont que des hypothèses, mais les Français préfèrent se pencher sur les problèmes potentiels de l'avenir afin d'essayer de les éviter.

MISE EN TRAIN

Les experts imaginent l'avenir sans beaucoup d'optimisme. Et vous? Qu'en pensez-vous? La démographie posera-t-elle de gros problèmes après l'an 2000? Le chômage fera-t-il des ravages? La nature sera-t-elle endommagée? Bref, l'individu perdra-t-il le contrôle de son destin?

AVANT DE LIRE

Parcourez rapidement l'article. Quelles conséquences résulteront des trois grandes mutations de la société française? Voyez-vous l'avenir de la même manière?

TROUVEZ LE MOT JUSTE

Reliez chaque verbe de la colonne A à son synonyme dans la colonne B. Puis résumez l'essentiel de l'article en utilisant les verbes sous A.

A	B
dégager	résulter
découler	tirer vers soi
régir	mettre en évidence
repérer	déterminer le mouvement de
comptabiliser	compter
attirer	situer
mettre en garde contre	écouter pour faire un diagnostic
ausculter	inquiéter
préoccuper	devenir plus grand
augmenter	prévenir

TROIS PRONOSTICS POUR L'AN 2000

L'an 2000. Une barrière imaginaire, certes, mais qui ouvre à l'imagination de longues perspectives. Tout juste demain pour la prospective, cette science qui pointe sa longue-vue vers les confins du XXIIe siècle. Curiosité gratuite? Non. Les sociétés modernes ont besoin de savoir où elles vont et d'une discipline qui:

Dégage les «tendances lourdes», découlant des données actuelles, et leurs conséquences.

Mette en garde contre les périls possibles.

Ausculte le présent en évacuant les passions.

Trois grands domaines préoccupent actuellement les «prospecteurs»:

La démographie (mégalopoles et migrations deviennent inévitables).

L'évolution des formes de travail (et l'accroissement du chômage).

Les transformations imposées à la nature.

Trois questions qui régissent le monde dans lequel les enfants à naître le 1er janvier 1988 auront vingt ans: rapports humains, bien-être, alimentation, santé, guerre ou paix... Et même l'évolution de la démocratie et des religions.

Une nouvelle civilisation? En tout cas — et c'est le quatrième souci de la prospective — des méthodes d'éducation inédites.

La Démographie

1. Les tendances lourdes

En 2008, les pays du Nord (Amérique et Europe, Union soviétique comprise) ne représentent plus que 15% de l'humanité. Pour 25% en 1988 et 50 en 1914. Parallèlement, l'actuel tiers monde s'achemine vers le record prévu pour 2025: au bas mot, 120 millions de Maghrébins, dont 60 en Algérie; l'Afrique noire triple sa population; au Bangladesh, la densité atteint 1 524 habitants au kilomètre carré.

Non seulement l'Europe se vide, mais encore elle vieillit. «Lors de la Révolution, observe Albert Sauvy, il y avait en France cinq jeunes pour un vieux. A partir de 2020, pour la première fois de notre histoire, le nombre des plus de soixante ans l'emporte sur celui des moins de vingt ans.» Et encore la France, comme l'Irlande, n'est-elle pas la plus mal lotie. L'Allemagne de l'Ouest n'a plus à se mettre en quête de «Lebensraum»: on lui prévoit 38 millions de citoyens pour 2030. L'Italie, qui a tant essaimé dans le monde, et l'Espagne n'échappent pas à l'effondrement de la natalité. Le phénomène touche aussi le Japon: dans vingt ans, il sera, avec l'Allemagne, le pays le plus «vieux» du monde.

2. Les conséquences

En France, Henri Guillaume, commissaire au Plan, estime: «Dans vingt ans, les retraites devront être amputées de 30%.» A moins, poursuit-il, de relever les cotisations ou de repousser l'âge de la retraite à soixante-huit ans.

Mais surtout, selon Jacques Lesourne, il est illusoire de penser que le vide de l'Europe ne sera pas sans appeler des migrations. Il cite l'ancien président algérien Houari Boumediene: «Un jour, des millions d'hommes quitteront les parties pauvres du monde pour faire irruption dans les espaces relativement accessibles de l'hémisphère Nord, à la recherche de leur propre survie.» En faveur de cette prédiction: les communautés d'émigrés déjà présentes en Europe attirent de nouveaux membres; des troubles, des révolutions risquent d'agiter les pays surpeuplés et de forcer des millions d'individus à la fuite. Enfin joue le besoin d'une main-d'œuvre pour soigner nos octogénaires...

3. Les périls

L'afflux se produira-t-il sur un rythme lent ou rapide? Se bornera-t-il, en 2025, à 25 millions de personnes? Ou atteindra-t-il les 65 millions, auquel cas un Européen sur cinq viendrait d'Afrique ou d'Asie Mineure? La prospective se borne à envisager des scénarios. Le premier: l'assimilation possible en cas de migration lente. Pierre Chaunu recommande de bâtir en France des mosquées destinées à accueillir des musulmans qui se sentiront français. Second scénario, inverse: les immigrants, conservant, outre leur mode de vie, des liens étroits avec leur pays d'origine, se constituent en groupes de pression pesant sur la politique, intérieure et étrangère. La coexistence culturelle ne serait pas synonyme de coexistence pacifique; la haine raciale, la violence, le terrorisme auraient cours. «Hypothèse non négligeable en cas de migration rapide», admet Lesourne, sans exclure l'éventualité optimiste: la diversité, les mariages mixtes, l'influence réciproque des cultures, l'émergence d'une culture islamo-européenne.

Dans tous les cas, la vieille Europe est conduite à faire peau neuve.

L'Evolution du Travail

1. Les tendances lourdes

«Le travail à plein temps à l'ancienne pour tout le monde, c'est fini», écrit Guy Aznar, dans la revue *Futuribles*. «Les emplois ouvriers ne représentent plus que de 15 à 20% des emplois de l'an 2000 — la moitié du chiffre de 1975», lit-on dans *Prospectives 2005,* ouvrage publié conjointement par le Commissariat général au Plan et le CNRS. De même, la bureautique décime les bureaucrates. Tandis que le nombre des exploitations agricoles, en France, tombe de 1 million à 600 000. Celles-ci, du reste, sont inégalement réparties au sein de la CEE: depuis 1995, elles se trouvent, pour les trois quarts, concentrées dans le sud de l'Europe.

Paradoxe de la situation: «C'est au moment où le travail — en temps absolu — occupera le moins de temps qu'il sera, en réalité, le plus prenant en termes d'investissement personnel, le plus exigeant en termes de formation, le plus contraignant en termes de mode de vie.»

L'une des raisons de ce surcroît d'«exigences»? Le travail se mesure de moins en moins d'après la production de biens matériels tangibles. Il s'apprécie à travers des «biens immatériels», tels que les services. Dans le coût des biens industriels, la part de l'«immatériel» (recherche, design, publicité, distribution, etc.) atteint les trois quarts.

En 2008, le secteur tertiaire constitue 70% des activités. En outre, il n'est plus question d'exercer une profession *ad aeternum*. La mobilité devient la règle.

2. Les conséquences

On découvre que l'Education nationale, en France, n'a pas préparé à la mutation annoncée par la prospective. Elle s'est bornée à la transmission d'un savoir figé — périmé aussitôt qu'apporté — et a négligé d'«apprendre à apprendre», autrement dit, à faire «l'apprentissage de l'incertitude». La seule méthode, pourtant, qui rende accessible la formation permanente à laquelle sont alors appelés les individus... Autre déficience dont, parallèlement, s'avisent les Français: on n'a pas su développer chez les êtres les facultés de caractère qui favorisent l'adaptation.

Autre débat: si le travail à plein temps est périmé, si toute carrière doit comprendre des «blancs», le salaire ne saurait constituer la source unique de revenus. Dans *Futuribles*, Guy Aznar imagine trois modes conjoints de répartition: le produit du travail réellement effectué; un «deuxième» chèque, versé par une caisse publique; enfin, un revenu «autonomique», que l'individu se procurerait en fonction de ses aptitudes et de ses goûts. Une réintégration du «travail noir» dans les circuits?

3. Les périls

Il en est un, majeur. Il concerne — dans le cas où se développe une société «duale» — les gens pour qui le chômage n'est pas un état passager, mais endémique. Autrement dit, les exclus du monde du travail. *Prospectives 2005* exprime une crainte devant le développement d'une marginalité subsistant «à la frontière de l'illégalité».

Les transformations de la nature
1. Les tendances lourdes

Le XXIe siècle sera celui de l'homme hors de la nature. Mexico franchit le cap des 35 millions d'habitants. Abidjan passe de 50 000, en 1940, à 8 millions d'habitants! Les mégalopoles deviennent l'apanage de l'ex-tiers monde. C'est lui qui contient le plus grand nombre de cités excédant 10 millions d'habitants (vingt et un sur vingt-cinq). Désormais, plus de la moitié de la population du globe est «urbanisée».

Privilégiés, alors, les citadins d'Europe? Le plan Bleu, qui réunit tous les pays riverains du Bassin méditerranéen, estime que, en 2025, les touristes vont atteindre le chiffre de 350 millions sur les côtes de la Grande Bleue. Pour 108 millions en 1984.

Se replier sur la campagne? Jean-Claude Tirel, de l'Institut national de la recherche agronomique (Inra), envisage qu'une partie de l'espace français, champs et prés, puisse être laissée en friches.

Restera-t-il une nature à l'état vraiment sauvage, celle des pays tropicaux? On mesurait déjà, vingt ans avant l'an 2008, les effets de la déforestation intensive (11 millions d'hectares par an). Outre la désertification, elle entraîne la pénurie de bois de feu.

2. Les conséquences

«Pas de catastrophisme à propos des mégalopoles à venir!» recommande Pierre Pommelet, de l'association Métropolis. Car, estime ce polytechnicien, elles ont les moyens de corriger les effets de la pollution qu'elles sécrètent. Exemple: «Dans vingt ans, on pourra à Paris, se baigner dans la Seine.» D'autre part, la natalité baissant dans les cités gigantesques, celles-ci contribueront à la stabilisation de la population mondiale.

En revanche, à cause d'elles, la consommation d'énergie double d'ici à 2025. D'où la possibilité de nouvelles crises des sources énergétiques...

3. Les périls

Aucun péril pour l'agriculture! Ses rendements — estiment les spécialistes — vont encore s'améliorer. Le Pr Joseph Klatzmann, de l'Ina (Institut national agronomique), estime même que le tiers monde peut devenir, à mesure qu'il s'industrialisera, un excellent client, c'est-à-dire un client solvable, pour les producteurs européens. Mais ceux-ci seront de plus en plus des hommes «éloignés de la nature»: des scientifiques qui introduiront l'informatique à la ferme.

En revanche, pour l'eau, il existe bel et bien un péril, né de la corruption des nappes phréatiques. Certains pays surpeuplés se trouveront, avant 2025, exposés au manque d'eau pur et simple.

Déjà, avant 1988, la compagnie de Bas-Rhône-Languedoc envisageait sérieusement des exportations d'eau en direction du Maghreb et du Moyen-Orient. Des tankers d'H_2O comme pour le pétrole? Dans les vingt ans à venir, le prix de l'eau va doubler.

Quid, enfin, de la pollution industrielle? L'Asie devient le plus grand pollueur du monde. Pour s'en tenir au Bassin méditerranéen, la pollution «ordinaire» doit diminuer du côté européen, pour se déplacer vers le sud et, surtout, vers l'est (Turquie). Resteront, pour nos pays, les risques de pollution «extraordinaire» dus à des fuites de substances sophistiquées et particulièrement redoutables.

Vers le vingt et unième siècle

Tant de changements en tant de domaines sont attendus! L'accroissement du travail des femmes, qui, à la veille de 2008, occuperaient 45% des emplois. L'isolement accentué des individus: 7 millions de personnes, soit un ménage sur trois, vivront seules en France, dans vingt ans, selon *Prospectives 2005*. Où l'on repère aussi ce jeu de mots: «De la civilisation de la peine on va passer à la civilisation de la panne.» Une manière piquante d'attirer l'attention sur les inconvénients de l'informatisation et de la robotisation galopantes.

Enfin, Jacques Theys, du ministère de l'Environnement, décrit, dans *La Société vulnérable,* l'insuffisance des recherches sur la sécurité et les risques. Alors que ceux-ci, semble-t-il, augmentent avec la complexité de la société. Dans une autre étude, il comptabilise les problèmes majeurs d'environnement du XXIe siècle. Il n'en recense pas moins de 25 pour les forêts, les océans, les rivières, les nappes phréatiques. Et autres...

Alors, un avenir sombre? Pas forcément. Il arrive, malgré tout, à la prospective d'être optimiste. Pour le développement des sciences. Ou de l'économie, par exemple.

Et puis, qu'est-ce qui peut être tenu pour sûr?

Le Dr Michel Salomon, rédacteur en chef de la revue *Prospective et santé,* met en garde: «Ce qui m'inquiète, dit-il, c'est le développement possible des maladies de l'avenir. Un fléau n'arrive jamais seul.» Il fait ainsi allusion au sida, «phénomène apocalyptique, cataclysmique», selon lui. Et dont on n'ose pas prendre la mesure. S'il a raison, que signifieront les extrapolations qui promettent à l'Afrique une population multipliée par cinq en 2075?

L'imprévisible ne justifie pas, cependant, l'imprévoyance. Et, de ce point de vue, la prospective a au moins un immense mérite: elle force à poser des questions — toutes sortes de questions — avec sincérité et lucidité. Exercice des plus profitables: ceux qui se posent des questions auront toujours raison.

MINI-GLOSSAIRE

afflux *m.* grand nombre

apanage *m.* le privilège

ausculter écouter pour faire un diagnostic

s'aviser s'apercevoir

se borner se limiter

bureautique *f.* application de l'informatique aux travaux de bureau

une caisse publique des fonds de l'Etat

certes certainement

citadin *m.* habitant d'une grande ville

conjointement parallèlement

cotisation *f.* somme d'argent à verser

décimer faire périr en grand nombre

les données les faits

effectuer faire

essaimer se disperser

exigence *f.* demande

faire peau neuve changer radicalement

forcément nécessairement

franchir le cap aller au-delà de

fuite *f.* l'échappement

hectare *m.* deux *acres* et demi

imprévisible impossible à prévoir

imprévoyance *f.* d'un caractère insouciant, sans penser à l'avenir

inconvénient *m.* désavantage

inédit nouveau

longue-vue *f.* lunette agrandissante

Maghreb *m.* pays arabes du nord-ouest de l'Afrique (le Maroc, l'Algérie, la Tunisie)

main-d'œuvre *f.* ouvriers non-qualifiés

mal loti défavorisé par le sort

mettre en garde contre avertir

les nappes phréatiques vastes couches d'eau souterraine

outre à part

en outre de plus

panne *f.* arrêt de fonctionnement

part *f.* la partie

périmé démodé

pointer diriger

prévu (*inf.* prévoir) attendu

se procurer réussir à trouver

recenser compter

rédacteur *m.* **en chef** directeur de la rédaction d'un journal ou d'une revue

redoutable dangereux

se replier sur se retirer à

riverain au bord de la mer

le secteur tertiaire dans une économie, les services

solvable qui peut payer

verser payer

D'APRES L'AUTEUR

Complétez par la bonne réponse.

1. L'an 2000, c'est comme:
   a. un avenir en rose.
   b. une barrière imaginaire.
   c. le futur dans quelques années.

2. Ce qui préoccupe les prospecteurs, c'est:
   a. la prévision d'une troisième guerre mondiale.
   b. la démographie et les transformations imposées par la nature.
   c. ce que l'ancienne URSS a en tête.

3. Le tiers monde s'achemine vers le record prévu pour 2025:
   a. un million de Maghrébins en plus.
   b. 120 millions de Maghrébins en plus.
   c. une densité de un habitant au kilomètre carré.

4. Le pays le plus vieux du monde, dans vingt ans, sera:
   a. la Grèce.
   b. le Japon.
   c. le Brésil.

5. Il faut espérer le scénario suivant:
   a. l'assimilation possible en cas de migration lente.
   b. la formation de groupes de pression.
   c. une troisième guerre mondiale.

6. Ce qu'il va falloir abolir à l'avenir, c'est:
   a. l'ouverture des frontières.
   b. le travail à plein temps.
   c. des investissements trop importants dans les pays du tiers monde.

7. On mesure le travail à partir de:
   a. la production de biens tangibles.
   b. la production de biens immatériels.
   c. la production de biens idéaux.

8. Une société duale consisterait en:
   a. une partie de travailleurs et de chômeurs en état de passage.
   b. une partie de travailleurs et de chômeurs qui ne sont pas en état de passage.
   c. une partie de travailleurs et de vacanciers.

9. Dans le futur, les régions à risques seront:
   a. les mégalopoles.
   b. les campagnes.
   c. le désert.
10. A l'avenir, les individus vont se trouver de plus en plus isolés en France, car:
    a. un ménage sur deux sera célibataire.
    b. un ménage sur trois sera célibataire.
    c. sept millions d'individus vont tomber en panne.
11. Dans 20 ans on pourra se baigner:
    a. dans l'océan Arctique.
    b. dans la Seine.
    c. dans le Rhin.
12. En 2008 les femmes occuperont:
    a. 99% des emplois.
    b. 15% des emplois.
    c. 45% des emplois.

EXPRESSIONS UTILES

Toutes ces expressions veulent dire: «une intensification de», «un excès de», «tout», «parallèles», etc. Complétez les blancs par les expressions convenables.

l'accroissement: l'augmentation

le travail à plein temps: une semaine de travail d'environ 40 heures

un surcroît de: un supplément de

conjoint: parallèle, similaire

l'emporter sur: dominer, se montrer supérieur à

surpeuplé: dont les habitants sont trop nombreux (*cf.* le peuple)

le mégalopole: très grande ville

1. Travailler toute la journée, c'est _____.
2. Là, vous avez deux problèmes _____.
3. Quelle horreur! Toutes les grandes villes seront _____!
4. Je déteste les _____; je préfère la campagne.
5. A l'avenir, le nombre de vieux _____ sur celui des jeunes.
6. Nous craignons un _____ du chômage.
7. Le travail nous demandera trop — il y aura un _____ d'exigences.

A VOTRE AVIS

Commentez ces propos à deux ou à trois.

Sur la démographie:

1. Les pays industrialisés devraient essayer d'augmenter leur taux de natalité pour ne pas être défavorisés à l'avenir par rapport aux pays en voie de développement.
2. Les pays industrialisés devraient plutôt essayer de contrôler le taux élevé de natalité dans les pays en voie de développement (il y aurait sûrement des moyens économiques ou politiques pour faire pression sur eux).
3. L'idée de la chute de la natalité est ridicule. Le monde entier souffre de surpeuplement.
4. La solution du déséquilibre entre le Nord et le Sud se trouve dans l'adoption. Les pays du Nord devraient adopter les orphelins des pays du Sud.
5. Devenir un pays de vieux, c'est inquiétant.
6. Devenir un pays de jeunes est encore plus inquiétant.
7. Les inégalités démographiques se rétabliront par l'émigration d'une partie de la population du tiers monde vers les pays riches.
8. Je pense que ces migrations s'accompagneront de révoltes et de révolutions: les pauvres vont prendre par la violence l'acquis des riches.
9. Les cultures vont se mélanger. Il y aura beaucoup de mariages mixtes et une influence réciproque de cultures et de religions. C'est maintenant le cas pour la mode, la musique et la cuisine, par exemple.

Sur le travail:

1. Le travail à plein temps n'existera plus. Nous aurons beaucoup plus de temps libre. Le chômage n'augmentera pas beaucoup.
2. Non, peu de travailleurs gagneront plus d'argent. Il y aura beaucoup de chômeurs.
3. Les écoles seront obligées de changer de curriculum.
4. Le nombre de marginaux s'accroîtra.

Sur la nature:

1. La nature à l'état sauvage n'existera pratiquement plus.
2. Les gouvernements auront tellement peur de la pollution qu'ils vont prendre des mesures sévères, punissant les pollueurs. En fait, l'état de la nature sera bien meilleur que maintenant.
3. L'eau sera la commodité la plus précieuse du monde.
4. Les prévisions à long terme sont inutiles. Nous ne savons pas exactement ce qui va se passer.
5. Les Français, étant rationalistes, essaient de prévoir ce qui se passera pour mieux résoudre les futurs problèmes.
6. Etant pragmatique, je préfère attendre de voir ce qui va se passer. J'aime le changement, la réalité et le présent. J'ai suffisamment confiance en moi et dans notre gouvernement pour qu'il réagisse convenablement au moment voulu.
7. J'aime penser à l'avenir. Je suis en général optimiste.

ETUDES DE CAS

Nous sommes en l'an 2008. Vous faites partie d'un comité de l'ONU. Puisque tout le monde reconnaît la nature internationale de la politique et de l'économie, l'ONU a maintenant beaucoup plus de pouvoir. Décidez les cas suivants. Attention! On suivra vos conseils! Discutez en groupes de trois ou quatre.

1. Le Mali, où la population a énormément augmenté, devient de plus en plus désert. Les habitants demandent qu'on leur fasse transporter de l'eau, qu'ils ne sont malheureusement pas capables de payer.
2. Le Front national a maintenant une majorité de places à la Chambre des Députés et au Sénat. Ce parti français réactionnaire annonce à l'ONU qu'il a fermé les frontières, puisque tant de Maghrébins ont émigré en France. A-t-il le droit de le faire?
3. Des actes de terrorisme se répandent dans le monde entier. Les immigrants se sont affirmés responsables de la plupart de ces actes terroristes. La France demande à l'ONU la permission de mettre immédiatement à mort tous les membres de groupes terroristes qu'ils réussissent à arrêter.
4. Des immigrants pauvres demandent à l'ONU de leur garantir un travail n'importe où dans le monde.
5. Les gouvernements socialistes du monde demandent à l'ONU que tous les gouvernements soient obligés de limiter le nombre d'heures de travail des ouvriers pour mieux répartir le travail et les salaires.

6. L'Allemagne a pollué le Rhin. Les Hollandais demandent que l'ONU obligent aux Allemands de payer des réparations et de faire purifier l'eau. Cela coûtera des milliards de marks.

TABLE RONDE

Nous sommes en l'an 2008. Un groupe d'experts se réunit pour discuter des difficultés actuelles et des prévisions pour l'avenir. Que faire? Après une présentation de quelques minutes, posez-vous des questions. Choisissez parmi les rôles suivants:

Animatrice

Ecologiste

Membre du Front national, parti ultra-conservateur

Immigrée marocaine, habitant en France depuis trente ans

Geneviève de Bourbon, aristocrate, qui veut se marier avec un étudiant tunisien brillant, mais de famille pauvre et non francophone

Ses parents, le duc et la duchesse de Bourbon

Ouvrier spécialisé français, qui veut travailler autant d'heures qu'il le veut pour s'enrichir

Nouveau riche qui vend des denrées rares dans le monde à des prix extravagants: eau, pétrole, viande

Professeur de lycée. La culture se perd! On ne connaît plus son passé national!

Couturière. La mode n'existe plus! Les styles du monde entier se mélangent!

Jeune, vingt ans. Nous les jeunes vivons dans une époque historique extrêmement intéressante. L'avenir est à nous!

DEBAT

1. Faut-il lutter pour préserver la notion d'identité nationale? Devons-nous à tout prix continuer à enseigner le passé historique et culturel de notre pays, au prix des moyens nécessaires pour survivre à l'avenir (découvertes scientifiques et technologiques, travail dans les gouvernements du monde pour la paix et la compréhension mutuelle)?
2. A l'avenir, faudra-t-il limiter le développement industriel pour préserver la nature? Sera-t-il préférable d'être moins riches afin d'habiter dans un environnement plus sain et plus beau?

Glossaire

Terms are explained according to their context. Recognizable cognates are omitted. The following abbreviations are used:

abrév.	abréviation	*litt.*	littéraire
ant.	antonyme	*m.*	masculin
arg.	argotique	*pop.*	populaire
cf.	comparer avec	*pl.*	pluriel
f.	féminin	*p.p.*	participe passé
fam.	familier	*qqch*	quelque chose
fig.	figuratif	*qqn*	quelqu'un
idiom.	idiomatique	*subj.*	subjonctif
inf.	infinitif	*vulg.*	vulgaire
iron.	ironique		

A

abîmer endommager, gâter

aborder s'approcher de qqn; faire face à qqch; parler de; s'entretenir sur

aboutir à mener à

à l'abri à couvert, protégé

accéder à entrer dans

accorder donner, satisfaire

accouchement *m.* la naissance d'un enfant

accro *m.* (*fam.*) qqn qui s'adonne aux drogues dures; **être —** ne pas pouvoir se passer de qqch

accroché à attaché à

s'accrocher à tenir, ne pas céder

s'accroître (*p.p.* **accru**) augmenter

accueil *m.* la réception

s'acheminer   suivre le chemin

acquis *m.* (*inf.* acquérir)   caractéristique non héréditaire

acquittement *m.*   le paiement

actuel   présent, contemporain

s'adapter à   se mettre en harmonie avec

adjoint *m.*   assistant

ADN   l'essentiel d'une cellule qui transmet ses caractères génétiques; *DNA*

s'adonner à   se livrer entièrement à une chose

s'affaisser   baisser, tomber doucement

affectif   sentimental, émotionnel

afféterie *f.*   affectation, des manières étudiées

afficher   attacher; mettre; montrer

d'affilée   de suite

affiner   rendre plus fin

affluence *f.*   une foule de personnes

afflux *m.*   grand nombre

s'affoler   paniquer

affriolant   qui plaît énormément, séduisant

afin de   pour

agacer   embêter

il s'agit de   il est question de

agrégé   titulaire; professeur de lycée ou d'université

ahuri   stupéfait

aiguillonner   stimuler, aider, donner des conseils

aiguisé   vif, pénétrant, tranchant

alambiqué   exagérément compliqué

alimenter   nourrir

alléger   rendre plus léger

aller de soi   aller sans dire, être évident

amas *m.*   *cf.* amasser; accumulation d'objets divers

ambiant   qui entoure

améliorer   rendre meilleur

s'améliorer   devenir meilleur

aménageable   flexible

aménagement *m.*   arrangement, organisation

aménager   choisir

amende *f.*   contravention, argent à payer en cas de tort

s'amenuiser   rendre plus mince; devenir plus mince

amorce *f.*   le commencement

amour-propre *m.*   l'orgueil

anathème *m.*   condamnation

anneau *m.*   cercle

annuaire *m.*   recueil publié annuellement

apanage *m.*   le privilège

apparat *m.*   éclat pompeux

appareil *m.*   machine

appartenance *f.*   *cf.* appartenir à; identité

appât *m.*   ce qui attire

d'appoint   supplémentaire

appréciation *f.*   évaluation

s'apprêter à   *cf.* prêt; se préparer à

à l'appui   pour soutenir et prouver

arable   qui peut être labouré (terre)

arrachage *m.*   enlever les plantes, etc.

Ascension *f.*   une fête religieuse après Pâques

assailli de   attaqué par

assassin   meurtrier

assentiment *m.*   accord

assoiffé de   *cf.* la soif; fortement désireux d'avoir ou de faire qqch

assujetti (*inf.* assujettir) à   soumis à

assurer   *cf.* sûr; rendre certain, faire fonctionner

astral   *cf.* l'astre; concernant l'astrologie

atelier (*m.*) pédagogique   un cours; section d'une usine

atone   sans vie, sombre

atout *m.*   avantage

atteint de   touché par; ayant

s'atteler à   se mettre sérieusement

s'attendrir sur   se prendre d'affection pour, s'émouvoir de

s'atténuer   se réduire, se détériorer

atterrissage *m.*   se poser sur terre (avions)

attribuer à   donner à

aubaine *f.*   un avantage inespéré, chance

aube *f.*   début de la journée

au-delà *m.*   le monde supraterrestre

auparavant   avant

auprès de   touchant, près de, à côté de

ausculter   écouter pour fare un diagnostic

autant que faire se peut   autant que possible

autocentré   égoïste

avachi   à plat, sans énergie

avènement *m.*   *cf.* venir; l'arrivée

s'avérer   être reconnu comme vrai

avertir   informer qqn de qqch afin qu'il prenne garde

à l'aveuglette   aveuglément, sans voir

s'aviser   s'apercevoir

avortement *m.*   arrêt volontaire d'une grossesse

avorter   interrompre une grossesse

s'avouer   reconnaître qu'on est

tous azimuts (*fam.*)   dans toutes les directions

B

le bac C (*fam.*)   baccalauréat de sciences

être bachelier, bachelière   avoir réussi au bac

faire du bachotage (*fam.*)   étudier pour le bac

bachoter (*fam.*)   travailler pour se préparer au bac

bagarre *f.*   querelle

se bagarrer (*fam.*)   lutter pour

bagnole *f.* (*fam.*)   voiture

bâiller   *to yawn*

baise-main *m.*   geste de politesse où l'homme baise la main d'une dame

balade *f.*   promenade

balafre *f.*   coupure (au visage)

balayer   chasser

ballon *m.*   jouet rond — ballon de football, etc.

banlieue *f.*   petite ville près d'un centre urbain

en banlieue   en dehors de la ville

banlieusard *m.*   habitant de la banlieue

bannir   interdire

banque (*f.*) de données   *data bank*

barbe (*fam.*)   ennuyeux

barboter   jouer dans l'eau

basculer   passer brusquement

base (*f.*) de données   *data base*

bâtisse *f.*   bâtiment de grandes dimensions; l'ensemble d'un bâtiment

en baver (*fam.*)   souffrir de

avoir beau + *inf.*   bien que, quoique + *subj.*

bénéfice *m.*   argent qu'on gagne

bénévole *m.*   qqn qui aide gratuitement

berger *m.*   un homme qui garde des moutons

bétail *m.*   les bêtes, animaux de pâture

béton *m.*   *concrete*

beur *m.* (*arg.*)   personne née en France de parents immigrés de l'Afrique du Nord

beurgeois   *cf.* bourgeois; ayant rapport au beur

se beurrer la gueule (*pop.*)   être ivre

bidon (*fam.*)   faux

biens *m.pl.*   produits de l'économie

bienséance *f.*   une conduite sociale correcte

bilan *m.*   le résultat global, la conclusion

se faire de la bile (*fam.*)   s'inquiéter

en binôme   à deux

bio *f.* (*abrév.*)   biographie

bis   double

blesser   faire mal à, offenser

blocage *m.*   obstacle

boîte *f.* (*fam.*)   une firme

boiter   marcher avec difficulté

bondé (*fam.*)   très plein

bonhomme (*fam.*)   homme; terme d'affection en parlant d'un petit garçon

le gros bonnet (*fam.*)   personnalité importante

se borner   se limiter

bosser (*fam.*)   travailler

boucher   stopper

bouchon *m.*   ce qui ferme une bouteille de vin; arrêt de la circulation

boucler   terminer

bouclier *m.*   une arme qui protège

faire bouger   faire progresser

bougonner (*fam.*)   râler, protester en grognant

bouillant   à 100 degrés centigrade

faire bouillir la marmite (*idiom.*)   faire vivre sa famille

bouleversement *m.*   grand changement

bouleverser   changer radicalement, être perturbé

boulot *m.* (*fam.*)   le travail

boum *f.* (*fam.*)   une fête

bourrage (*f.*) de crâne   éducation intensive

bourreau *m.* de travail   personne qui travaille beaucoup

bourrer (*fam.*)   remplir trop; — jusqu'à la gueule   remplir à l'excès

bousculer   heurter brusquement; ébranler l'équilibre

au bout du fil (*fam.*)   au téléphone

branché boulot (*fam.*)   orienté vers le travail

brancher   faire une connexion électrique

briguer   rechercher avec ardeur

bringue *f.* (*fam.*)   une fête extravagante

brochette *f.* de (*fam.*)   ensemble de personnes ayant des caractéristiques similaires

brouiller   mélanger; rendre confus

broussaille *f.*   végétation touffue et non cultivée

brouter   manger (se dit des moutons, chèvres, etc.)

brûler un cierge   allumer une bougie dans une église catholique

bruyamment   avec beaucoup de bruit

bûcher *m.*   où on brûle qqch

bureautique *f.*   application de l'informatique aux travaux de bureau

but *m.* objectif, intention
buter se heurter à un obstacle

C

cachotterie *f.* petit secret
cadre *m.* responsable d'une entreprise
cafard *m.* la déprime
cafouillage *m.* (*fam.*) le désordre
cageot *m.* caisse, grande boîte
caillouteux avec des cailloux, petites pierres
caisse *f.* grande boîte
caisse (*f.*) **publique** fonds de l'Etat
caissier/caissière personne qu'on paie pour des achats
caleçon *m.* un pantalon collant
calfeutré enfermé
câlin *m.* échange de baisers, de caresses
calleux peau durcie et épaissie
camionnette *f.* petit camion
camper sur placer avec décision
Canal + une chaîne de télévision câblée
cancaner au lavoir (*pop.*) bavarder à un lieu public où on lave le linge (les vêtements sales)
de cap *m.* de direction
CAP *m.* Certificat d'aptitude professionnelle; diplôme technique et professionnel
carrément tout à fait
cartable *m.* sac à livres
carte (*f.*) **de séjour** permis temporaire
cartonnier *m.* fabricant de carton
caser (*fam.*) mettre à la place qu'il faut
casser (*fam.*) rompre (avec un petit ami)
se casser la figure (*fam.*) tomber, craquer
cassure *f.* *cf.* casser, la coupure
catégorique ferme
causeur *m.* une personne qui cause, parle
cave *f.* local sous une habitation
cécité *f.* aveuglement
céder laisser à
CEE Communauté Economique Européenne
cellule *f.* l'organisme vivant le plus simple
censer supposer
centre (*m.*) **d'hébergement** un endroit où on peut coucher gratuitement
centrifuge repoussant du centre
centripète attirant vers le centre
certes certainement, sûrement
cerveau *m.* organe où siège l'intelligence; (*fig.*) une personne brillante

chahuter s'agiter bruyamment, faire les fous
chambardement *m.* le changement brutal
chamboulement *m.* (*fam.*) bouleversement
champignon *m.* (*fam.*) pédale d'accélérateur d'une voiture
faire chanter *to blackmail*
chantier *m.* lieu de construction
charbon *m.* *coal*
chargé (*m.*) **de cours** professeur
charrier entraîner, emporter
charrue *f.* outil d'agriculteur pour labourer la terre
être chaud (*fam.*) être enthousiaste
faire du chaud allumer la cuisinière, cuisiner
chaudière *f.* appareil qui fait chauffer de l'eau
chauffage central *m.* ce qui chauffe un immeuble
chauffeur routier (*m.*) conducteur de gros camions qui fait de longs trajets
chaussée *f.* la route
chercheur *m.* qqn qui fait de la recherche; un scientifique
cheviller attacher
chiffrer compter
chiffres, chiffrages *m.pl.* les statistiques
chômage *m.* le manque d'emploi; la perte de travail
chômeur *m.* personne sans travail
cible *f.* but
cime *f.* sommet
être cinglé (*fam.*) être fou
circulation *f.* le trafic
cisailler tailler, couper
citadin *m.* habitant d'une grande ville
cité *f.* des immeubles modernes en dehors de la ville
citoyen *m.* personne appartenant à une nation ou à un pays
citoyenneté *f.* nationalité
claquer la porte partir brusquement
claquer son fric (*fam.*) dépenser son argent en le gaspillant
clavier (*m.*) **d'ordinateur** *computer keyboard*
claviste sur ordinateur *computer operator*
à la clef surtout
clochard *m.* personne qui vit sans travail ni domicile dans une grande ville
clore (*litt.*) fermer
cocotte-minute *f.* casserole de cuisine; très rapidement et sous pression

cocufier (*fam.*)   tromper sexuellement

cohue *f.*   une foule en désordre

coincer (*fam.*)   mettre qqn dans l'impossibilité de répondre, d'agir

coke *f.*   la cocaïne

en colimaçon   en spirale

collégien *m.*   élève de collège

combine *f.* (*fam.*)   solution

combler   remplir (de plaisir)

commerce *m.*   comme un magasin, affaire

commis *m.*   employé

compatir à   avoir de la compassion pour

compenser   neutraliser

complaisance *f.*   amabilité, volonté de plaire

complice   associé

comportement *m.*   mode de vie, façon d'agir et de se conduire

se comporter   se conduire

y comprise   et aussi, étant inclus

comptabilité *f.*   *accounting*

comptable (*m.,f.*)   *accountant*

prendre en compte   compter avec

au comptoir   près de la caisse, debout au bar

se concentrer sur   appliquer l'effort intellectuel sur un seul point

concours *m.*   épreuve où beaucoup de candidats entrent en compétition pour un nombre limité de places; un examen compétitif

conçu (*inf.* concevoir)   imaginé, développé

concubinage *m.*   état de vivre comme mari et femme sans être mariés

en rude concurrence   en se battant

concurrent *m.*   compétiteur, rival

à condition de (+ *inf.*)   si

se conduire   agir

conférer   donner, attribuer

confier   donner à une personne dont on est sûr

conformément à   selon, suivant

confrère *m.*   un collègue

congé *m.*   arrêt de travail

congélateur *m.*   appareil pour geler

congélation *f.*   le processus de geler

congeler   rendre solide à cause du froid comme de la glace

conjoint   joint avec, uni

conjointement   parallèlement

conjonctivite *f.*   infection des yeux

conjoncture *f.*   situation qui résulte d'une rencontre de circonstances

en connaissance de cause   avec raison et justesse

consacrer   passer, s'intéresser activement

consensuel   basé sur un accord

constater   se rendre compte au moyen de ses yeux ou de ses oreilles

contourner   *cf.* le tour; passer autour, éviter; entourer

contrée *f.*   pays

contrepoids *m.*   le contraire

en contrepoint à   en même temps que

contribuable *m.,f.*   personne qui paie des impôts

contrôle *m.*   examen, inspection

être convaincu   être sûr

convenances *f.pl.*   les bienséances, ce qui est convenable

convenir de   valoir mieux

convier   inviter

convive *m.,f.*   invité/e

convoiter   désirer

coquet   qui cherche à plaire d'une façon affectée au sexe opposé

coquin   espiègle

corseté   rigide

corvée *f.*   tâche désagréable et répétitive; petite tâche

cossu   indiquant la prospérité, grand, imposant

costume (*m.*) **trois-pièces**   pantalon, gilet, veston assortis (pour homme)

cotisation *f.*   somme d'argent à verser pour une cause commune

couche *f.*   épaisseur horizontale

couette *f.*   édredon, couverture de lit

couillon *m.* (*vulg.*)   un imbécile

couler   verser

du coup   soudain

coup (*m.*) **de foudre**   la grande passion

coup (*m.*) **de fouet**   impulsion vigoureuse

faire coup double   réussir deux choses à la fois

en prendre un coup   en souffrir

coupe (*f.*) **du monde**   match mondial de football

cour *f.*   l'entourage du roi, par exemple

cours *m.*   le prix

au cours de   pendant, durant

cours (*m.*) **magistral**   conférence

cours (*m.*) **particulier**   une leçon donnée à une personne

avoir cours   être reconnu, utilisé

court-circuiter   éliminer, stopper

couscous *m.*   plat d'Afrique du nord

coûte que coûte   à tout prix; peu importe le prix

couture *f.*   *cf.* coudre; travailler avec une aiguille

se cramponner à   s'accrocher à, tenir fermement

crasse *f.*   couche de saleté

crasseux   très sale

crédits *m.pl.*   fonds, argent prêté

creux *m.*   période moins active

crever (*fam.*)   mourir

sans crier gare   à l'improviste

crise (*f.*) **cardiaque**   une crise du cœur

crispation *f.*   le repli, effet d'être tendu

crochet du droit (*fam.*)   coup de poing

croisade *f.*   *crusade*

se croiser les bras   ne rien faire

croissance *f.*   développement

croître   augmenter

croyant *m.*   personne ayant la foi, la croyance en Dieu

grand cru   un très bon vin

culte *m.*   pratique de la religion

cumuler   réunir plusieurs choses différentes; empiler

se cumuler   se multiplier

cuve *f.*   un grand récipient

un deuxième cycle long   deuxième partie des études secondaires

D

davantage   plus

débandade *f.*   débâcle

débardeur *m.*   celui qui décharge un véhicule de transport

débarquer (*fam.*)   arriver chez qqn à l'improviste

débarrasser   enlever ce qui gêne, dérange

se débattre   se discuter

débile   idiot

déboires *m.pl.*   désillusion

déborder   submerger

déboulonner   démonter

débrayer   se mettre en grève

se débrouiller   se tirer habilement d'affaire, survivre; s'arranger

décalage *m.*   écart, distance

décéder   mourir

décennie *f.*   période de dix ans

décerner à   donner (un prix) à

déchets *m.pl.*   ce qu'on jette, détritus

déchiffrer   décoder, lire

déchu   tombé dans un statut inférieur

décimer   tuer en grand nombre

Déclaration des droits de l'homme   charte de 1789

décommander   annuler la commande de, (par exemple, une invitation)

décongeler   fondre, devenir liquide

décontracté   relax

décret *m.*   décision gouvernementale

décrocher   gagner; obtenir; recevoir; se détacher

décrocheur *m.* (*fam.*)   gagnant

déçu (*inf.* décevoir)   désappointé

déduire   conclure

défaillance *f.*   faiblesse

défait   humilié, *cf.* la défaite

à défaut de   faute de, puisqu'il n'y en a pas; sans

défavorisé   pauvre, sans ressources

défi *m.*   difficulté à surmonter; obstacle; compétition

défiance *f.*   manque de confiance

déficience *f.*   manque

défiler   passer, marcher l'un derrière l'autre

défoulatoire (*fam.*)   libérant les pulsions

se défouler   libérer les instincts

dégager   isoler un élément d'un ensemble, trouver

se dégager   se manifester

dégâts *m.pl.*   dommages

dégel *m.*   acte de fondre, devenir liquide

dégoût *m.*   l'aversion

déjouer   faire échouer

se délabrer   devenir en mauvais état

délirant   très drôle

démarche *f.*   tentative pour réussir qqch

démarrage *m.*   mis en opération

démarrer   commencer, débuter, partir

démentir   contredire

démériter   agir de manière à encourir le blâme

démission *f.*   abdication

démissionner   quitter un poste, une situation

se démonter   se déconcerter

ne pas démordre   ne pas renoncer

démuni   sans argent

dénatalité *f.*   moins de naissances

dénombrer   *cf.* le nombre; compter

dénoncer   protester contre, s'insurger contre

dénouement *m.*   la fin

en dents de scie (*idiom.*)   avec des hauts et des bas

dénué de   sans

dépasser aller au-delà de; (*fam.*) être trop compliqué

dépénaliser enlever l'aspect criminel de

dépeupler *cf.* le peuple; réduire sa population

se déplacer changer de place; voyager

déployer ouvrir, montrer

déposer une loi proposer un changement légal aux législateurs

déprimant triste

dérapage *m.* la chute; virage non contrôlé

se dérouler avoir lieu, se passer

dès à présent à partir de maintenant

désabuser désenchanter

désamorcer interrompre le fonctionnement de

désarçonner déconcerter

désespérant décourageant

déshérité *m.* pauvre

désintéressé altruiste; généreux

désolé regrettant beaucoup

désormais à l'avenir

DESS Diplôme d'Etudes Supérieures Spécialisées: *Master's degree;* de gestion: *M.B.A.*

dessein *m.* projet, plan

déteindre sur influencer

détenir posséder

détenteur *m.* possesseur

dévergondage *m.* une débauche; une conduite fantaisiste

deviner connaître par intuition, par supposition, prédire

devise *f.* paroles exprimant une formule souvent répétée; monnaie étrangère

diapo *f.* (*abrév.*) diapositive

dicton *m.* le proverbe

diffuser envoyer un programme de radio ou de télévision

digue *f.* longue construction pour contenir les eaux; une barrière pour repousser la mer

direction *f.* personnes responsables d'une organisation

disjoncter craquer

être disponible être là, être prêt à aider

disposer de posséder

avoir à sa disposition posséder

disquette (*f.*) **de sauvegarde** une disquette informatique double

dodo *m.* (*fam.*) langage enfantin: le sommeil

don *m.* *cf.* donner; talent

donateur *m.* personne faisant un don

donne *f.* situation

données *f.pl.* l'état naturel; les faits

dorloter traiter tendrement

doté de avec

se doter de s'équiper de

doudoune *f.* (*fam.*) veste en duvet (*down*)

être doué avoir des dons ou talents naturels

douloureux pénible

draguer (*fam.*) flirter avec

dragueur *m.* (*fam.*) homme qui cherche des conquêtes

dresser établir

la droite les conservateurs

E

eau (*f.*) **de javel** détergent

s'ébaucher commencer à se dessiner

ébouriffant (*fam.*) qui surprend au point de choquer

écart *m.* le fossé; la distance

écarter mettre de côté

échantillon *m.* spécimen

échauder décevoir, énerver

à grande échelle *f.* en grand, largement

à l'échelon selon le niveau

éclabousser asperger, arroser

éclopé qui marche péniblement

écran *m.* surface où l'on projette des images, qui sert à visionner: écran de télé, d'ordinateur

écrasant extrêmement lourd

écumer avaler

EDF Electricité de France, une compagnie nationale d'électricité

éducation *f.* la connaissance et la pratique des usages de la société

effaroucher effrayer au point de faire fuir

effectifs *m.pl.* les chiffres, nombre de membres (d'un groupe); les statistiques

effectivement en effet, en réalité

effectuer exécuter; produire

s'effectuer se faire

effet (*m.*) **de serre** le réchauffement de la terre

efficacité *f.* un maximum de résultats avec un minimum d'efforts

effleurer toucher légèrement

effondrement *m.* la ruine, chute

s'effondrer tomber catastrophiquement; baisser rapidement

s'efforcer de faire tous ses efforts

égologie *f.* l'étude du moi

égratigner   faire du mal avec les ongles, s'érafler

éleveur *m.*   agriculteur qui s'occupe des animaux; l'élevage

élu *m.*   un politicien

émail *m.*   gris (ciel)

emballement *m.*   le fait de tourner trop vite

embaucher   engager qqn pour travailler

embouteillage *m.*   le bouchon; arrêt de la circulation

émietté   en miettes, en petits morceaux

éminence grise *f.*   le conseiller intime et secret

émission *f.*   programme de radio ou de télévision

emmerder quelqu'un (*vulg.*)   agacer, causer des ennuis

émoi *m.* (*litt.*)   agitation d'une émotion

s'émouvoir   s'inquiéter, se troubler

n'empêche (que) (*fam.*)   ce n'est pas une raison, cependant

empêcher   faire obstacle à, rendre impossible; ne pas permettre

empiler   mettre sur une pile, multiplier

empocher   mettre dans sa poche

l'emporter (sur)   dominer

s'empresser de   se dépêcher de; se hâter

ému (*inf.* émouvoir)   *cf.* l'émotion

énarque   ancien élève diplômé de l'Ecole Nationale d'Administration

d'encadrement   comme cadre

encadrer   former, servir comme cadre

endetté   avoir des dettes

enfer *m.*   le contraire du paradis

enflammé   érotique

enfoncer   briser, pousser

enfumé   plein de fumée

s'engluer   être pris dans une matière gluante, collante

enjeu *m.*   risque; ce qu'on peut gagner ou perdre

enquête *f.*   investigation

s'enraciner   s'établir

enrayer   éliminer

enregistrer   noter

entamer   commencer

s'entasser   s'accumuler; se mettre en tas; se réunir; s'empiler

en-tête *m.*   inscription en haut d'un papier

entourage *m.*   personnes proches de qqn, qui l'entourent

entraîner   former; emmener de force avec soi

entraver   faire obstacle

entreprendre   prendre l'initiative; — qqn séduire qqn

entreprise *f.*   la compagnie

entretenir   garder, tenir en bon état

entrevoir   distinguer, deviner

à l'envers   de l'autre côté

envisager   *cf.* le visage; imaginer comme possible, prévoir; considérer

envisonnée   portant un manteau fourrure de vison

envolé   *cf.* le vol

envoyer paître qqn (*fam.*)   rejeter qqn

épanouissement *m.*   se sentir bien dans sa peau

éparpiller   disperser

épater   plaire à qqn énormément

éphémère   bref

épisodiquement   de temps en temps

éponge (*f.*) velours   *velours*

épouvantable   horrible

épreuve *f.*   un test; (*fig.*) le malheur

éprouver   ressentir

éprouvette *f.*   récipient en verre pour les expériences scientifiques

épuisant   très fatigant

équipe *f.*   groupe de personnes avec qui on travaille ou joue

ère *f.*   une époque

ériger   établir

sans esbroufe (*fam.*)   sans bluff

escroquer   obtenir en trompant

espèce *f.*   la race, les êtres vivants d'un même genre

espionnage *m.*   chercher les secrets de ses ennemis

esquisser   décrire rapidement

essaimer   se disperser

essence *f.*   carburant pour la voiture

essor *m.*   développement rapide

estimer   croire

s'estimer   se croire

s'estomper   devenir flou, moins net

étaler au grand jour   exposer

s'étaler   tomber (se dit d'une personne)

étape *f.*   phase

état (*m.*) d'âme   disposition des sentiments

étendue *f.*   le domaine, dimension, grandeur

étiage *m.*   réduction

étincelle *f.*   petite flamme

étiquette   *tag* (indiquant le prix), *label*

étiqueter   afficher, indiquer sur l'étiquette

étouffer éliminer, suffoquer
étourdi irréfléchi, qui agit sans réflexion
s'étourdir s'enivrer
s'étrangler gêner la respiration, s'étouffer, s'asphyxier
à l'étroit dans un trop petit espace
étuve *f.* appareil chauffé
s'évanouir perdre connaissance
évêque *m.* officier de l'église catholique
évoluer passer par une série de transformations, développer
exclu/e qqn en marge de la société
exclure refuser de laisser entrer
exigeant difficile
exigence *f.* une demande
exiger obliger, réclamer
exigu très petit
exploser développer très rapidement

F

F 2 appartement de deux pièces
fabrique *f.* où l'on fabrique, produit des objets commerciaux
fabriquer faire
fac *f.* (*abrév.*) faculté; l'université
en fac à l'université
façonner former, faire
avoir beau faire faire inutilement, sans résultat
fait *m.* ce qui est vrai; données
en fait en effet, en réalité; effectivement
farouchement violemment
fauché (*fam.*) sans argent
faute de sans
en faveur de au profit de
fée *f.* créature imaginaire féminine aux pouvoirs surnaturels
femme de ménage femme qui range et nettoie
fête chômée jour où l'on est payé sans travailler
faire la fête mener une vie de plaisir, beaucoup s'amuser
feu (*m.*) **d'artifice** jeux de lumières
feuille (*f.*) **de paie** preuve de salaire
faire fi de (*litt.*) mépriser
fiable digne de confiance
ficher mettre sur une fiche, repérer (par la police)
fichier *m.* document informatique
figé rigide; congelé
figurer se trouver, faire partie de
au fil de au cours de
filer s'en aller

filiale *f.* *franchise*
filière *f.* situation de travail; chemin; les degrés d'une hiérarchie
filières (*f.*) **scolaires** ou, l'école
en fin de droits ne recevant plus d'aide financière
flâner se promener lentement ou rêveur
flanqué de (*fam.*) ayant à côté
fléau *m.* grande calamité publique
florissant *cf.* fleurir; en bon état
flot de une vague de, beaucoup de
foi *f.* la croyance religieuse
avoir la foi croire en Dieu
foncer aller vite et bien
fonction *f.* poste professionnel
haute fonction publique hautes situations du gouvernement
fonctionnaire *m.f.* qqn qui travaille comme bureaucrate pour l'Etat
au fond essentiellement
de fond en comble complètement
se fondre s'unir par fusion
fonds *m.pl.* de l'argent
à force de par; grâce à beaucoup de
forcément nécessairement
formateur *m.* instructeur
formation *f.* éducation intellectuelle et morale
forme *f.* la santé, le corps
en forme bien physiquement et moralement
formidable (*fam.*) merveilleux
formulaire *m.* questionnaire
fort beaucoup
a fortiori à plus forte raison
fossé *m.* la séparation; un écart
foudroyant spectaculaire, très grand
fourgon *m.* wagon
fourgonnette *f.* petite camionnette; camionnette de police
fournitures *f.pl.* *cf.* fournir; le papier, les couleurs, etc.
fourrure *f.* peau d'animal
foyer *m.* lieu où habite la famille; la famille
au foyer à la maison
fracassant qui casse, qui fait du bruit, du fracas
franchir traverser
freiner aller plus lentement, ralentir
friand de avide, qui recherche particulièrement et aime
fric *m.* (*fam.*) l'argent
friche *f.* terre non cultivée
frileux craintif
frimer (*fam.*) se rendre intéressant

fuguer partir en abandonnant tout;
s'enfuir
fuir quitter
fuite *f.* l'échappement, fugue
fulgurant brillant, foudroyant
fulminer s'exploser, protester avec colère
au fur et à mesure que à proportion que
fusil *m.* une arme comme un revolver
fusillé détruit

G

gâchis *m.* perte
galonné décoré, possédant de l'autorité
mettre en garde qqn avertir
gaspillage *m.* dépense inutile
la gauche les radicaux et les libéraux
gavage *m.* être forcé de trop manger, se
goinfrer
gêner déranger
générer créer
géniteur *m.* parent
genre *m.* espèce ou sorte
gérant *m.* gouvernant
gérer administrer, régler, contrôler
gestion *f.* administration, direction
globalement dans l'ensemble
gommer effacer
gosse *m.,f.* (*fam.*) enfant
goujaterie *f.* l'impolitesse
gourmand qui aime la bonne nourriture
gourmette *f.* une chaîne portée comme
bijou au poignet
goûter boire, manger un petit peu
ne faire goutte ne rien faire
gouvernant *m.* celui qui gouverne
grâce à à l'aide de, au moyen de
gracile mince et délicat
graphique *m.* image qui explique une
situation
gratte-ciel *m.* très haut immeuble en ville
grève *f.* un arrêt de travail
faire la grève refuser de travailler
gréviste *m.,f.* personne qui fait la grève
grignoter (*fig.*) gagner peu à peu
grimper monter
grippe *f.* maladie causée par un virus
se gripper se coincer
grommeler murmurer, grogner
en gros dans l'ensemble
grossesse *f.* période d'attente d'un bébé
grossièreté *f.* l'ignorance des bonnes
manières
guérison *f.* *cf.* guérir; redevenir sain
guetter attendre

gueuler (*pop.*) crier
guigne *f.* (*pop.*) malchance

H

habillé élégant
s'habiller porter une tenue de soirée
hantise *f.* grande anxiété
haro sur (*litt.*) à bas
par hasard par chance
à la hauteur capable
havre *m.* un port
hébergement *m.* logement
héberger loger
HEC Ecole des Hautes Etudes
Commerciales (meilleure école de
commerce en France)
hectare *m.* mesure du terrain: deux *acres*
et demi
herbe *f.* le gazon, la pelouse; **en —**
débutant
hérisser irriter
hétéroclite mélangé
heures de pointe heures chargées (de la
circulation)
heurt *m.* choc
Hexagone *m.* la France, vue selon sa
forme géométrique
hisser faire monter
HLM Habitation à Loyer Modéré
(appartement pour des familles aux
revenus bas)
homologue équivalent
horaire *m.* emploi du temps heure par
heure
hors excepté
sous la houlette de sous la conduite de
huissier *m.* employé chargé d'accueillir les
visiteurs dans une administration

I

d'ici là entre-temps
imbriqué étroitement lié
imbuvable *cf.* boire, bu; intolérable
immigrant *m.* une personne qui a
immigré récemment
immigré *m.* un étranger déjà en France
depuis quelque temps
immobilier concernant la vente de
terrains, de logements
impair *m.* une maladresse choquante, une
gaffe

s'imposer être indispensable, être impossible à rejeter; se faire reconnaître

impôt *m.* (**sur le revenu**) ce qu'on paie à l'Etat de son salaire

impressionnant à admirer; remarquable, frappant

imprévisible impossible à prévoir; soudain, inattendu

imprévoyance *f.* ne prévoyant pas les situations futures

imprévu *m.* l'inattendu

à l'improviste spontanément

impudique *ant.* modeste

en toute impunité sans punition

inaperçu *cf.* apercevoir; sans être aperçu

inattendu surprenant

inclémence *f.* manque de pitié, sévérité

inconvénient *m.* désavantage

indélicat malhonnête, grossier

indice *m.* signe, chiffre

inédit nouveau

inefficace qui ne produit pas l'effet souhaité

infarctus *m.* crise cardiaque

à l'infini pour toujours

influent important

une info (*abrév.*) une information

informaticien *m.* qqn qui fait de l'informatique

informatique concernant l'ordinateur

ingrat désagréable

inné *m.* les caractéristiques héréditaires

inondation *f.* débordement d'eaux

inscrire s'enregistrer sur une liste pour entrer dans une université, boîte, etc.; écrire

insertion *f.* faisant partie de

insister sur souligner, mettre l'accent sur

à l'instar de (*litt.*) à l'exemple de

insuffler (*litt.*) inspirer

interdire rendre illégal, empêcher

interpeller appeler à haute voix; questionner

intervenant *m.* personne qui agit en sa faveur

intervenir jouer un rôle

inverser changer radicalement

in vitro expérimentation biologique faite en dehors de l'organisme

irradié émettant de la radiation

issu de né de, venu de

issue (*f.*) **de secours** sortie, *emergency exit*

itou (*fam.*) aussi

J

jadis (*litt.*) avant, autrefois

poser les premiers jalons préparer

jauger de (*litt.*) juger de

jet (*m.*) **d'eau** fontaine

jeter aux orties rejeter

un job (*fam.*) un travail

jouer les gros bras (*fam.*) être dur

jouir de prendre plaisir à

au jour le jour sans se préoccuper de l'avenir

avoir de beaux jours devant soi (*fig.*) avoir un avenir optimiste

jouxter être situé à côté de

jumeaux *m.* deux enfants nés en même temps de la même mère

jumelles *f.* deux sœurs nées en même temps

justificatif preuve

K

prendre des kilos grossir

en kit (*idiom.*) tout fait

L

labo *m.* (*abrév.*) le laboratoire

lâcher des grossièretés prononcer des mots vulgaires

lâcher prise abandonner

laisser pour compte abandonner

se laisser faire être passif

lancer fonder, introduire dans le marché

lancinant aigu

se lasser de se fatiguer de

léonin *cf.* le lion; très grand

lettre de château lettre de remerciement après une visite

leviers (*m.*) **de commande** la direction

libertin libéral, sensualiste

licenciement *m.* renvoi, mis en chômage; la perte de l'emploi

lier à mettre ensemble

en liesse (*litt.*) montrant sa joie

local *m.* partie d'un bâtiment

location *f.* ce qu'on loue (payer pour l'emploi)

aux prèmières loges (*fam.*) à la meilleure place pour voir

logiciel *m.* *software*

loi de 1948 loi limitant l'augmentation des loyers

longue-vue *f.* lunette qui agrandit
lorgner observer de façon particulièrement sournoise
mal loti défavorisé par le sort
louper (*fam.*) rater
luire briller
lustre *m.* gloire
lutter se battre

M

machin *m.* (*pop.*) mot qu'on utilise à la place d'une chose ou d'une personne
machiste macho
Maghreb *m.* pays arabes du nord-ouest de l'Afrique (le Maroc, l'Algérie, la Tunisie)
Maghrébin personne qui vient du Maghreb
magnétoscope *m.* *VCR*
maillage *m.* liens, rapports, réseau
maillon (*m.*) **faible** partie faible
main-d'œuvre *f.* ouvriers non qualifiés
maintien *m.* la garde
maints, maintes de nombreux/ses
maire *m.* le chef de la ville
mairie *f.* administration municipale
maître auxiliaire *m.* professeur qui remplace temporairement un autre
en mal de sans
maladif de constitution fragile
malaise *m.* sentiment pénible et vague, embarras, gêne
malencontreux qui se produit à un mauvais moment
malfaiteur *m.* criminel
malsain contraire à la santé
malveillance *f.* sabotage
mandarin *m.* intellectuel, élite
manier utiliser
manifestation *f.* défilée de protestation
manque de faute de, parce qu'il n'y en a pas
maraîcher *m.* jardinier qui cultive des légumes
marche *f.* pas, promenade
marginaliser mettre de côté; exclure de la société
en avoir marre de (*fam.*) en avoir assez
le Massif central montagne du centre de la France
maternelle *f.* école pour les enfants de trois à cinq ans

matière *f.* discipline à étudier
se maudire *cf.* mal + dire; se critiquer
en méconnaissance de cause sans être renseigné
se méfier douter
mélange *m.* ensemble d'éléments divers
ménage *m.* le nettoyage; la famille
mendier demander la charité
mensuel par mois
méprisant critique; arrogant
mesquinerie *f.* bassesse, jeu d'enfant
être en mesure de avoir la possibilité de
métallo (*fam.*) ouvrier métallurgiste
mettre au point perfectionner
se mettre en huit (*fam.*) faire tout son possible
meubler remplir (avec des meubles)
meugler faire un bruit de vache, bœuf
en miettes en petits morceaux
le juste milieu le bon compromis
mine de rien sans en avoir l'air
miné dangereux
miner attaquer par en-dessous, piéger
ministère *m.* le gouvernement d'état
Minitel *m.* un ordinateur en France qui est relié au téléphone
de mise accepté
miser sur compter sur
misogyne détestant les femmes
misogynie *f.* la haine des femmes
mission *f.* voyage d'affaires
mœurs *f.pl.* les coutumes, les habitudes
moi *m.* *the self*
moite humide
mollesse *f.* *ant.* la dureté
môme (*fam.*) enfant
monnayable ce qu'on peut vendre
montant *m.* la somme
morale (*f.*) **de comportement** philosophie de vie
faire la morale à faire une leçon à qqn sur son devoir
morceler diviser en parties
mosquée *f.* sanctuaire islamique
moyennant au moyen de, avec
moyenne *f.* approximation
en moyenne généralement, dans la plupart des cas
moyens *m.pl.* fonds, argent
M.S.T. *f.* une Maladie Sexuellement Transmissible
se muer en se changer en
muni de ayant
musulman islamique
mutation *f.* changement

N

nana *f.* (*fam.*) jeune fille
nanti *m.* un riche
narguer braver sans crainte, avec insolence
natalité *f.* le taux de naissance
navette (*f.*) **spatiale** un engin qui voyage dans l'espace
net clair
névralgique sensible, dangereux
nier rejeter, démentir
au niveau de dans le contexte de
faire la noce (*fam.*) mener une vie dissipée
nocivité *f.* ce qui fait du mal
notamment particulièrement, spécialement
noyade *f.* le fait de se noyer (mourir dans un liquide)
noyer submerger, tuer dans un liquide
nuit (*f.*) **blanche** une nuit sans sommeil
numéro (*m.*) **d'immatriculation** ce qui identifie une voiture
nuque *f.* partie postérieure du cou

O

faire obstacle à s'opposer à
s'octroyer se donner, s'approprier
office *m.* une cérémonie religieuse
officieusement sans garantie d'autorité
offrant ouvert, généreux (*cf.* offrir)
s'offrir se donner
opiniâtreté *f.* ténacité
s'opposer à être contre
ordinateur *m.* computer
d'ores et déjà dès maintenant
ornière *f.* le chemin
d'où de là, marque le résultat
outre en plus de; de l'autre côté de; à part
en outre d'ailleurs, de plus, en plus

P

pactiser conclure un pacte
être en la pagaille être en le désordre
pâlichon (*fam.*) un peu pâle
de palier habitant le même étage
pallier compenser (un manque)
palme *f.* (*fig.*) symbole de victoire
panne *f.* arrêt de fonctionnement
tomber en panne avoir des difficultés mécaniques

panneau *m.* signe
panneau indicateur panneau de route
dans les parages dans les environs
paraître sembler
paranormal psychique ou surnaturel
parc automobile *m.* un parking
parcellaire divisé en morceaux; d'un esprit limité
parcours *m.* chemin, destin, trajet
parfaire compléter
pari *m.* jeu où on peut gagner ou perdre de l'argent; **tenter le —** accepter le risque, essayer qqch de risqué
parrainé par présenté par qqn membre dans un club pour en faire partie
part *f.* la partie
à part entière entièrement, tout à fait
d'une part... d'autre part d'un côté... de l'autre
faire la part de tenir compte de
partage *m.* la division
partagé distribué
particularisme *m.* l'attitude de conserver son autonomie
particulier individuel
à partir de (+ une expression de temps) dès, depuis
parvenir réussir
pas *m.* marche, l'entrée
de passage en visite
passage clouté *m.* pour indiquer aux piétons où traverser la rue
passerelle *f.* pont étroit
pâtes *f.* nouilles
patronat *m.* *cf.* patron; la direction
pâturage *m.* prairie
paumé (*fam.*) perdu
pavillon *m.* une maison
le PC parti communiste
P.D.G. le chef de l'entreprise
être bien dans sa peau être satisfait de ce qu'on est
faire peau neuve changer radicalement
péché *m.* faute très grave
pêcherie *f.* où on prépare les poissons qu'apportent des pêcheurs
peine *f.* un travail physique dur; sanction
peine (*f.*) **de mort** la mort décrétée pour des crimes graves
à peine juste, pas plus de
pellicule *f.* film photographique
pelouse *f.* terrain avec de l'herbe
pendu à suspendu, accroché à
pensionnaire *m.,f.* personne couchant et mangeant dans un petit hôtel

pente (*f.*) **du massif**   côte de la montagne

la Pentecôte   fête religieuse après Pâques

pépère (*fam.*)   tranquille

percée *f.*   progrès spectaculaire

perceur (*m.*) **de coffres-forts**   personne pénétrant illégalement dans un coffre contenant des objets précieux

percevoir   voir; recevoir

perclus de   paralysé par

perdurer (*litt.*)   continuer, malgré les obstacles

performant   efficace

périmé   démodé, obsolète

permis (*m.*) **de conduire**   pour conduire un véhicule

pertinence *f.*   caractère approprié

pesant   qui a du poids, lourd

pesanteur *f.*   lourdeur, poids

peser sur   être une charge pénible pour

petit *m.*   l'enfant

peuplade *f.*   tribu, petite société (*cf.* le peuple)

phalange *f.*   partie de doigt

phallocrate *m.*   personne qui considère les femmes comme inférieures aux hommes

photomaton *m.*   une machine faisant automatiquement des photos

faire des pieds et des mains (*fam.*)   ne rien épargner, se démener pour

piège *m.*   la ruse

piéger   prendre, capturer

piétiner   avancer peu; tourner en rond

pieux   religieux

piocher (*fam.*)   chercher à aider d'une pioche; choisir

piquer (*fam.*)   voler

sur le plan   du point de vue

plancher sur (*fam.*)   travailler sur

planer sur   menacer

planifier   organiser

planning *m.*   un plan de travail

plastronner   se montrer en se donnant un air avantageux

plébisciter   voter qqch

avoir du plomb dans l'aile   n'être pas apprécié, être lourd

PME   abréviation de Petite et Moyenne Entreprise (de 5 à 500 salariés)

poignée *f.*   *cf.* le poing, un petit nombre

poindre   apparaître

point (*m.*) **de repère**   endroit précis pour s'orienter

être à la pointe de   être à l'avant-garde de

pointer   diriger

poisse *f.* (*fam.*)   malchance

politisé   politiquement intéressé

polytechnicien *m.*   personne diplômée de l'Ecole Polytechnique

polyvalent   qui a plusieurs fonctions ou activités

faire le pont   prendre un long week-end de congé

à portée de   accessible

pot *m.* (*pop.*)   une consommation

pote *m.* (*pop.*)   ami

poubelle *f.*   récipient à ordures

faire les poubelles   chercher dans les ordures

pour que (+ *subj.*)   afin que, de sorte que; *cf.* pour (+ *inf.*)

poursuivre   continuer

être pourvu de   posséder

Pr (*abrév.*)   professeur

pratiquant   allant aux offices; religieux

pré *m.*   prairie

préciser   dire de façon précise

préfecture *f.*   administration régionale (de police, etc.); gouvernement local

préfet, préfète   poste politique à la tête d'un département

prélèvement *m.*   action de prendre une partie

prélever   ramasser

prémonitoire   *cf.* prémonition

prendre un pli   prendre une habitude

prépa (*fam.*)   une classe préparatoire

présentatrice (*f.*) **de journal télévisé**   femme qui présente les nouvelles à la télévision

prétendre   supposer

faire preuve de   montrer

faire ses preuves   se prouver

prévenir   avertir

prévision *f.*   prédiction

prévoir   voir à l'avance

en prime   en plus

a priori   au premier abord

être pris   être occupé

être pris dans l'étau (*idiom.*)   être pris dans un piège

privatisation *f.*   fait de faire gérer par une entreprise privée

privé *m.*   *ant.* public; personnel

privé de   sans

privilégier   préférer

probité *f.*   vertu

procès *m.*   la critique (*fig.*)

prochain *m.* voisin, le suivant

se procurer réussir à trouver; recevoir

au profit de dans l'intérêt de

promotion *f.* classe d'étudiants reçus la même année

en promotion en réclame, en solde

promouvoir élever à un grade supérieur

promu (*inf.* **promouvoir**) ayant gagné un meilleur poste, grade

prôner recommander avec insistance

pronostic *m.* prévision

proposition (*f.*) **de loi** *bill*

proscrire bannir

prouesse *f.* acte remarquable

provenir

venir de proviseur *m.*

directeur d'un lycée provisoire

temporaire provoquer

causer, produire le PS

parti socialiste

psy (*abrév.*) psychiatre

publicité *f.* les réclames, ce qu'on fait pour inciter qqn à acheter qqch

puer (*pop.*) avoir une odeur forte

puiser emprunter, prendre

puits *m.* source souterraine d'eau

pulsion *f.* tendance instinctive

pute *f.* (*vulg.*) une prostituée

Q

quant à en ce qui concerne

quasiment presque

que ce soit si c'est

quête *f.* une recherche

quêter demander comme un don; chercher

quitte à (+ *inf.*) au risque de

au quotidien dans la vie de tous les jours

R

raccourcir rendre plus court

rajeunissement *m.* devenir ou sembler plus jeune

ralentissement *m.* aller plus lentement

râler (*fam.*) protester

rame *f.* un train; sert pour ramer

rang *m.* position, place; **— de sortie** résultat à l'examen

rapatriement *m.* le renvoi au pays d'origine

raser détruire

raseur *m.* (*fam.*) une personne qui ennuie

rassemblement *m.* l'union

rater manquer; **— un travail:** ne pas réussir

RATP Régie Autonome des Transports Parisiens; transports en commun à Paris

rattacher à faire partie de

faire des ravages détruire, attaquer, faire des exploits

ravi très heureux

rayonnement *m.* influence heureuse

mettre au rebut s'en débarrasser

recaler (*fam.*) coller; faire échouer à un examen

recenser compter

recevoir inviter

de rechange de remplacement

rechigner à témoigner de la mauvaise volonté pour

réclamer demander avec force; demander en insistant

se réclamer de suivre

recoin *m.* un coin caché

récolte *f.* action de recueillir les produits de la terre

se réconcilier avec se remettre d'accord avec

reconnaissance *f.* la gratitude

reconnaître accepter

recourir à s'adresser à

recours *m.* aide

recracher rejeter qqch de la bouche

récré *f.* (*abrév.*) récréation entre les classes

se recroqueviller se replier sur soi-même

rectorat *m.* l'administration d'une région de l'éducation nationale

rédacteur (*m.*) **en chef** directeur de la rédaction d'un journal ou d'une revue

rédaction *f.* action ou manière d'écrire un texte, un journal

rédhibitoire très grave, irréparable

rédiger écrire

redoubler répéter; répéter une année scolaire

redoutable dangereux

réfection *f.* la rénovation

au regard de considérant

regardant qui regarde à la dépense; difficile

régir gouverner

règle *f.* principe; contrôle

régler résoudre définitivement; payer

régnant   dominant, partout

rejet *m.*   le refus (*cf.* rejeter)

rejeton *m.* (*fam.*)   enfant, fils

se réjouir   être heureux de, être très content de

relève *f.*   remplacement

relever de   venir de

relever le défi   accepter une difficulté et lutter; faire face à la compétition

remettre   donner

remettre en question   resoumettre à une discussion

remise (*f.*) **en question**   critique

remords *m.*   regret

se rendre compte de   réaliser

reniement *m.*   le refus (*cf.* nier)

renifleur *m.*   le détecteur

de renom   très connu

rentabiliser   rendre profitable

rentabilité *f.*   l'argent qu'on gagne

en rentier   vivre de son argent sans travailler

renvoyer   refuser, virer

repartie *f.*   réponse rapide et juste

répartir   distribuer ou diviser; partager

répartition *f.*   distribution

repêcher (*fam.*)   donner une deuxième chance au bac

repérer   trouver

répétiteur *m.*   une personne qui explique la leçon

se replier sur   se retirer à

se repointer (*fam.*)   retourner

repousser   croître de nouveau (se dit des plantes)

reprise *f.*   *cf.* reprendre; recommencement

répugner à   ne pas aimer

requérir (*litt.*)   solliciter, réclamer

RER   un train rapide reliant Paris à la banlieue

réseau *m.*   ensemble de lignes entrelacées; organisation

résonner   retentir, produire des sons

responsable *m.*   un dirigeant dans une organisation

ressort *m.*   énergie qui fait agir

restauration *f.*   le travail dans les restaurants

restau U (*abrév.*)   restaurant universitaire

restreindre   limiter

retaper   remettre dans sa forme

retenu   timide, froid

rétorquer   répondre

retraite *f.*   arrêt de travail vers l'âge de soixante ans

retrancher   couper, enlever, soustraire

retrouvailles *f.pl.*   le fait de se voir à nouveau

en revanche   par contre

revendication *f.*   exigence, demande faite avec force

revendiquer   demander en insistant; demander avec force; insister sur

ne pas en revenir   être très étonné

revenu (*m.*) **minimal garanti**   un salaire minimum

revenu (*m.*) **minimum d'insertion**   revenu garanti par loi aux personnes les plus pauvres

riposter   répondre

rivé à   fixé sur

riverain   rapportant au bord de la mer

RMI   Revenu Minimum d'Insertion

robinet *m.*   dans les toilettes, d'où sort de l'eau

ronce *f.*   épine

routier *m.*   chauffeur de camion

ruée *f.*   mouvement rapide d'un grand nombre de personnes

rusé   espiègle

S

saboter   détruire, piéger

sacré (*fam., avant le nom*)   fichu, mauvais

sain   en bonne santé

salarié   qqn qui reçoit un salaire

salut *m.*   espoir

sanction *f.*   punition

sang-froid *m.*   l'objectivité, le courage

sans-abri *m.f.*   habitant de la rue

sans domicile fixe *m.f.*   une personne sans logement

sans-gêne *m.*   le manque de courtoisie

saoul (*fam.*)   ivre

saper le moral (*fam.*)   détruire lentement l'équilibre psychologique, décourager

sauter à l'esprit   venir rapidement à la pensée

faire sauter (*fam.*)   détruire en faisant exploser

se sauver   fuir

à la sauvette   *cf.* se sauver; à la hâte, pour ne pas attirer l'attention

savane *f.*   une prairie en Afrique

savant *m.*   grand spécialiste

sceller   fermer hermétiquement, mettre fin à

scientifique *m.f.*   homme, femme de science

scier (*fam.*)　étonner
scolarité *f.*　les études
scories *f.pl.*　les déchets
scrutin *m.*　le vote
séance *f.*　la réunion
sécheresse *f.*　climat aride sans période de précipitation
sectaire　intolérant
secteur (*m.*) **tertiaire**　dans une économie, les services
sécuriser　réconforter
au sein de　dans, dans le contexte de; à l'intérieur de
selon　d'après
sensible à　*sensitive to*
septennat *m.*　durée de sept ans; ici, la présidence française
serrer la main à　saisir la main pour saluer qqn
se serrer　se mettre très près de
session (*f.*) **de rattrapage**　session destinée à des élèves retardés dans leurs études
sida *m.*　syndrome immuno-déficitaire acquis (*AIDS*)
siège *m.*　le site principal d'une entreprise
sillon *m.*　ligne
sillonner　traverser en tous sens
smoking *m.*　un veston d'homme qui se porte lors des grandes fêtes
SNCF　Société Nationale des Chemins de Fer (trains interurbains)
société *f.*　entreprise, compagnie
soigneusement　avec soin, en faisant attention
soit　c'est-à-dire; présente une supposition
solvable　qui peut payer
sombrer　se perdre, couler, tomber bas
songe *m.*　le rêve
songer à　réfléchir à la possibilité de
sort *m.*　l'avenir
de souche　d'origine
soucieux de　qui se préoccupe de
souhaiter　espérer
soulager　calmer
souligner　insister sur, en indiquer l'importance
source (*f.*) **énergétique**　ressource qui peut produire de l'énergie
sournois　hypocrite
sous *m.pl.* (*fam.*)　argent
soutenu　continu
soutien *m.*　aide
squatter l'esprit (*fam.*)　préoccuper
au stade de　à la phase de

stage *m.*　période d'études, de formation, de perfectionnement
standardiste *m,f.*　téléphoniste
stationnement *m.*　le parking
store *m.*　devant les fenêtres, pour empêcher la lumière de pénétrer
stupéfiant *m.*　la drogue — la cocaïne, etc.
styliste　spécialiste dans la création de modèles (de robes, de chaussures, de coiffures, de meubles, etc.)
subir　accepter malgré soi; accepter obligatoirement
ne subsister que　ne rester que
suffrage (*m.*) **universel**　le vote pour tout le monde
à la suite de　en suivant, après et à cause de
suivre　venir après; comprendre
supporter　tolérer
supprimer　éliminer
un... sur dix　dix pour-cent
surchargé　trop occupé
surcoût *m.*　coût excessif
de surcroît (*litt.*)　en plus; d'ailleurs
surendettement *m.*　excès de dettes
surgeler　congeler rapidement, comme de la glace
surgénérateur réacteur *m.*　*nuclear reactor*
surgir　paraître brusquement
surnuméraire　de trop, en très grand nombre
surpeuplé　trop peuplé
survie *f.*　le fait de survivre, le maintien en vie
syndicat *m.*　organisation ouvrière

T

tache *f.*　marque
tâche *f.*　petit travail répétitif
se taire　rester silencieux, ne rien dire
talonner　(*cf.* le talon) suivre de près
se tamponner　se heurter violemment
faire du tapage　faire du bruit
taquiner　contrarier qqn pour de petites choses
tare *f.*　erreur
sans tarir　sans cesse
se tarir　disparaître, se vider, cesser de couler
des tas de (*fam.*)　beaucoup de
tâtonner　chercher partout sans savoir où

taux *m.* le pourcentage; le nombre
teint *m.* la couleur du visage, la mine
teinturier *m.* qqn qui nettoie les
    vêtements à sec
témoignage *m.* rapport, attestation
témoin *m.* personne qui a vu qqch ou qqn
tendu stressé
tenez eh bien
tenir en consister en
s'en tenir à se limiter à
à long terme qui doit se réaliser dans
    longtemps
en terminale en dernière année du lycée
terroir *m.* la campagne
tétaniser paralyser par indignation
TF 1 chaîne de télévision française
TGV train à très grande vitesse
tiers monde *m.* le monde en voie de
    développement
tirer dessus décharger une arme à feu
tirer parti de
profiter de se tirer d'affaire
s'en sortir titiller
exciter titre (*m.*) de séjour
document comme un passeport, issu par
    le gouvernement en toge
portant une robe de cérémonie de
    certaines professions tollé *m.*
une forte protestation tonner
déclamer tonus *m.*
vitalité tour *m.*
promenade tour (*m.*) de passe-passe
une tromperie habile, un tour de
    magie tournée (*f.*) générale
des boissons pour tout le monde la
    Toussaint
le premier novembre
toxicomane une personne qui se drogue
trafiquant *m.* qqn qui vend des drogues
trahir dénoncer, abandonner; montrer
    sans le vouloir
trahison *f.* crime, désertion
trame *f.* la texture, intrigue
tranche *f.* une partie
trancher dire avec certitude; contraster;
    décider d'une manière catégorique
se transformer en se changer en
transi timide, qui ne peut pas bouger
transmettre communiquer
transversal horizontal
travail (*m.*) dirigé classe de discussion
travailler au noir travailler sans payer ni
    impôts ni sécurité sociale
trépidant très rapide et agité
faire le triage sélectionner

tribu *f.* groupe
tribunal *m.* la cour
tricher mentir, agir malhonnêtement;
    tromper
tricolore relevant du drapeau français
troc *m.* échange
tromper être infidèle à
tronc *m.* boîte dans une église où on met
    de l'argent pour les pauvres
tronquer couper une partie
trotter dans la tête (*fam.*) préoccuper
trou (*m.*) de mémoire le fait d'oublier
trouvaille *f.* heureuse découverte
truc *m.* (*fam.*) chose
truchement *m.* le procédé malhonnête
tuyau *m.* (*fam.*) renseignement
    confidentiel pour le succès d'une
    opération
tuyauterie *f.* ensemble de tuyaux
    qu'installe un plombier pour l'eau et le
    chauffage
type *m.* (*fam.*) une mec (homme)

U

urgence (*f.*) absolue un très grand besoin
user utiliser
usine *f.* l'industrie

V

vachement (*fam.*) beaucoup
se vanter de se flatter
va-t-en-guerre combattant
veiller à faire attention à
avoir le vent en poupe (*idiom.*)
    être poussé vers le succès
ventre *m.* (*fig.*) le centre
vermine *f.* les insectes parasites —
    puces, poux, etc.
verre *m.* (*fig.*) l'apéritif
versant *m.* la pente, côte
verser payer
vertige *m.* égarement, folie, trouble
Verts *m.pl.* les écologistes
veste *f.* vêtement court, avec manches,
    ouvert devant, qui se porte sur la
    chemise
vestiaire *m.* lieu où on met les manteaux,
    écharpes, chapeaux, etc.; dépôt-vente
    comme l'Armée du Salut; on y donne
    des vêtements aux pauvres
se vider perdre des habitants, s'amenuiser
vieillissement *m.* le fait de vieillir

vignette *f.*   un permis
vilipender (*litt.*)   dénoncer comme vil
virer   transporter une somme d'un compte
   à un autre
viser   concerner, pointer
visser sur (*fam.*)   attacher à
vitre *f.*   fenêtre
vitrine *f.*   étalage d'un magasin
vivoter (*fam.*)   vivre avec de petits moyens
voie *f.*   le chemin, la route; **en — de**   en
   train de
voie (*f.*) **rapide**   autoroute
voile *f.*   bateau navigué par le vent

voire   et même; en effet
volant *m.*   qui sert à guider un véhicule
volonté *f.*   détermination
à volonté   de la manière et autant qu'on
   veut
volonté commune   désir général
vouer   condamner
en vouloir à   garder du ressentiment
   contre qqn
voyant   évident
voyant *m.*   personne qui prédit l'avenir
vu   considérant